桥梁工业化与智能化建造丛书

CONSTRUCTION AND EXAMPLES OF
INDUSTRIAL PREFABRICATED BRIDGES

工业化装配式桥梁建造及实例

周 良 闫兴非 等 编著

人民交通出版社股份有限公司
北京

内 容 提 要

本书介绍了目前在我国预制装配桥梁工程中开展的科研、设计、施工技术与经验以及工程实例。本书共10章，具体内容包括：工业化装配式桥梁实施原则、成本分析和评价体系、上部结构、下部结构、附属结构、连接构造及检测方法、工业化智能建造基地规划、预制与施工技术、预制拼装技术新进展、工程实例、示范工程附图。

本书可供从事工业化装配式桥梁设计、施工、检测和监理的技术人员参考，也可供大专院校土木、结构工程专业的师生参考。

图书在版编目(CIP)数据

工业化装配式桥梁建造及实例／周良等编著. — 北京：人民交通出版社股份有限公司，2022.8
 ISBN 978-7-114-18137-5

Ⅰ.①工… Ⅱ.①周… Ⅲ.①装配式梁桥—桥梁施工 Ⅳ.①U448.21

中国版本图书馆 CIP 数据核字(2022)第 142578 号

Gongyehua Zhuangpeishi Qiaoliang Jianzao ji Shili

书　　名：	工业化装配式桥梁建造及实例
著 作 者：	周　良　闫兴非　等
责任编辑：	李学会
责任校对：	孙国靖　宋佳时
责任印制：	刘高彤
出版发行：	人民交通出版社股份有限公司
地　　址：	(100011)北京市朝阳区安定门外外馆斜街3号
网　　址：	http://www.ccpcl.com.cn
销售电话：	(010)59757973
总 经 销：	人民交通出版社股份有限公司发行部
经　　销：	各地新华书店
印　　刷：	北京印匠彩色印刷有限公司
开　　本：	787×1092　1/16
印　　张：	21
字　　数：	511 千
版　　次：	2022 年 8 月　第 1 版
印　　次：	2022 年 8 月　第 1 次印刷
书　　号：	ISBN 978-7-114-18137-5
定　　价：	128.00 元

(有印刷、装订质量问题的图书，由本公司负责调换)

前言

混凝土技术发明已有150多年历史,其为基础设施建设及人类文明发展发挥了重要作用,而混凝土构件工业化生产则是伴随着欧洲的工业革命而诞生的一种概念。随着欧洲新建筑运动的兴起,建筑业开始实行构件预制化生产、现场机械化装配;随着第二次世界大战的结束,西方国家亟须建造大量的房屋来解决住房需求,在劳动力严重不足的情况下,将建筑工业化的概念运用到生产实践当中,不仅大大提高了建造效率还弥补了劳动力的不足。在我国,民用建筑工业化的起步较早,桥梁工业化相对较晚。桥梁上部结构从20世纪50年代开始已有工程实践,技术相对成熟。桥梁下部结构预制装配工业化起步较晚,国内从2012年开始,主要由上海市城市建设设计研究总院(集团)有限公司作为设计单位、上海市公路投资集团有限公司作为建设单位,首先进行了一系列桥梁下部结构预制装配技术的试验研究及工程实践。到本书付梓之时,上海已经完成了100多公里的全预制高架桥梁工程,全国各地完成了200多公里的预制高架桥梁工程。然而在装配式桥梁技术推广中也遇到了与装配式建筑推广一样的瓶颈问题,如:需要前期预制场等费用的投入、直接成本较高、市场自发积极性不高,企业转型升级的内生动力不够、模数化和标准化程度不高等。随着改革开放的加快、经济建设的迅猛发展、机动车的高速增长以及环境质量要求的提高,伴随着人口红利的结束及工程机械的进步,桥梁预制工业化、装配化已成为未来我国桥梁建设发展的必由之路。

据作者粗略统计,在过去的30多年内,国内共出版过如下几部有关城市高架桥的专业著作:2001年黄剑源、谢旭著的《城市高架桥的结构理论与计算方法》(科学出版社),介绍了城市直线高架桥与曲线高架桥空间结构分析中的理论计算问题,包括梁理论和板理论两种计算方法,但对工程实例的介绍与分析较少;2006年李世华主编的《城市高架桥施工手册》(中国建筑工业出版社)是一本面向施工基层人员的手册工具书;2009年上海城建(集团)公司、同济大学桥梁工程系、上海市城市建设设计研究院著的《城市高架桥梁施工风险评估和风险管理——常州高架桥梁工程施工风险评估和风险管理》(人民交通出版社),总结了常州高架桥梁施工项目研究提出的桥梁施工过程风险评估方法,及其在常州高架桥梁的应用过程,并给出了风险管理资料备查手册;2010年周良主编的《城市高架桥设计施工技术及工程实例》(中国建筑工业出版社),介绍了以传统现浇工艺为主的设计施工技术,该书归纳总结了当时我国在预制装配式桥梁工程中开展的科研、设计、施工及工程实例情况,以弥补当时专著中原理介绍偏多、工程实例介绍偏少的不足。

本书共10章,具体内容包括:工业化装配式桥梁实施原则、成本分析和评价体系,上部结构,下部结构,附属结构,连接构造及检测方法,工业化智能建造基地规划,预制与施工技术,预制拼装技术新进展,工程实例,示范工程附图。作者期望以此书推动工业化装配式桥梁设计与施工技术在我国的发展和应用。

本书的具体分工如下:第1章由李雪峰、周良、何伊君编写,第2章由周良、胡皓、沙丽新、胡方健编写,第3章由闫兴非、张涛、杨通、李雪峰编写,第4章由闫兴非、胡皓、胡方健等编写,第5章由张涛、王志强、李雪峰、张彦、甘露编写,第6章由万卫强、周良、闫兴非、宁英杰编写,第7章由宁英杰、王会丽、张涛编写,第8章由张涛、李雪峰、胡皓、沙丽新编写,第9章由甘露、张凯龙编写,第10章由陈玮编写;全书由周良统稿策划。

本书在编写过程中不断地得到有关同行的指导与帮助,他们对本书的成功付梓提出了许多建设性意见。本书的编写工作还得到了上海市城市建设设计研究总院(集团)有限公司领导与同事的大力支持。在本书的资料调查过程中还得到许多相关单位和个人的帮助,在此难于一一列举,谨向他们致以诚挚的感谢与敬意。

本书在编写过程中虽经多次讨论和修改,但因设计施工管理过程是一项系统的技术,其理论和技术都有待于进一步提高,加之作者的水平有限及时间仓促,书中难免会有错误和不妥之处,敬请读者批评指正。

作　者

2022年2月于上海

目录

第1章　工业化装配式桥梁实施原则、成本分析和评价体系 ·· 1
  1.1　概述 ·· 1
  1.2　工业化桥梁实施原则 ·· 2
    1.2.1　构件工厂化 ·· 4
    1.2.2　设计标准化 ·· 6
    1.2.3　施工机械化 ·· 8
    1.2.4　过程信息化 ·· 9
  1.3　工业化桥梁成本分析 ·· 10
    1.3.1　成本组成 ·· 10
    1.3.2　直接成本分析 ·· 10
    1.3.3　间接成本分析 ·· 11
    1.3.4　综合成本分析 ·· 12
  1.4　工业化桥梁评价体系 ·· 13
    1.4.1　评价体系制定原则 ·· 13
    1.4.2　评价体系 ·· 14

第2章　上部结构 ·· 15
  2.1　概述 ·· 15
  2.2　横向分片预制梁 ·· 15
    2.2.1　预制板梁 ·· 15
    2.2.2　预制T梁 ·· 22
    2.2.3　预制小箱梁 ·· 31
    2.2.4　设计方法 ·· 34
  2.3　预制节段梁 ·· 35
    2.3.1　发展背景 ·· 35
    2.3.2　力学性能研究 ·· 39
    2.3.3　设计方法 ·· 48

2.3.4 设计实例 ……………………………………………………… 57
2.4 预制钢-混凝土组合梁 ………………………………………………… 65
　　2.4.1 发展背景 ……………………………………………………… 65
　　2.4.2 设计方法 ……………………………………………………… 66
　　2.4.3 设计实例 ……………………………………………………… 98

第3章 下部结构 …………………………………………………………… 106
3.1 概述 …………………………………………………………………… 106
3.2 桥墩 …………………………………………………………………… 106
　　3.2.1 发展背景 ……………………………………………………… 106
　　3.2.2 力学性能研究 ………………………………………………… 113
　　3.2.3 设计方法 ……………………………………………………… 122
　　3.2.4 设计实例 ……………………………………………………… 129
3.3 桥台 …………………………………………………………………… 136
　　3.3.1 发展背景 ……………………………………………………… 136
　　3.3.2 设计方法 ……………………………………………………… 137

第4章 附属结构 …………………………………………………………… 139
4.1 概述 …………………………………………………………………… 139
4.2 防撞墙 ………………………………………………………………… 139
　　4.2.1 发展背景 ……………………………………………………… 139
　　4.2.2 力学性能 ……………………………………………………… 140
　　4.2.3 设计方法 ……………………………………………………… 144
4.3 挡土墙 ………………………………………………………………… 145
　　4.3.1 发展背景 ……………………………………………………… 145
　　4.3.2 力学性能 ……………………………………………………… 145
　　4.3.3 设计方法 ……………………………………………………… 148

第5章 连接构造及检测方法 ……………………………………………… 154
5.1 概述 …………………………………………………………………… 154
5.2 上部结构连接构造 …………………………………………………… 154
　　5.2.1 空心板梁铰接缝 ……………………………………………… 154
　　5.2.2 桥面板湿接缝连接 …………………………………………… 155
　　5.2.3 节段梁的连接 ………………………………………………… 155
　　5.2.4 叠合梁钢梁与桥面板的连接 ………………………………… 156
5.3 下部结构连接构造 …………………………………………………… 157
　　5.3.1 灌浆套筒连接 ………………………………………………… 157

5.3.2	灌浆金属波纹管连接	157
5.3.3	插槽式连接	158
5.3.4	承插式连接	158
5.3.5	预应力连接	159
5.3.6	湿接头连接	159

5.4 连接构造检测方法 ... 160
    5.4.1 发展背景 ... 160
    5.4.2 检测内容与方法 ... 161

第6章 工业化智能建造基地规划 ... 165

6.1 发展背景 ... 165
6.2 规划设计基础 ... 165
    6.2.1 规划原则 ... 165
    6.2.2 规划应考虑的因素 ... 166
6.3 规划设计 ... 169
    6.3.1 生产功能区规划 ... 169
    6.3.2 功能区空间关系分析 ... 175
    6.3.3 交通流线 ... 176
    6.3.4 规划用水及用电 ... 176
    6.3.5 工程实例 ... 179

第7章 预制与施工技术 ... 184

7.1 概述 ... 184
7.2 混凝土配合比与模板设计 ... 184
    7.2.1 混凝土配合比 ... 184
    7.2.2 模板设计 ... 184
7.3 工厂预制 ... 185
    7.3.1 小箱梁预制 ... 185
    7.3.2 节段预制 ... 189
    7.3.3 桥墩预制 ... 190
    7.3.4 附属结构预制 ... 197
7.4 大型构件运输 ... 203
    7.4.1 运输构件的限制条件 ... 204
    7.4.2 运输路线选择 ... 205
7.5 现场施工 ... 205
    7.5.1 小箱梁施工 ... 205

		7.5.2 钢-混凝土组合梁的施工	207
		7.5.3 预制节段梁的施工	211
		7.5.4 桥墩施工	213
		7.5.5 预制盖梁安装	216
		7.5.6 桩基施工	217
		7.5.7 防撞护栏安装	218

第 8 章 预制拼装技术新进展 ···································· 221

8.1 概述 ···································· 221

8.2 预制拼装盖梁轻型化技术研究 ···································· 221

    8.2.1 研究背景 ···································· 221

    8.2.2 试验方案 ···································· 221

    8.2.3 试验结果分析 ···································· 225

    8.2.4 数值分析 ···································· 226

    8.2.5 方案分析与设计建议 ···································· 230

8.3 预制拼装桥墩立柱轻型化技术研究 ···································· 231

    8.3.1 研究背景 ···································· 231

    8.3.2 试验方案 ···································· 231

    8.3.3 试验结果分析 ···································· 232

    8.3.4 设计计算方法分析 ···································· 234

    8.3.5 设计建议 ···································· 237

8.4 新型连接形式研究 ···································· 238

    8.4.1 研究背景 ···································· 238

    8.4.2 试验方案 ···································· 238

    8.4.3 试验结果分析 ···································· 239

    8.4.4 设计建议 ···································· 242

第 9 章 工程实例 ···································· 243

9.1 上海市嘉闵高架路北段工程 ···································· 243

    9.1.1 工程概况 ···································· 243

    9.1.2 预制桥梁结构方案 ···································· 244

    9.1.3 预制装配关键技术 ···································· 244

9.2 绍兴市智慧快速路工程 ···································· 248

    9.2.1 工程概况 ···································· 248

    9.2.2 预制拼装桥梁结构方案 ···································· 249

    9.2.3 预制装配关键技术 ···································· 250

9.3 成都市羊犀立交桥工程 ··· 254
  9.3.1 工程概况 ··· 254
  9.3.2 预制拼装桥梁结构方案 ·· 255
  9.3.3 预制桥墩装配关键技术 ·· 255
9.4 上海市内环高架路设施提升及功能完善工程 ·· 257
  9.4.1 工程概况 ··· 257
  9.4.2 总体技术方案 ··· 258
  9.4.3 预制化装配化解决方案的应用 ··· 260

第 10 章 示范工程附图 ·· 270

参考文献 ··· 317

第 1 章
CHAPTER 1

工业化装配式桥梁实施原则、成本分析和评价体系

1.1 概述

装配式建筑是我国建筑业发展的方向,也是国家提倡的发展理念,因此也获得了较多的政策支持。2016 年国务院办公厅《关于大力发展装配式建筑的指导意见》(国办发〔2016〕71 号)指出:"要大力发展装配式混凝土建筑和钢结构建筑,不断提高装配式建筑在新建建筑中的比例","坚持标准化设计、工厂化生产、装配化施工,提高技术水平和工程质量,促进建筑产业转型升级"。此后,住房和城乡建设部 2017 年发布《"十三五"装配式建筑行动方案》(建科〔2017〕77 号),明确到 2020 年,全国装配式建筑占新建建筑的比例达到 15% 以上,其中重点推进地区达到 20% 以上,积极推进地区达到 15% 以上,鼓励推进地区达到 10% 以上;鼓励各地制定更高的发展目标;建立健全装配式建筑政策体系、规划体系、标准体系、技术体系、产品体系和监管体系,形成一批装配式建筑设计、施工、部品部件规模化生产企业和工程总承包企业,形成装配式建筑专业化队伍,全面提升装配式建筑质量、效益和品质,实现装配式建筑全面发展;到 2020 年,培育 50 个以上装配式建筑示范城市,200 个以上装配式建筑产业基地,500 个以上装配式建筑示范工程,建设 30 个以上装配式建筑科技创新基地,充分发挥示范引领和带动作用。

在政策的支持下,各地都在推动装配式建筑的建造,然而随着装配式建筑进入快速发展阶段,各方关于"装配式"的建设理念出现了一定的偏差。为了进一步推进装配式建筑健康发展,规范装配式建筑的评价,2017 年住房和城乡建设部发布《装配式建筑评价标准》(GB/T 51129—2017)。该标准于 2018 年 2 月 1 日正式实施。该标准按照"立足当前实际,面向未来发展,简化评价操作"的原则制定,主要从建筑系统及建筑的基本性能、使用功能等方面提出装配式建筑评价方法和指标体系,同时标准统一了装配率的概念,对装配式建筑有了新的定义。该标准的制定结合了目前工程建设的整体发展水平,并兼顾了远期发展目标,对装配式建筑技术的发展起到了非常重要的作用。在此之后,我国的一些省(区、市),如湖南、山东、上海等也相继颁布实施了本地区的装配式建筑评价标准和方法文件,见表 1-1。

各省(区、市)的装配式建筑评价标准 表1-1

省(区、市)	标准名称	标 准 号	发布日期	实施日期
上海市	装配式建筑评价标准	DG/TJ 08-2198—2019	2019年11月22日	2020年4月1日
浙江省	装配式建筑评价标准	DB33/T 1165—2019	2019年3月19日	2019年8月1日
山东省	装配式建筑评价标准	DB37/T 5127—2018	2018年9月17日	2018年11月1日
湖南省	湖南省绿色装配式建筑评价标准	DBJ43/T 332—2018	2018年5月8日	2018年6月1日
广东省	装配式建筑评价标准	DBJ/T 15-163—2019	2019年8月26日	2019年10月1日
新疆维吾尔自治区	装配式建筑评价标准	XJJ 116—2019	2019年11月25日	2019年12月1日
安徽省	装配式建筑评价技术规范	DB34/T 3830—2021	2021年1月25日	2021年7月25日
河北省	装配式建筑评价标准	DB13(J)/T 8321—2019	2019年8月2日	2019年10月1日
陕西省	装配式建筑评价标准	DBJ61/T 168—2020	2020年7月14日	2020年9月1日
河南省	河南省装配式建筑评价标准	DBJ41/T 222—2019	2019年5月27日	2019年7月1日
山西省	装配式建筑评价标准	DBJ04/T 396—2019	2019年12月21日	2020年3月1日
贵州省	贵州省装配式建筑评价标准	DBJ52/T 100—2020	2020年8月24日	2020年10月1日
云南省	云南省装配式建筑评价标准	DBJ53/T-96—2018	2018年9月21日	2018年12月1日

我国装配式桥梁的发展起步较晚,在发展过程中也遇到很多瓶颈,由于没有统一的桥梁工业化评价指标体系和评价方法,没有一套完整的桥梁工业化国家标准,缺少科学适用的工业化技术体系,使得桥梁的工业化建设无章可循。因此,桥梁工业化建设水平评价指标体系的建立是桥梁工业化推进的前提,构建一套完整的桥梁工业化评价指标体系具有重要的现实意义。

桥梁的建造价格与桥梁结构评价结果密切相关。本章围绕特定工程,开展了现浇结构方案以及预制方案的概预算分析,以便读者对预制结构的成本组成以及评价体系有更加深刻的理解。

1.2 工业化桥梁实施原则

在我国,建筑工业化的起步较晚。目前,我国正处于建筑工业化大力发展阶段,各领域学者对建筑工业化的概念纷纷提出了各自的观点,意思上大同小异。本章在相关学者观点的基础上,对建筑工业化做出如下定义:建筑工业化是指利用标准的设计理念、先进的建造技术、科学的组织管理方法进行建筑工程的社会化大生产。区别传统的现场人工浇筑,建筑工业化是将构配件进行工厂化生产,利用先进的机械设备进行现场装配,是按照工业化生产的方式来改造建筑业,使之逐步由社会化大生产替代传统人工生产方式,形成一个从设计、构配件生产到建设施工、现场管理的建筑工业体系。建筑工业化不仅能有效地提高生产效率和机械化水平,而且能很大程度地降低资源的浪费并改善现场施工的环境。

对于桥梁而言,采用传统的现浇式施工法建造高架桥梁需要高空作业,上、下部结构也不能同时施工,下部结构以人工绑扎、立模、现场浇筑为主,粗放的施工工艺给环境带来污染的同时也给原本就十分拥挤的城市带来了更大的交通负担。同时,该法施工周期长,噪声、扬尘等环境污染问题使周边居民的生活受到干扰。再者,鉴于现浇式施工的客观情况,施工质量精度难以保证,高空作业存在极大安全隐患,不符合以人为本的安全生产管理理念。在建筑工业化的大背景下,传统现浇式生产方式向预制装配式建造方式的转变已经成为一个必然趋势。传统现浇桥梁与装配式桥梁的区别见表1-2。

传统现浇桥梁与装配式桥梁的区别   表1-2

指标	传统现浇桥梁	装配式桥梁
工期	传统施工方式现场湿作业工作量大,受气候等环境因素影响大,施工程序复杂,人工工作量大,施工效率低,工期较长	工厂进行集约化生产,有利于生产规划和组织协调;构件机械化组装,减少了人工操作的工作量,简化了施工程序;预制构件可提前进入生产,生产与安装合理搭接,能有效缩短施工工期
成本	传统施工桥梁材料消耗量较大,材料成本高;人工作业量大,人工成本较高;施工过程中存在较多设计变更,过程成本难以控制	装配式建筑材料的使用核算更加规范,材料的运输成本、存储费用和设备租赁费用减少;工厂化生产及机械化组装能降低人力资源成本;现场施工操作可被机械化代替,有利于节约整体施工成本
安全	传统的建造方式大多是在露天情况下进行施工作业,不利的环境因素会对现场露天施工作业产生安全隐患	预制构件在工厂进行集约化生产,这样的生产方式能有效地避免施工期间由不利的环境因素带来的诸多安全隐患,提高了施工的安全性与科学性
质量	传统方式的人工作业量大,对建筑质量的控制难度较大,施工过程中易出现墙体空鼓、开裂等现象	预制构件的生产会严格把控环境条件变化,确保各部件的生产质量;预制构件运输至项目现场后进行高精度的施工,可有效提升装配式建筑的质量水平和使用寿命
资源利用率	传统的建造方式材料消耗量大,湿作业量大,用水量较大,建筑垃圾废料多,扬尘排放量大,对环境影响较大	装配式建筑预制构件的工厂化生产可实现水资源的循环利用,减少建筑垃圾、废料及扬尘的产生,减少了现场养护混凝土的用水量和冲洗混凝土搅拌车的用水量

与装配式建筑推广中遇到的瓶颈一样,在装配式桥梁推广初期,由于装配式桥梁前期需要进行预制场等费用的投入,工业化桥梁经济效益并不显著,市场自发积极性不高,企业转型升级的内生动力不够。而在工业化建筑方面同样存在着类似的问题。对于建筑而言,建筑产品单件性、流动性、模数化和标准化程度不高等,导致工业化建筑在实施过程中增加了较多的成本,因此政府依靠出台激励政策成为推动这一轮装配式建筑发展的主导力量。

目前,在政策导向下,虽然我国大型房地产企业在少部分项目上采用了工业化建设,但在大面积推广应用时,仍然存在着严重的"成本障碍",并没有在整个行业中普及。因此,对于工业化建筑出现了"财政奖励"现象,如《北京市人民政府办公厅关于加快发展装配式建筑的实施意见》(京政办发〔2017〕8号)中指出,凡自愿采用装配式建筑并符合实施标准的,按增量成本给予一定比例的财政奖励。但政府按增量成本给予一定比例的财政奖励是否足够补偿成本增加额度,企业和政府均不清楚。缺乏定量数据支持的政策受到各界质疑,当前亟待科学测算工业化建筑的增量成本和效益,并尽快给出其经济有效性评价技术。

因此,工业化技术是否优越,该如何实施,是摆在技术人员面前亟待解决的问题。

工业化技术实施的灵魂体现在精细化和工厂化。

装配式桥梁的实施应从装配式桥梁的核心技术及内涵切入,包括构件工厂化、设计标准化、施工机械化、过程信息化四个方面。这四个方面不是相互独立存在的,而是相互联系、互相作用。其中构件工厂化是桥梁工业化的基础,设计标准化是桥梁工业化的前提,施工机械化是桥梁工业化的核心,过程信息化是桥梁工业化的科学技术保障。

1.2.1 构件工厂化

装配式桥梁中的构件采用工厂化进行预制,不仅能提高其生产效率,同时也能对其质量有很好地把控,这也是装配式桥梁区别于现浇桥梁的主要特征之一。构件在预制工厂中采用自动化流水作业的方式来生产,如同其他工业产品流水线一样,工人固定、岗位固定,主要为机械化生产,人员数量需求少,并可大幅提高生产效率。

构件的生产过程,主要涉及钢筋笼制作、模板制作、混凝土浇筑和构件储存运输等方面。

1.2.1.1 钢筋模块化

在钢筋笼制作方面,应着重强调钢筋模块化。随着桥梁施工技术的不断进步,高精度的钢筋弯曲设备及大型吊装设备的配置到位,钢筋模块化制造越趋成熟,钢筋模块化制作相较于现场绑扎优势越来越明显。模块化是指解决一个复杂问题时自顶向下逐层把硬件或软件系统划分成若干模块的过程。"模块化"理念广泛应用于电子工业、汽车工业、机械工业等行业,引入到桥梁的钢筋笼制作中,主要是指将桥梁盖梁、立柱等部件的钢筋笼以整体模块的形式在工厂车间内采用机械化手段加工成型。

在目前的桥梁钢筋模块化水平下,桥梁钢筋模块化制作工艺如下所述。

(1)钢筋下料

钢筋下料采用自动切割设备进行,根据设计图纸要求,精确进行下料,保证每根钢筋的长度;可结合智能算法,进行精细化下料,节省钢筋的用量。钢筋弯配时,使用高精度自动弯曲机进行,确保每根钢筋弯曲的角度、线形满足设计图纸要求。数字化钢筋弯剪加工机器如图1-1所示,钢筋笼滚焊机如图1-2所示。

图1-1　数字化钢筋弯剪加工机器

图1-2　钢筋笼滚焊机

（2）钢筋绑扎

在部件钢筋绑扎时，应制作定型胎架，钢筋绑扎均在胎架上进行（图1-3）。胎架使用型钢依据设计图纸中立柱及盖梁尺寸进行制作，以保证胎架有足够的刚度，在摆放钢筋时不会发生很大变形。

（3）定位模板

钢筋定位模板宜为厚空心钢板结构。根据部件钢筋布置，在模板对应位置开孔，孔径大小应略大于主筋直径2mm。在孔处设置钢环，避免空洞施工中破损。在钢筋笼绑扎时，将定位模板套在钢筋笼内，钢筋笼上下各设置一块，从而固定主筋间距，保证钢筋绑扎的精度（图1-4）。

图1-3　定型胎架绑扎

图1-4　钢筋模块化

1.2.1.2　混凝土工程

工业化装配式技术是指在预制工厂中预先采用工业化手段将结构主要构件进行预制，后运输至现场进行拼装，形成最终结构。因此，工业化装配式桥梁的混凝土工程大部分采用预制构件的形式。采用预制混凝土构件，具有节约劳动力、克服季节影响、加快现场施工速度等优点，这也是工业化装配式技术的优势所在。

混凝土工程可主要考虑混凝土材料、混凝土浇筑和养护等。混凝土用的水泥、集料（砂、石）、外加剂、掺合料等应有产品合格证，在使用前还应按有关标准的规定进行复试检验，明确其品种、规格、生产单位等。混凝土浇筑之前，需要取适量混凝土制作试件，按照规定取样、制作，与预制构件在同等条件下养护。混凝土浇筑应一次连续浇筑，中间停顿的时间不宜过长，浇筑过程中应保证钢筋和预埋件的定位不发生偏移。浇筑完成后，根据需要进行适当振捣，以保证构件密实。浇筑完成后，待混凝土达到一定强度后，拆模进行养护。

构件工厂化后，混凝土的相关工作大部分在生产线上完成，与现场浇筑相比，能够很好地保证结构或构件的质量，因此工厂化中混凝土工程的机械化、自动化程度也是发展的重要方向。

1.2.1.3　模板工程

模板是预制构件工厂生产中很重要的一部分。预制构件的模板设计直接影响预制构件的外观质量，同时也会对装配式桥梁的成本产生较大影响。由于预制构件类型多样，结构多变，数量不一，致使模板通用性、互换性差。因此，对模板工程的评价应强调模板的重复使用。

组合模板是指组成模板的模板结构和构配件为标准化产品，可多次重复使用，按规定的程序组装和施工。

立柱模板如图 1-5 所示。

图 1-5　立柱模板

1.2.2　设计标准化

桥梁设计采用标准化跨径,统一的结构形式和外形,可以减少预制构件的种类,提高构件的重复使用率,提高生产效率。

装配式桥梁的标准化设计是构配件工业化生产、机械化施工的基础。预制构件的重复使用率是衡量项目标准化程度的重要指标。这里重复使用率是指相同规格预制构件数量占同类预制构件总数量的比例,是指在某桥梁工程中重复使用最多的一个或几个规格预制构件的数量或面积占同类构件总数量的比例。相同规格预制构件是指构件断面尺寸相同的构件,构件长度及断面内配筋数量可不相同(图 1-6)。

图 1-6　设计标准化构件

目前桥梁上部结构主梁的工业化装配化技术已相对成熟,常用的主梁形式有节段拼装大箱梁、预制空心板梁、预制 T 梁、预制小箱梁等结构形式,已有相应的标准图和通用图可供设计参考和选用,因此主梁预制构件标准化程度较高。

而桥梁下部结构工业化装配化技术刚起步,还不够成熟,下部结构桥墩立柱和盖梁种类多,不同工程项目中构件的设计拆分尚无成熟、统一的标准,导致模具适用范围单一、周转次数少,成为工业化装配式桥梁建造成本居高不下的原因之一。

构件在工厂集中预制,然后运输到施工现场进行安装,因此在确定构件最大尺寸和重量时,应考虑工厂设备的生产能力、运输工具的载重能力、道路通行的建筑限界、沿线桥梁的承载能力及现场起重安装条件和能力。接头是装配式结构的薄弱环节,设计时应尽量减少接头数量,这样既可以减少现场的装配工作量,又可以更好地保证结构整体性。

一般情况下采用公路运输时,单个构件的质量宜控制在 150t 以内,构件控制尺寸为长度≤14m,宽度≤3.5m,高度≤3.0m。如果项目所在地有大件运输通道,采用专门的重型组合式全液压平板挂车(图 1-7)进行运输,挂车轴线数量应根据构件质量进行相应调整,使轴载不超过 25t,单个构件的控制质量可提高到 250t,构件控制尺寸为长度≤40m,宽度≤4.5m,高度≤3.8m。

图 1-7 重型组合式全液压平板挂车

预制立柱节段高度除了受运输条件和架设空间的限制外,还受到生产条件的制约。预制立柱采用竖向预制,需要通过起重设备竖向运输至沙池放倒(图 1-8),预制立柱节段高度受制于工厂内起重设备的起升高度,预制立柱节段的最大高度一般控制在 13~14m。

预制立柱和盖梁的外形设计宜简洁,并尽量减少预制构件的规格和种类,以保证模具能够多次重复使用,提高模具的周转率,降低构件生产成本。当项目中无法避免出现多种规格种类构件时,需结合模具的基本形式进行标准化模数化设计,提高模具的通用性。

预制立柱模具由底座和多个不同高度的侧模组合拼装而成(图 1-9),设计时调整承台顶高程使预制立柱的高度以 20cm 为模数,采用较少种类的模具,拼装成所有立柱的高度。

预制盖梁模板由底模、侧模、端模、支架组成,设计时使盖梁悬臂倒角的斜率统一,通过组合拼装,一套模板可用于预制各种长度的盖梁(图 1-10)。

图 1-8　竖向预制立柱厂内竖向运输和放倒

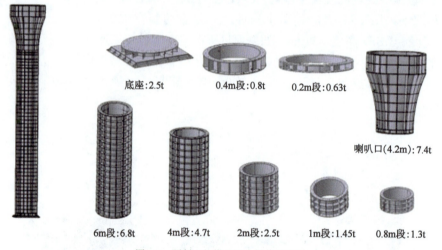

图 1-9　预制立柱模具组合拼装示意图

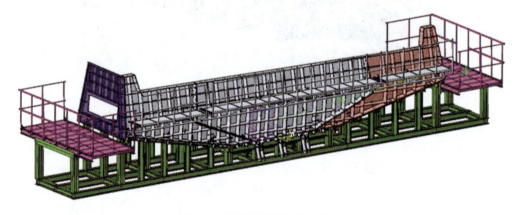

图 1-10　预制盖梁模板组装示意图

1.2.3　施工机械化

机械化施工（图 1-11）是桥梁施工工业化的核心部分，是指在施工过程中利用机械设备（图 1-12），逐步代替人工劳动，包括构件的预制、运输和安装。桥梁工业化程度的高低很大一部分取决于机械化施工劳动量占总劳动量的百分比,占比越高表明桥梁工业化程度越高,相反,占比越低则建筑工业化程度越低。因此,施工机械化是改善施工条件,实现快速、低耗和优质规模生产的前提和基础。

图 1-11　节段梁机械化施工

图 1-12　施工装备

设计、采购、施工一体化总承包模式,即 EPC 模式,可以整合产业链上下游的分工,解决装配式桥梁项目切块分割、碎片化管理问题。在项目设计阶段,就统筹分析桥梁预制构件的生产和装配环节,使设计、生产、施工等环节有机结合,系统优化方案,统筹控制质量、成本和进度。施工、采购一体化承包模式,指的是构件生产、安装做到总包一体化。

《预制构件吊装专项方案》应包括预制构件场内堆放和驳运、构件场外运输车辆和装车设备选型、运输道路平面布置及安全认证、预制构件现场安装总平面图、安装流程、安装设备选型、施工测量精度控制、构件节点连接方法、产品保护措施、质量保证措施、施工安全措施、绿色施工措施等内容。

1.2.4　过程信息化

过程信息化是指在桥梁构件生产以及建设过程中,通过信息化的手段进行组织生产管理,对生产要素进行合理组织和分配,按照桥梁工业化的生产模式和技术经济原则进行管理和组织生产。

信息化的核心内容包括以下两个方面:一方面,合理分配各项资源,使得设计与构件生产、机械化施工相协调;另一方面,利用管理信息系统、三维模型等现代科学技术促进桥梁工业化的快速发展。提高桥梁施工和构件装配社会化程度也是过程信息化的重要方面。

信息化管理平台是项目建设全过程的信息数据、资源协同、组织决策管理系统,是工业化建筑建造过程的重要手段,对提高工程建设各阶段、各专业之间的协同配合、效率和质量,以及一体化管理水平具有重要作用。设计、生产、施工全过程采用信息化管理系统,可以实现信息的共享、有效传递和协同工作。

采用建筑信息模型(BIM)、射频识别技术(RFID)或二维码技术,有利于应用构件生产管理软件来实现构件生产、使用全过程的追溯和管理。例如:三维模型可用于预制构件的生产、仓储等的进度管理。

1.3 工业化桥梁成本分析

桥梁工程可简单分解为基础工程、下部结构(承台、立柱及盖梁)、上部结构(各种梁型)及桥面系(桥面铺装、人行道、栏杆等)等四部分内容。所谓预制装配化桥梁技术,主要是将桥梁各个部件分节段工厂预制,而后运至现场拼装的施工技术。装配化桥梁施工符合国家提出的可持续发展理念,其所带来的绿色、环保、高效等优点已逐渐在行业内形成共识。近几年,随着桥梁工程预制装配化率的提高,桥梁下部结构的预制装配技术也日趋成熟。目前,除承台结构外,其余部件均已实现预制装配化(图1-13)。由于上部结构(空心板梁、小箱梁、钢箱梁)的预制装配化在实际工程中已广泛应用,本节成本分析主要侧重对下部结构(立柱、盖梁)及桩基工程的分析比较。

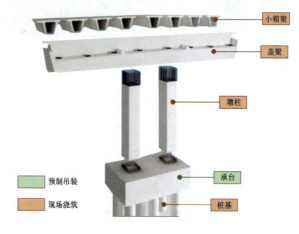

图1-13 典型工程

1.3.1 成本组成

桥梁施工的建设成本包括两方面,一是项目实际建造的直接成本,二是建造期间由于工期变化或施工对环境及社会的影响所产生的间接成本。即:建设成本 = 直接成本 + 间接成本。

1.3.2 直接成本分析

以某现浇工艺跨线桥为例,各部分成本占比见表1-3。

跨线桥各部分成本占比 表1-3

项目名称	单价(元/m²)	成本占比(%)
基础(钻孔灌注桩)	1545	30
下部结构(现浇)	1011	20
上部结构(小箱梁)	2009	40
桥面系	507	10
合计	5072	100

桩基础工程比较见表1-4。

桩基础工程比较　　　　　　　　　　　表1-4

序　号	项目名称	现浇工艺 钻孔灌注桩	预制工艺 钢管桩	预制比现浇增幅
1	费用(万元)	34.59	42.42	23%

由表1-4可见,预制工艺比现浇工艺增幅约23%,而桩基础工程占桥梁造价的比例约为30%,因此桥梁直接成本增幅约为23%×30%＝6.9%。

下部结构比较,详见表1-5。

下部结构比较　　　　　　　　　　　表1-5

序号	项目名称	现浇工艺		预制工艺		预制比现浇增幅	
		立柱	盖梁	立柱	盖梁	立柱	盖梁
1	费用(万元)	6.50	43.58	10.39	60.86	60%	40%
2	1个桥墩(2根立柱+1榀盖梁)费用(万元)	56.58		81.64		44.3%	

由表1-5可见,预制工艺比现浇工艺增幅约44.3%(1个桥墩),而下部结构占桥梁造价的比例约为20%,因此桥梁直接成本增幅约为44.3%×20%＝8.86%。

1.3.3　间接成本分析

预制工艺的间接成本,即社会综合效益,主要包括缩短工期、减少交通干扰、保障施工安全、确保施工质量可控、降低环境污染。

1.3.3.1　大幅缩短工期

通过对上海已建和在建的装配式桥梁工程进行总结可知,预制拼装立柱及盖梁可有效缩短现场施工工期,在实际工程中,综合工期可缩短50%以上。其中预制立柱每台班可安装3～4根,预制盖梁每台班可安装2～3榀。工期缩减情况详见表1-6。

工期缩减情况表(单位:d)　　　　　　　　　表1-6

序　号	项目名称	现浇工艺工期	预制工艺工期
1	立柱(根)	12	0.3
2	盖梁(榀)	30	0.4

1.3.3.2　减少交通干扰、减少对周边环境的影响

与现浇工艺的满堂支架法施工相比较,预制工艺可以做到夜晚吊装施工,白天开放道路交通。工期的大幅缩短,直接减少了对施工场地周边交通及环境的影响。

1.3.3.3　提高施工安全性

工厂预制的作业条件优于现场施工条件,在工厂预制工艺中,钢筋笼采用卧式绑扎,降低

了施工作业高度,使工人作业环境更加安全;预制构件采用机械化安装,减少了现浇工艺带来的危险因素。

1.3.3.4 施工质量可控

预制工艺中,采用全自动钢筋弯曲机,提高了钢筋加工精度;采用高精度定位胎架及高精度模具,使成型钢筋笼及构件的质量更加可控。

1.3.3.5 施工现场环境整洁

装配式桥梁施工,不仅降低了施工现场的噪声,而且消除了工地扬尘现象,一定程度上缓解了城市雾霾。

由于到目前为止,尚无一套标准、有效的社会综合效益评价体系,因此上述间接成本难以直接量化,导致装配式桥梁的综合优势无法直观体现。

1.3.4 综合成本分析

现浇工艺与预制工艺的建设成本分析,详见表1-7。

现浇工艺与预制工艺的建设成本分析　　表1-7

序号	项目名称		现浇工艺	预制工艺	备注
1	直接成本	工、料、机消耗	搭设支架及模板、钢筋绑扎、浇筑混凝土及养护	预制构件生产(含预制场建设成本)、预制构件运输、预制构件安装(含连接件)	可量化
		成本小结	较低	较高	
2	间接成本	工期	长	短	缩短50%以上
		现状交通影响	大	小	难以量化
		周边环境影响	大	小	难以量化
		施工现场	扬尘、噪声	干净、整洁	难以量化
		施工安全性	低	高	难以量化
		施工质量	较难保证	质量可控	难以量化
		成本小结	较高	较低	
3	建设成本(综合)		较高	较低	

由表1-7可见,预制工艺的直接成本比现浇工艺高,是由预制构件的连接件成本、运输及吊装成本、预制场地成本等直接导致的。此外,预制工艺的直接成本中,预制构件价格占较大比重(约90%以上)。根据已往预制构件生产经验,批量生产的成本控制优势并没有明显体现,主要因为预制施工费用以及材料成本没有明显下降,而场地及设备摊销也未因工艺水平的提高而对成本控制起作用,甚至将面临后续供应减少而增加成本摊销的风险。因此,从直接成本的角度考虑,预制构件成品价格优势不明显。而大部分间接成本难以进行有效量化,只能通过一些定性分析来粗略比较,因此预制工艺的综合优势难以用精准、定量的方法来衡量。

预制工艺前景广阔,现浇工艺成熟度高,两者各有利弊。如何根据项目实际情况,将二者取长补短、有效结合,是大规模高架桥梁施工的发展方向。为进一步推广装配化桥梁技术,除了继续加大宣传力度、强调社会效益、获得政府及行业主管部门的政策支持之外,尚有以下几点建议:

(1) 体系化

由产业联盟牵头,建立一套高架桥梁建设综合成本价值评价体系,将各类建造方式的社会效益作为可量化的指标进行评价。

(2) 标准化

深化设计使设计图纸标准化,通过制定标准化通用图集,使构件定型、提高模具的周转率,建立管理系统信息化平台等手段达到工厂标准化生产;通过合理的施工组织,配置合适的吊装设备,编制高效的安装工艺,实施现场标准化安装。

(3) 规模化

预制构件需要有产量的支撑,才能降低构件价格,实现真正的工业化。因此在施工中标段的划分应有一定的规模。

1.4 工业化桥梁评价体系

1.4.1 评价体系制定原则

评价体系用于指导某项技术的发展,具有导向性的作用,评价体系的好坏在一定程度上决定了该项技术的发展方向,因此在构建评价体系时,需要遵循一定的原则。

1.4.1.1 科学性原则

评价指标体系的建立应具有严谨的科学性,能够从客观事实反映出装配式桥梁的发展水平。对装配式桥梁建设水平而言,评价指标体系的大小应当适宜,如果评价指标体系设置过大,指标的层次过多,则很难控制过细指标的严谨性和科学性,过细的指标往往不能体现出整体的水平,反而将评价者的注意力转移到细小且不关键的问题上,效果适得其反。若评价指标体系设置过小,层次结构过于含糊,指标过粗则不能充分明确地反映出装配式桥梁工业化的水平。因此,评价指标体系的建立必须遵循科学性原则。

1.4.1.2 整体性原则

在构建评价指标体系时应考虑整体性的原则,尽量使指标体系涵盖装配式桥梁工业化的基本方面,从构件工厂化水平、设计标准化水平、施工机械化水平以及过程信息化水平这四个核心方面进行评价指标的选取和综合评价。充分考虑下级指标对上级指标的影响和二者的关联度,统筹兼顾,从整体出发达到最佳的评价效果。

1.4.1.3 层次性原则

层次性是指评价指标体系本身多层性结构的特点,桥梁工业化的水平是多层次、多因素综合影响和作用的结果,相应的评价体系必须从多个层面反映装配式桥梁工业化建设的实际情况。在指标设置上应当按照相关指标层次递进的关系,尽可能使评价指标层次分明,准确反映出各指标之间的支配关系,这样可以很好地避免出现指标的相似性,使得每级指标既具备桥梁的特点,又能充分反映出工业化的水平。

1.4.1.4 易操作性原则

评价指标的设计必须有明确的概念和定义,方便收集资料和采集数据。评价指标的内容不应烦琐冗长,太过烦琐会对评价工作造成不必要的麻烦。因此,评价指标在选取时要遵循易操作原则。

1.4.2 评价体系

遵循上述原则,并根据桥梁的特点,结合桥梁建造的整个过程,包括设计、生产、施工以及管养等,按照目前装配式桥梁的发展水平,可从构件工厂化、设计标准化、施工机械化和过程信息化四方面进行装配式桥梁的工业化水平评价(表1-8)。

装配式桥梁评价体系　　　　　　　　表1-8

项目	一级指标	二级指标	三级指标
装配式桥梁经济评价	工业化评价	构件工厂化	钢筋工程评价
			混凝土工程评价
			模板工程评价
		设计标准化	上部结构评价
			下部结构评价
			附属结构评价
		施工机械化	机械化水平评价
		过程信息化	生产信息化评价
			设计信息化评价
			施工信息化评价
			运维信息化评价
	装配化评价	上部结构	上部结构装配率
		下部结构	下部结构装配率
		附属结构	附属结构装配率
	经济性评价	增量成本	构件成本增量
			措施成本增量
		增量效益	增量经济效益
			增量环境效益
			增量社会效益

为充分评价工业化建造技术的合理性及可选性,在考虑其增量成本的情况下,还应从其直接及潜在的经济效益角度来判断工业化建造技术的有效性。

第 2 章
CHAPTER 2

上部结构

2.1 概述

桥梁上部结构预制构件有多种形式,既包括传统的预制空心板梁、预制 T 梁、预制小箱梁等,也包括预制节段梁、预制钢-混凝土组合梁、预制钢梁等。设计人员可根据各种结构适用的跨度、建造的方法、经济性、美观性等需求选用。

2.2 横向分片预制梁

在中、小跨径桥梁中,空心板梁、T 梁、工字梁、π 梁、小箱梁等多梁式预制装配式混凝土结构应用广泛。多梁式预制装配式混凝土结构将桥梁上部结构划分成若干个纵向独立构件,在预制场集中预制,运输至桥梁现场,架设就位后,通过现场横向联结,使得多梁式结构成为整体共同参与工作。

多梁式预制装配式混凝土梁具有构造简单,易形成适用跨径范围内装配式结构的标准化设计施工,单梁重量轻,施工工序少,现场施工快速、便捷,经济性优势明显等特点,在交通基础建设高速发展的今天,依然是常规跨径桥梁的首选结构形式。

2.2.1 预制板梁

2.2.1.1 预制板梁的特点及适用范围

装配式预制板梁(图 2-1)是中、小跨径桥梁常用的结构形式之一,具有建筑高度小,工厂化程度高,运输、吊装方便,对地面交通影响小,工程造价较低,规模化、标准化程度高等优点,常用跨径为 8~22m,通常三~四跨一联布置。为方便现场快速施工,多采用结构简支、桥面连续的结构体系。

2.2.1.2 预制板梁的国内外发展概况

在国外,装配式空心板梁桥主要应用于交通繁忙的公路和铁路上。采用多片式预制板梁可实现桥梁上部结构现场的快速架设安装,同时接缝混凝土也可在基本不影响桥下交通的情况下浇筑,应用广泛。

图 2-1 预制空心板梁实景图(上海内环高架桥)

装配式空心板梁桥具有建筑高度小、外形简单、制作方便、自重较轻、经济性好、适合工厂化预制等特点,是我国中小跨径桥梁最常用的结构形式之一。受混凝土强度和施工条件的限制,早期空心板主要为挖空率相对较小的钢筋混凝土板;随着高强度混凝土的广泛应用,以及预应力技术的成熟,现阶段主要以大挖空率的预应力空心板结构为主。根据早期交通部及各地方颁布的通用图或标准图,一般 6~10m 跨径采用装配式钢筋混凝土空心板,10~22m 跨径采用装配式预应力混凝土空心板。

在 20 世纪 90 年代前,装配式空心板梁桥的横向连接构造主要采用混凝土铰缝连接形式,并曾一度在国内桥梁工程中广泛应用。近年来,国内早期空心板桥开裂、渗水等病害十分突出。由于横向连接薄弱,刚度小,铰缝构造易损,铰缝后期开裂较严重,容易形成单梁受力,在超载严重的桥梁结构中表现得尤为严重,影响了结构耐久性及安全性,因而一些省(区、市)出台了相应规定取消铰接空心板梁在高速公路、高等级市政道路及专用重车线路工程中的应用。

随着桥梁设计与建造技术的发展,空心板梁桥的接缝构造也得到不断的优化改进,国内一些地方标准图中已取消装配式空心板梁的"小铰缝"横向连接,或将横向连接由铰接优化为刚接,使得装配式空心板梁至今仍是我国中小跨径桥梁的重要组成部分。

2.2.1.3 预制板梁的分类

装配式板按断面形式分为实心板和空心板两种。实心板的跨径通常较小,一般不超过 8m,通常控制在 6m 以内。空心板跨径则较大,通常为 6~22m,工程中常见的装配式板梁多为空心板梁。

装配式板按配筋情况分为钢筋混凝土板和预应力混凝土板两种。通常,跨径小于 10m 时,采用钢筋混凝土板;跨径大于或等于 10m 时,采用预应力混凝土板。

装配式板按施工工艺分为先张法预应力混凝土空心板和后张法预应力混凝土空心板两种。先张法台座张拉施工简单,靠黏结力自锚,不需要特制锚具,经济性好,非常适于在中小跨径桥梁上部结构中采用。后张法不需要固定台座设备,不受场地限制,施工更具灵活性。

2.2.1.4 预制板梁的主要构造

结合目前交通运输部及各省(区、市)标准图,6m 和 8m 空心板梁已较少采用,预制板常规标准设计跨径主要为 10m、13m、16m、20m,板梁高度分别采用 0.65m、0.75m、0.85m 和 0.95m,高跨比在 1/25 ~ 1/15 之间,跨径大时取用偏小值。为避免单板横向同时作用两个车轮荷载,空心板合理理论宽度应小于 1.3m。目前,常规空心板标准宽度主要有 0.99m、1.1m、1.24m 等几种。交通运输部倒角矩形孔空心板主要截面尺寸见表 2-1。上海圆孔、椭圆孔空心板主要截面尺寸见表 2-2。

交通运输部倒角矩形孔空心板主要截面尺寸　　　　表 2-1

预应力体系	跨径(m)	梁高(m)	腹板厚度(mm)		顶板厚度(mm)		底板厚度(mm)	
			支点	跨中	支点	跨中	支点	跨中
先张法	10	0.65	240	160	120	120	250	120
	13	0.75	240	160	120	120	250	120
	16	0.85	240	160	120	120	250	120
后张法	10	0.65	320	160	120	120	250	120
	13	0.75	320	160	120	120	250	120
	16	0.85	320	160	120	120	250	120
断面布置及构造示意								

上海圆孔、椭圆孔空心板主要截面尺寸　　　　表 2-2

预应力体系	跨径(m)	梁高(m)	底宽(m)	跨中截面腹板厚度(mm)		顶部厚度(mm)	底板厚度(mm)
				边腹	中腹		
先张法	10	0.55	1.1	145	90	100	90
	13	0.65	1.1	145	90	150	140
	16	0.85	1.1	145	90	100	100
	18	0.85	1.1	145	90	100	100
	20	0.95	1.1	145	90	150	150
	22	0.95	1.1	145	90	150	150

续上表

预应力体系	跨径（m）	梁高（m）	底宽（m）	跨中截面腹板厚度（mm）		顶部厚度（mm）	底板厚度（mm）
				边腹	中腹		
断面布置及构造示意	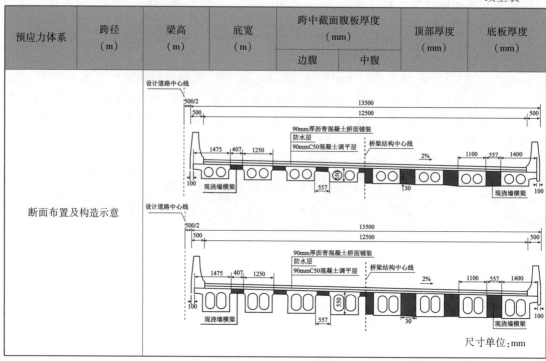						

预制空心板梁开孔有多种形式，常见的有圆孔、椭圆孔、倒角矩形孔等几种（图 2-2）。其中，圆孔挖空率较小，多采用充气胶囊、橡胶抽拔棒或钢管等成孔，施工工艺成熟；椭圆孔通常采用充气胶囊成孔，截面挖空率较大，但成孔稍烦琐，且成孔过程中由于气囊上浮，常导致顶板板厚削弱；倒角矩形孔挖空率最大，重量最轻。圆孔一般用于小跨径低高度板梁，椭圆孔常用于中小跨径梁高较高的板梁，倒角矩形孔两种情况均可采用。

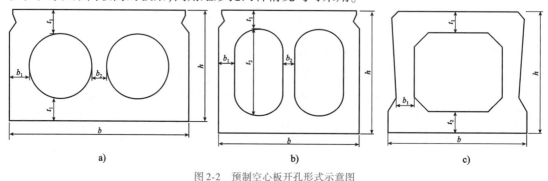

图 2-2　预制空心板开孔形式示意图

2.2.1.5　预制板梁横向连接

接缝是决定装配式空心板梁桥能否达到预期整体受力状态的关键，也是装配式空心板梁桥的薄弱构造。根据国内外的工程实践，装配式预制板梁的横向连接主要有以下几种。

（1）铰缝连接

铰缝连接是国内装配式预制空心板梁最为典型的一种横向连接方式。铰缝连接形式主要有菱形(小铰缝)和漏斗形(大铰缝)两种,如图 2-3 所示。空心板梁架设就位后,通过混凝土进行铰缝的填充。为了保证混凝土铰的传力性能,也会加入铰缝钢筋,如图 2-4 所示。

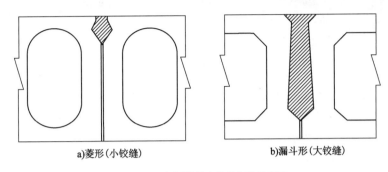

图 2-3 空心板梁混凝土铰缝构造示意图

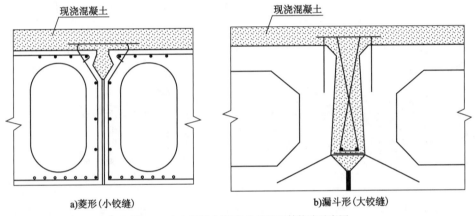

图 2-4 空心板梁小铰缝、大铰缝配筋构造示意图

由于铰缝传力机理不明确,且新老混凝土黏结问题使得铰缝在新老混凝土处容易发生破坏,最终传力失效,导致板梁出现单梁受力。因此,大多数铰接装配式空心板梁桥在建成运营一段时间后,较易出现不同程度的接缝病害。

20 世纪 90 年代之后,桥梁设计师针对前期铰缝构造形式存在的不足,对铰缝接缝形式进行了优化。此后新建的桥梁基本取消了单独钢板连接形式和小铰缝连接形式,主要采用如图 2-4b)所示的大铰缝连接构造,并且加深了铰缝构造,加强了接缝内连接钢筋,以确保接缝的传力性能。而且,大铰缝构造形式的采用使得接缝内的混凝土得到充分的振捣,混凝土的浇筑质量以及与梁体的黏结有了更充分的保证。为克服装配式空心板梁桥横向抗弯性能较弱的情况,还通过加强铺装层混凝土与梁体间的连接,使桥面铺装混凝土参与到板梁整体受力当中,从而增强装配式板梁的整体性。

(2)钢板焊接连接

铰缝连接混凝土施工完成后需进行一定时间的养护,在需要加快施工进度时,也可以采用钢板焊接的连接方式实现板梁间的横向连接。空心板预制时,在板梁相邻纵缝角点预埋连接钢板;板梁架设就位后,上覆钢板盖在预埋钢板上焊接连接。连接构件的纵向间距一般为 0.8~1.5m。连接构造参考图 2-5。

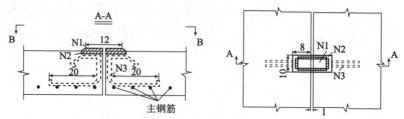

图 2-5　钢板焊接连接构造(尺寸单位:cm)

根据空心板的受力特点,钢板在支点布置应较密,在跨中可以适当稀疏。钢板焊接连接与混凝土铰缝连接相比,造价较高,而且整体性较差,竞争力较小,使用也相对较少,目前在装配式板梁桥加固工程中应用较多。

(3)现浇混凝土刚性连接

现浇混凝土刚性连接主要是通过增加板梁顶板现浇钢筋混凝土的刚度,达到加强板梁间横向连接的目的。加拿大规范规定,采用现浇混凝土进行横向连接的空心板梁桥面铺装层厚度为15cm。

英国还出现一些现浇组合式空心板(图2-6),这些形式的空心板梁的横向整体性较好,但现浇混凝土量比较大。

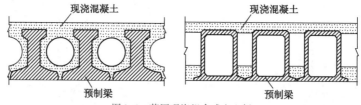

图 2-6　英国现浇组合式空心板

在实际运营过程中,由于施工质量、超重载交通等影响,铰接空心板梁横向接缝病害问题越来越突出。因此,桥梁设计者不断对接缝的构造形式进行改进完善,改善接缝受力性能,提高装配式预制板梁的整体性和耐久性。上海市在《先张法预应力混凝土空心板(桥梁)》(DBJT 08-101—2015)中提出一种既具有铰接空心板结构高度低、运输和吊装方便等优点,又具有良好整体受力性能的刚接空心板梁结构(图2-7)。

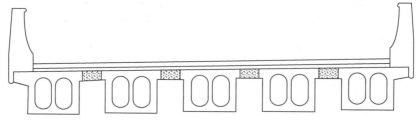

图 2-7　刚接空心板梁断面布置图

刚接空心板梁在原小铰缝空心板梁的基础上,对板梁构造尺寸及横向连接构造进行了改进。并编制形成标准通用图集。其中,单板宽度由0.99m增加至1.1m,板梁高度根据跨径不同增加了3~5cm,在靠近支点区域对顶板、底板、腹板进行了加厚,在提高结构刚度的同时,增强板梁自身的安全储备;同时将板梁之间的铰缝连接改为桥面板刚接连接,并在端部设置了端横梁,结构整体受力性能和耐久性均得到大幅提升。空心板梁刚性连接构造示意图如图2-8所示。

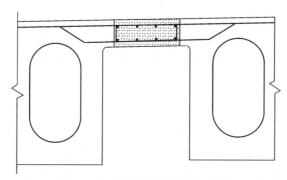

图 2-8 空心板梁刚性连接构造示意图

(4) 横向预应力连接

早在 20 世纪 70 年代,英国就出现了采用横向预应力的预制空心板梁,但当时由于横向预应力及现浇混凝土的现场施工给该种形式板梁的推广带来一定阻碍。后来,日本在空心板梁的横向连接形式上采用了预应力连接。日本的空心板梁均设有端横隔板和中横隔板,通过在横隔板中设置对拉横向预应力钢束,达到加强板梁横向整体性的目的。美国空心板梁的横向连接也多采用灌浆混凝土剪力键,同时配合后张横向预应力加强整体横向连接(图 2-9)。

图 2-9 美国设横向预应力钢束的空心板梁

由于设置横向钢束,施工工艺控制较复杂,横向钢束管道需要精准定位,国内目前的施工水平很难达到相应的控制要求。

(5) 普通钢筋连接

近期,美国学者提出既不采用横向预应力,又不采用横隔板和复合桥面板的空心板横向连接方式。这种形式的空心板仅通过在桥梁纵向每隔一段距离设置横向普通钢筋进行连接(图 2-10)。

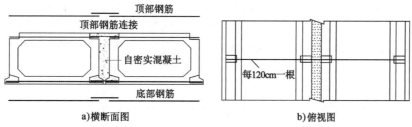

图 2-10 采用普通钢筋连接的空心板梁

2.2.1.6 预制板梁主要材料指标

根据交通运输部《公路桥涵通用图 装配式先张法预应力混凝土简支空心板梁上部构造》，给出铰接预应力混凝土空心板梁材料指标参考数值，见表2-3。同时，根据《先张法预应力混凝土空心板(桥梁)》(DBJT 08-101—2015)，给出刚接先张法预应力混凝土简支空心板梁材料指标参考数值，见表2-4。

铰接空心板梁每平方米桥面材料指标估算表　　表2-3

材　料	空　心　板		
	10m	13m	16m
预制混凝土(m^3/m^2)	0.387	0.41	0.44
现浇混凝土(m^3/m^2)	0.06	0.073	0.083
预应力钢筋(kg/m^2)	11	13	14
普通钢筋(kg/m^2)	110	106	104

刚接空心板梁每平方米桥面材料指标估算表　　表2-4

材　料	空　心　板			
	10m	13m	16m	20m
预制混凝土(m^3/m^2)	0.25	0.31	0.34	0.40
现浇混凝土(m^3/m^2)	0.07	0.07	0.07	0.07
预应力钢筋(kg/m^2)	7	9	10	14
普通钢筋(kg/m^2)	59	61	68	70

2.2.2 预制T梁

2.2.2.1 预制矮T梁

(1) 发展概况

在桥梁工程中，中小跨径桥梁占比较大。10~20m跨径的预应力混凝土空心板梁，因其具有建筑高度低、施工方便、造价低等优点，深受工程界的青睐。针对铰接装配式空心板梁病害突出的问题，工程设计人员虽采取了一定的措施加强空心板梁铰缝连接，改善板梁的受力状态，但仍无法从根本上避免空心板梁由于结构顶板及底板厚度、钢筋保护层厚度不易保证，而削弱板梁的横向抗弯刚度和耐久性的问题。为满足现代交通大交通量、重荷载条件的需要，科研院校及工程设计人员提出一种代替空心板的新型结构——预制预应力混凝土矮T梁。该新型结构既保留了空心板梁建筑高度低、施工方便、经济性好等优点，又可有效避免板梁的常见病害。

2000年以后，吉林、安徽、山西、浙江、内蒙古等省(区)针对预制预应力混凝土矮T梁的力学性能及施工工艺开展了相关研究，研发编制了预应力混凝土简支T梁上部构造通用图，研究成果成功应用于诸多工程项目。

(2) 主要构造

预制预应力混凝土矮 T 梁跨径范围主要为 10~20m,梁高度为 0.6~1.1m,高跨比为 1/20~1/16,梁间距为 1.5~1.7m。标准预制宽度有 1.0m 和 1.2m 两种。预应力混凝土矮 T 梁主要采用后张法施工工艺。

参考预制矮 T 梁相关标准图,给出预制预应力混凝土矮 T 梁基本尺寸,见表 2-5。

预制矮 T 梁基本尺寸　　　　　　　　　　　表 2-5

跨径(m)	梁高(m)	高跨比	肋厚(m)	预制板宽(m)	翼缘厚(m)(边缘/根部)	横隔板数(道)	吊重(t)(中梁/边梁)
10	0.6	1/16.6	0.3~0.40	1.0/1.2		3	11/11
13	0.75	1/17.3	0.3~0.40	1.0/1.2	0.16~0.18/0.22~0.33	3	13/14
16	0.85~0.9	1/17.8~1/18.8	0.3~0.40	1.0/1.2	0.16~0.18/0.22~0.33	3	21/21
20	1.0~1.1	1/18.2~1/20.0	0.3~0.40	1.0/1.2	0.16~0.18/0.22~0.33	3	30/30
构造示意图							

(3) 预制矮 T 梁主要材料指标

参考《浙江省公路桥梁装配式预应力混凝土矮 T 梁通用图》,给出 10~20m 跨径结构简支桥面连续及先简支后结构连续预应力混凝土矮 T 梁材料指标参考数值,见表 2-6、表 2-7。

简支矮 T 梁每平方米桥面材料指标参考表　　　　　　　　　　　表 2-6

材料	T 梁			
	10m	13m	16m	20m
预制混凝土(m³/m²)	0.26	0.30	0.35	0.42
现浇混凝土(m³/m²)	0.046	0.046	0.053	0.052
预应力钢筋(kg/m²)	12.2	12.0	13.5	16.5
普通钢筋(kg/m²)	68	67	70	71

先简支后结构连续矮 T 梁每平方米桥面材料指标参考表　　　　　　　　　　　表 2-7

材料	T 梁		
	13m	16m	20m
预制混凝土(m³/m²)	0.36	0.4	0.63
现浇混凝土(m³/m²)	0.1	0.1	0.13
预应力钢筋(kg/m²)	10.5	12.5	16.0
普通钢筋(kg/m²)	72	70	110

2.2.2.2 常规预制 T 梁

(1)常规预制 T 梁特点及适用范围

常规预制预应力混凝土 T 梁跨径一般为 20~40m,具有受力明确、模板较省、预制工艺简单、单梁吊重较轻、施工方便、工艺成熟、耐久性较好、后期维修养护方便等优点,在公路和市政桥梁工程中曾被大量采用。通常 3~5 跨一联,采用先简支后结构连续或结构简支桥面连续的结构体系。

常规预制 T 梁建筑高度较高,单梁横向刚度相对较小,运输吊装时稳定性略差。为确保结构横向整体性,通常在 T 梁支点及跨间每 5~10m 处设置一道横隔梁。T 梁横向连接通常采用桥面板及横隔梁湿接缝进行刚性连接。

与空心板梁相比,预制装配式预应力混凝土 T 梁(图 2-11)具有较好的综合性能。但由于纵、横梁布置方式,梁底呈网格状,景观效果略差,现场工作略多。近年来,预制装配式 T 梁在城市桥梁中的应用相对减少,但在国内西南山区桥梁中应用尚为广泛。

图 2-11　预制混凝土 T 梁实景图(上海某高架桥)

(2)预制 T 梁主要构造

根据交通运输部《公路桥涵通用图　装配式预应力混凝土简支 T 梁桥上部构造》,给出预应力混凝土 T 梁基本尺寸,见表 2-8。

预制 T 梁基本尺寸　　　　　　　　　　　表 2-8

跨径(m)	梁高(m)	高跨比	肋厚(m)(跨中/梁端)	预制板宽(m)	翼缘厚(m)(边缘/根部)	马蹄(m)(全宽/全高)	横隔板数(道)	吊重(t)(中梁/边梁)
20	1.5	1/13.3	0.2/0.4	1.75	0.2/0.25	0.6/0.4	3	46/48
30	2	1/15.0	0.2/0.4	1.75	0.2/0.25	0.6/0.4	5	80/81
35	2.3	1/15.2	0.2/0.4	1.75	0.2/0.25	0.6/0.4	5	104/106
40	2.5	1/16.0	0.2/0.4	1.75	0.2/0.25	0.6/0.4	5	124/126

续上表

跨径(m)	梁高(m)	高跨比	肋厚(m)(跨中/梁端)	预制板宽(m)	翼缘厚(m)(边缘/根部)	马蹄(全宽/全高)	横隔板数(道)	吊重(t)(中梁/边梁)
构造示意图								

（3）预制 T 梁主要材料指标

根据交通运输部《公路桥涵通用图 装配式预应力混凝土简支 T 梁桥上部构造》，给出跨径 20～40m 预应力混凝土简支 T 梁材料指标参考数值，见表 2-9。

预制 T 梁每平方米桥面材料指标参考表　　　　表 2-9

材料	T 梁			
	20m	30m	35m	40m
预制混凝土(m^3/m^2)	0.38	0.44	0.49	0.51
现浇混凝土(m^3/m^2)	0.05	0.05	0.05	0.05
预应力钢筋(kg/m^2)	11	16	18	22
普通钢筋(kg/m^2)	89	99	107	111

2.2.2.3 预制 Bulb-T 梁

近些年，在美国出现一种比传统 AASHTO（美国州公路及运输协会）规范中工字梁更有效的预制预应力混凝土梁——Bulb-T 梁（图 2-12）。该种结构由工字形纵梁及混凝土桥面系统组成，混凝土桥面可以现浇，也可以预制。桥面板与 Bulb-T 梁连接完成后，与主梁一起施加预应力。纵梁简支跨径范围为 20～50m；当简支跨径超过 60m 时，纵梁可采用节段拼装。

图 2-12　Bulb-T 梁（图片引自美国 PCINE 的桥梁快速建造指导原则）

2.2.2.4 节段预制装配 T 梁

随着桥梁工业化预制装配建造技术的不断发展和应用,在一些工程项目中,桥位不具备工地预制条件,若在异地整孔预制,长大预制构件的地面常规运输往往成为制约预制装配技术应用的限制条件。同时,从资源集约化角度,一个工程配套一个预制场,势必造成场地和设备的浪费,预制构件采用集中预制、集中采购是未来发展的趋势。

在日本等国家,装配式 T 梁采用节段预制,运输至现场拼装成整体后安装就位,这种设计、施工方式较为普遍。节段预制构件的轻型化特点使得长大型预制构件实现运输常规化,不需要采用特殊的运输方式。一个预制场可覆盖周边几十公里的区域,更加适合城市和山区装配式桥梁工程的建设需求。

节段预制装配 T 梁接缝面一般采用图 2-13 所示混凝土稀齿键或图 2-14 所示平缝钢榫键形式。由于混凝土剪力键需结合长线法或短线法"匹配浇筑"预制,对于预制工艺要求较高。钢榫键是近来日本较常采用的键齿形式,对应的接缝形式是平缝,不需设置凹凸的混凝土剪力键,其最大的优势是不需要匹配浇筑,极大地方便了节段预制本身和预应力管道的放样和施工。平缝钢榫键设置的数量由截面承受的剪力决定,钢榫键如图 2-15 所示。

图 2-13 节段预制装配 T 梁和稀齿键

图 2-14 平缝钢榫键

图 2-15 钢榫键

近年来,国内也有部分学者及桥梁工程师开展了关于预制节段装配式 T 梁方面的研究和工程实践。贵隆高速公路机耕天桥是国内首座预制节段装配式叠合简支混凝土 T 梁桥。该桥跨径为 20m,共分为 5 个预制节段,采用宽底板的工字形断面,混凝土桥面板采用整体现浇。该工程已于 2019 年 7 月顺利建成通车。预制小节段的采用,极大方便了在山区道路的运输。在德州至上饶高速公路合肥至枞阳段工程中,桥梁上部结构也采用了预制节段装配式简支混凝土 T 梁。桥梁跨径为 25m,共分 3 个预制节段,采用宽底板工字形断面,梁间采用钢制横梁进行连接。

2.2.2.5 预制 π(双 T)形梁

(1)常规混凝土预制 π 形梁

π 形梁最早出现于 20 世纪 50 年代。该种梁型的特征是由两块腹板和一块面板组成,截面呈 π 形或双 T 形。π 形梁具有横向宽度大、纵向湿接缝数量少、运输和安装过程稳固性好等特点,在中小跨径的钢筋混凝土简支梁桥中应用较多,在我国早期修建的铁路线和国省干线公路桥梁中均有应用。

2008 年,美国东北部多州桥梁技术委员会编制形成了主要用于中等跨径桥梁的 π 形梁标准图(图 2-16)。该种形式桥梁断面简单,采用直线布束的先张法工艺具有良好的经济性,同时双 T 的 π 形截面有利于运输和安装过程中的稳定,是目前美国中等跨径桥梁中采用较多的一种结构形式。

标准图中给出了三种标准断面,如图 2-16、表 2-10 所示。π 形梁肋板底部宽度为 0.33 ~ 0.35m,预制梁高 0.61 ~ 1.02m,预制梁宽 2.43 ~ 3.63m。现浇桥面板最小厚度为 0.114 ~ 0.20m,其中 NEXT E 型梁现浇桥面板最小厚度为 0.114m,NEXT F 型和 NEXT D 型梁现浇桥面板最小厚度为 0.2m。美国东北部 π 形梁工程实例如图 2-17 所示。

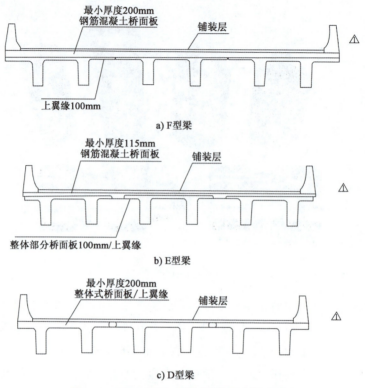

图 2-16 美国东北部 π 形梁标准图形式断面示意

几种截面形式的综合特点 表 2-10

梁型	装运和装卸	翼缘连接	优 点	设计/施工要点
NEXT F	①截面相对较轻；②最大装运宽度为3.68m	翼缘无须连接	①需要较少的梁；②不需要底模；③较易调整竖曲线线形	①需要比较多地校准混凝土,需要的两层桥面板钢筋较多；②翼缘根部顶缘易出现纵向裂缝,尤其当梁的倾斜度超过20°时；③需要通过调整现浇桥面板混凝土的厚度来适应竖曲线
NEXT E	截面相对较轻	钢筋混凝土封闭浇筑,与顶部浇筑整合在一起	①相比 NEXT F 梁型,桥面板浇筑的混凝土略少；②采用常规桥面混凝土进行连接；③较易适应竖曲线线形；④需要较少地校准混凝土,现场设置的钢筋较少	①混凝土浇筑时需要模板；②翼缘根部顶缘易出现纵向裂缝,尤其当梁的倾斜度超过20°时；③需要通过调整现浇桥面板混凝土的厚度来适应竖曲线
NEXT D	①截面相对较重；②需要较大的吊机	①窄接缝封闭浇筑；②超高性能混凝土(Ultra-High Performance Concrete,简称UHPC)；③无收缩灌浆	①无须调整竖曲线线形；②在装卸过程中翼缘开裂可能性最小	①因无现浇桥面板混凝土,更难适应竖曲线；②需要通过调整翼缘的厚度来适应竖曲线,这将导致预制费用的增加；③湿接缝浇筑需要模板；④窄湿接缝需要更高强度的材料

图 2-17 美国东北部 π 形梁工程实例

(2) 超高性能混凝土(UHPC)预制 π 形梁

国外对于 UHPC π 形梁的研究始于十多年前。从 2003 年法国第一座 UHPC π 形梁(图 2-18)桥,到美国第一代、第二代 UHPC π 形梁桥,不同时期 UHPC π 形梁形状和构造尺寸均有不同。法国的第一座 UHPC π 形梁桥,由 5 片跨径 20m 的装配式 UHPC π 形梁组成,通过现浇 UHPC 湿接缝连接。UHPC π 形梁梁高 0.9m,梁宽 2.4m,UHPC 桥面板厚度为 0.11m,等效桥面板厚度为 0.25m。与普通混凝土梁相比,将桥梁总体自重降低了三分之二。

图 2-18 法国 UHPC π 形梁断面示意

2008 年美国修建了第一座 UHPC 高速公路桥(图 2-19)。该桥采用了 3 片跨径 15.5m 的装配式 π 形梁结构。梁宽 2.4m,梁高 0.85m,桥面板厚度为 8cm,腹板厚度为 8cm。梁间的横向连接采用水平螺栓组成的现浇 UHPC 湿接缝连接键,用以提高主梁间的连接效果。2009 年,美国联邦公路管理局通过对跨径 20m 的全尺寸 UHPC π 形梁的试验研究,并在此基础上,提出了第二代 UHPC π 形梁。该梁保持了原来的截面形状,但强化了横向弯曲承载能力。

2012 年,Linfeng Chen,Benjiamin A. Graybeal 等对第二代 UHPC π 形梁的结构性能进行了研究。研究结果表明,横隔板对于保持结构整体性起着非常重要的作用,同时桥面板横向钢筋的配置,可以有效降低车辆荷载引起的拉应力。

图 2-19　美国 Jakway Park UHPC π 形梁(尺寸单位:mm)

2017年,国内首座预制 UHPC π 形梁桥在上海袁家河桥上建成(图 2-20)。该桥跨径为 22m,桥面总宽 17.75m,由 7 片预制 UHPC π 形梁组成,预制梁高 0.93m,顶板最薄处仅 5cm。单梁自重 34t,约为传统同面积刚接空心板梁自重的一半。梁顶现浇 0.15m 厚 C50 桥面板混凝土,将 UHPC π 形梁连成整体。

图 2-20　上海 UHPC π 形梁工程实例

虽然国内外对于 UHPC π 形梁的研究和应用已有十多年,但 UHPC 桥梁仍多为试验桥,主要应用于人行桥和小跨径公路或铁路桥梁上。

2.2.3 预制小箱梁

2.2.3.1 预制小箱梁的特点及适用范围

预制小箱梁(图 2-21)由于具有结构简单,设计、施工经验成熟,经济指标较低,结构竖向刚度较大,抗扭性能较好,梁高适中,适应跨径较大,外形相对美观,可采用工厂化预制、现场吊装的施工方式,通过现浇接缝形成整体桥面,对变宽段桥面适应性较强等特点,是目前公路及市政桥梁工程中广泛采用的桥梁结构形式之一。

图 2-21 预制小箱梁实景图(上海某高架桥)

预制小箱梁跨越能力较大,适用跨径 25～40m,一般三四跨一联布置,采用先简支后结构连续或结构简支桥面连续的结构体系。与空心板梁和 T 梁相比,预制小箱梁对运输、吊装等施工设备要求稍高,一般采用吊机架设或者架桥机施工。

2.2.3.2 预制小箱梁主要构造

结合目前交通运输部及各省(区、市)通用图,预制小箱梁常规标准设计跨径主要为 20m、25m、30m、35m、40m,小箱梁高度主要采用 1.2～2.0m,高跨比为 1/20～1/16。

交通运输部和广东省预制小箱梁通用图中梁标准宽度为 2.4m,边梁标准宽度为 2.85m,底宽 1.0m,梁间距为 2.8～3.3m。中梁及边梁具体断面构造示意如图 2-22、图 2-23 所示。对于 30m 及以下跨径的小箱梁不设置跨中横隔板;35m 和 40m 跨径的小箱梁,在跨中设置一道横隔板。交通运输部通用图中小箱梁横隔板采用实心板形式,广东省通用图中小箱梁横隔板采用空心形式,端横梁厚度均为 0.3m,35m 和 40m 连续小箱梁中横隔板厚度为 0.4m。

预制简支小箱梁横向采用单支座。预制连续小箱梁端支点采用两支座,中支点采用单支座。通过相关经济性研究,30m 及以下跨径应采用简支体系,35m 和 40m 应采用简支或连续体系。

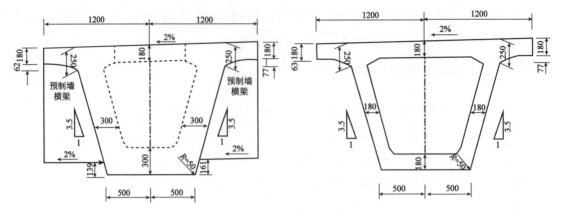

图 2-22 中梁横断面示意图(尺寸单位:mm)

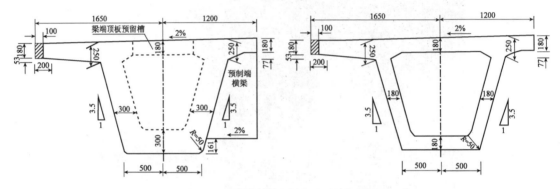

图 2-23 边梁横断面示意图(尺寸单位:mm)

广东省通用图中预制小箱梁断面主要构造尺寸见表 2-11。

广东省通用图中预制小箱梁断面主要构造尺寸汇总表　　表 2-11

跨径 (m)	结构体系	梁高 H (m)	腹板斜率 (m)	腹板厚度		底板厚度	
				支点 F1 (mm)	跨中 F2 (mm)	支点 D1 (mm)	跨中 D2 (mm)
20	简支	1.20	3	300	180	300	180
25		1.40	3.5	300	180	300	180
30		1.60	4	300	200	300	180
35		1.80	4	320	200	360	180
40		2.02	4	320	200	360	180
35	连续	1.80	4	320	200	360	180
40		2.00	4	320	200	360	180

上海市通用图中预制小箱梁跨径主要针对 25m、30m 和 35m 三种，小箱梁标准预制宽度与梁高相关，宽度为 2.576~2.826m，预制底宽宽度均为 1.5m，梁间距为 3.0~4.4m。由于单梁中心宽度基本为一个标准车道的宽度，单梁受力性能较好。中梁及边梁具体断面构造示意如图 2-24 和图 2-25 所示。

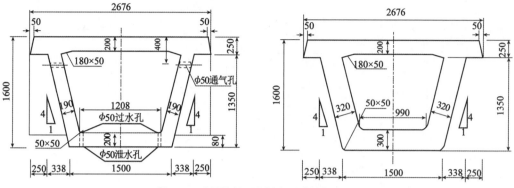

图 2-24　中梁横断面示意图(尺寸单位:mm)

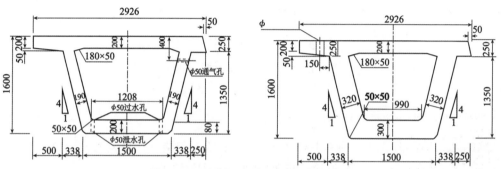

图 2-25　边梁横断面示意图(尺寸单位:mm)

根据桥面板湿接缝的相关试验研究成果,上海市预制小箱梁通用图中提出了免焊接窄接缝连接构造(图 2-26)。当桥面板湿接缝采用等宽窄接缝(钢筋免焊接)构造时,接缝尺寸为:上口宽 0.4m、下口宽 0.3m。混凝土采用 C60 钢纤维混凝土,钢纤维掺量为 60kg/m³。小箱梁顶板横向钢筋间距统一为 200mm,相邻梁应交错布置,交错后间距为 100mm,相邻梁钢筋的交错搭接长度不小于 250mm。

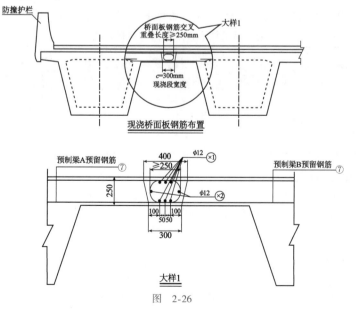

图 2-26

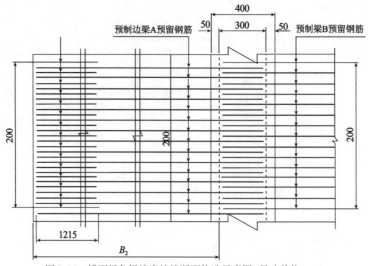

图 2-26　桥面板免焊接窄接缝断面构造示意图(尺寸单位:mm)

B_2-边梁宽度

2.2.3.3 预制小箱梁经济性指标

参考交通运输部通用图,预制小箱梁每平方米桥面材料指标估算表见表 2-12。

预制小箱梁每平方米桥面材料指标估算表　　　　　表 2-12

材料	小箱梁				
	20m	25m	30m	35m	40m
混凝土(m^3/m^2)	0.4	0.43	0.47	0.5	0.55
预应力(kg/m^2)	13	17	21	23	28
钢筋(kg/m^2)	83	85	92	101	105

参考上海市通用图,预制小箱梁每平方米桥面材料指标估算表见表 2-13。

预制小箱梁每平方米桥面材料指标估算表　　　　　表 2-13

材料	小箱梁		
	25m	30m	35m
混凝土(m^3/m^2)	0.45	0.464	0.570
预应力(kg/m^2)	13	18	22
钢筋(kg/m^2)	106	110	122

2.2.4　设计方法

根据总体方案,在确定了桥梁跨径、结构形式及断面布置后,便可根据结构布置方案进行分片式预制梁结构的设计分析。

2.2.4.1　单梁纵向整体设计

对于作用于多片式预制桥梁上的恒载(结构自重、桥面铺装、人行道、栏杆、防撞护栏等),

通常可近似地认为由各片主梁均匀承担。当人行道、栏杆、防撞护栏等构件在桥梁连成整体后安装时,为精确起见,可将该部分恒载按荷载横向分布的方法计算考虑。

桥上活载的横向分布规律与结构的横向连接刚度密不可分。横向连接刚度越大,荷载的横向分布作用越显著,各片梁分担的荷载也越趋均匀。根据多片式梁的横向连接方式及纵向计算截面位置的不同,分别选用杠杆法、偏心压力法、铰接梁法、刚接梁法、比拟正交异性板法等适用的计算方法进行横向分布系数的计算,确定分配于每一片梁上的恒载及活载内力。

按照相关规范的规定,对单梁进行内力荷载组合,并根据不同结构类型、不同结构形式进行单梁纵向配筋(预应力及普通钢筋)设计及计算。

2.2.4.2 横隔梁

一般中横隔梁受力最大,计算截面近似考虑由横隔梁肋及横隔梁中心两侧的有效翼缘宽度两部分组成。

横隔梁的受力通常被视为支承在主梁上的弹性支承连续梁,采用偏心压力法或刚接梁法进行横隔梁内力的计算。采用偏心压力法计算横隔梁活载内力时,为了简化计算,作用于横隔梁上的活载通常按杠杆法确定。即,作用于横隔梁上的活载全部由横隔梁承受,介于与其相邻横隔梁之间的活载按杠杆原理分配。采用刚接梁法计算活载内力时,取各种荷载的正弦级数表示的峰值,按等代荷载峰值和弯矩影响线计算横隔梁截面内力。

2.2.4.3 桥面板

基于具体设计方案,通常选择纵向单位宽度的桥面结构按悬臂板、铰接板、单向板、双向板或整体截面框架模型,根据规范中对桥面板内力计算的相关要求进行恒载及考虑活载有效分布宽度后的活载内力计算。

2.3 预制节段梁

预制节段梁技术本质上是区别于传统现浇施工的一种新的施工技术。其将上部梁结构沿着纵向划分为若干节段,在工厂预制成型后运输到桥址处拼装,然后施加预应力形成整体结构,即先"化整为零"后"化零为整"。目前,预制节段梁技术已广泛运用在公路、市政、铁路及城市轨道交通桥梁等多个领域。预制节段梁按拼装方法的不同,可分为平衡悬臂拼装、逐跨拼装、顶推拼装等不同施工方法,前两种方法应用广泛,顶推拼装较少采用;按节段预制方式的不同,可分为短线法预制和长线法预制;按节段间接缝类型的不同,可分为干接缝、胶接缝和湿接缝;按结构形式的不同,可分为简支梁桥、连续梁桥。本节分别介绍预制节段梁的发展背景、力学性能、设计方法及施工方法。

2.3.1 发展背景

1945—1948 年,法国人 E. 弗雷西特(E. Freyssinet)在巴黎以东 48km 左右的马恩河上架设的卢赞西(Luzancy)桥和之后该河上建造的其他五座桥中采用了预制节段施工,但这种施工方法真正被广泛采用还是在梁段匹配预制技术发展之后。1952 年,在纽约的谢尔登附近,

Freyssinet公司设计了一座单跨桥梁，该桥采用纵向分段拼装，并首次采用了匹配预制。1962年，让·穆勒（Jean Muller）进一步改进了梁段匹配预制施工工艺，在位于巴黎南部塞纳河上的舒瓦西勒鲁瓦（Choisy-Le-Roi）桥中，首次采用环氧树脂胶连接了匹配预制的梁段，并首次采用长线法进行节段预制。由于长线法预制要求台座与梁体等长，对模板投入较大，对地基处理的面积大，预制施工占地面积大，催生了短线法施工技术。1965年，第一座采用短线法进行节段预制的桥梁由Jean Muller设计，位于法国圣彼得（Pierre-Bénite），横跨罗纳（Rhône）河，主跨84m。随着工业化水平的提升，预制节段施工技术于1950—1965年期间迅速应用于欧洲的300多座桥梁，并很快推广到全世界。1967年，位于加拿大魁北克省的利尔（Lieyre）河桥是北美洲最早的预制节段拼装桥梁。1973年，美国第一座预制节段拼装桥梁在得克萨斯州的科珀斯克里斯蒂竣工通车。早期的预制节段接缝面处一般采用单键形式的剪力键，后来在施工中发现单键容易损坏。20世纪70年代后期法国人对此问题开展研究，开发了复合剪力键。1974年，复合剪力键在巴西的里约热内卢（Rio-Niteroi）桥首次被采用，并取得了良好的效果。工程界也因为其良好的抗剪性能而在随后的节段预制拼装桥梁中广泛采用。20世纪70年代，预制拼装技术开始应用于铁路桥梁。1976年法国建造的马恩·拉瓦莱（Marne laVallee）高架桥和日本的加古川市（Kakogawa）桥较早采用预制节段拼装法施工，采用上行移动式支架悬臂拼装施工，短线法生产预制节段，接缝采用环氧树脂处理。20世纪80年代，伴随着体外束防腐等大量新技术的发展，体外预应力技术重新焕发生机，预制节段拼装桥梁在欧美得到了更广泛的应用，其间建成了节段预制拼装桥梁的成名作长礁（Long Key）桥和七英里（Seven Mile）桥。其中Long Key桥全长约3.7km，跨径布置为101×35.9m+2×35.6m。得益于预制拼装和体外预应力技术，该桥施工速度达到了每星期2.5跨。1992年建造的美国佛罗里达州中部湾（Mid-Bay）桥和1998年建造的加森角（Garcon-Point）跨海大桥采用了干接缝、体外预应力、节段逐跨拼装施工法，分别创造了一周架桥290m和299m的世界纪录。2000年建成通车的法国TGV地中海线的阿维尼翁特大桥，第一次在高铁梁上采用上行式移动支架对预制节段进行悬臂拼装。同年，由Jean Muller国际公司和德国比尔芬格+伯杰（Bilfinger + Berger）公司设计，在泰国曼谷建成的世界上最长及最大的预制拼装桥梁——曼纳高速公路桥，全长达到55km，耗资10亿美元，平均跨度42m，整个工程预制节段39570个，均采用了短线匹配预制、节段拼装、干接缝和体外预应力技术，建成仅用26个月。此后，泰国、日本、澳大利亚的许多桥梁也采用了节段预制拼装技术。国外典型的预制节段梁如图2-27所示。

a) Luzancy桥

b) 舒瓦西勒鲁瓦（Choisy-Le-Roi）桥

图2-27

c) Rhône河桥

d) 曼纳高速公路桥

e) Long Key桥

f) Seven Mile桥

图2-27 国外预制节段梁典型案例

节段预制拼装技术在我国的应用始于20世纪60年代,成昆铁路旧庄河一号桥首次采用了节段预制、悬臂拼装施工法,孙水河四号桥等几座桥采用节段预制、逐跨拼装施工法。1977年11月西延铁路狄家河桥(4×40m连续梁)完成顶推架梁,该桥是国内首次采用顶推法架设的节段预制胶拼桥梁。由于受当时施工条件的限制,早期的应用结果并不理想,此后,节段预制拼装技术在国内发展缓慢。经过多年对国外节段预制拼装技术的借鉴、消化、吸收及创新后,直到1990年,福建洪塘大桥才再次采用节段预制逐孔拼装施工技术。1994年,郧阳汉江公路大桥顺利完工。该桥在我国第一次采取专用三角吊机进行节段箱梁悬臂拼装施工,这是针对拼装技术在机械设备上的进一步发展。1997年建成的湘江铁路大桥(61.65m+7×96m+61.65m连续梁,节段预制悬臂拼装法施工,现浇湿接缝)在我国首次采用专用移动式拼装支架进行节段悬臂拼装施工。进入21世纪以后,节段预制拼装技术发展速度加快。2001年竣工的沈海高速公路浏河大桥,为首次采用特制移动式预制节段架桥机拼装施工技术的体外预应力混凝土简支梁。2004年竣工的上海沪闵高架桥二期高架道路工程,全长5.4km,为采用预制节段架桥机拼装施工技术的体外预应力混凝土连续梁桥,在国内首次采用短线法生产宽节段,同时引进1600t型架梁设备来拼装节段,体现了我国高架道路工程设计及施工技术的进步和发展,并为后续工程采用预制拼装提供了工程借鉴和技术支持。2006年通车的广州地铁4号线工程,在简支梁以及部分连续梁中采用节段预制技术,其拼装总里程为41.6km。于2008年6月正式通车的苏通长江公路大桥北引桥和辅桥采用75m跨径预制拼装体外预应力箱梁结构,这是体外预应力节段拼装梁桥设计结构首次在特大桥梁工程中的应用实践。同年7月建成的厦门集美大桥主线桥以3幅8车道并列的方式跨越江海,跨海长3.82km,采用短线法预制悬臂拼装施工,是国内首座大规模短线匹配预制悬拼跨海大桥。2013年建成通车的广州地铁6号线首次将连续刚构与节段预制有机结合,融合两者长处,结构优势明显。2017年通车的芜湖长江公路二桥引桥为国内首次采用全体外预应力的节段预制拼装连续梁结构,实现了桥梁工程的标准化建造。2019年通车的南昌洪都大道快速化改造工程采用双箱断面的预制节段箱梁,有效改善了预制节段梁对变宽桥面的适应性。2020年通车的郑州市四环线及大河路快速化工程高架桥也采用了节段预制胶接缝拼装技术。该工程预制节段总共约50000个,将国内预制拼装桥梁技术提升到了新的高度。此外,随着材料与技术设备的成熟,以芝水沟大桥为代表的一批铁路桥梁也逐渐开始采用预制拼装施工技术。2014年建成的黄韩侯铁路芝水沟特大桥,全长16008m。该桥的2×48m和19×64m预应力混凝土简支箱梁采用了预制拼装技术。2017年12月周淮特大桥跨新运河连续梁成功合龙。该桥为郑阜高速铁路的控制性工程。施工时沿纵向将总质量约为1.5万t的连续梁分成近百个工厂标准化预制节段后运输至现场进行拼装。该桥的修建推动了相关配套技术的发展,并首次将胶接缝拼装技术运用在高速铁路桥梁施工中。国内典型的预制节段梁如图2-28所示。

a)成昆铁路旧庄河一号桥

b)浏河大桥

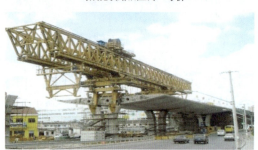

c)沪闵高架桥二期

d)广州地铁4号线

e)苏通长江公路大桥北引桥

f)集美大桥主线桥

图 2-28

g)平潭海峡大桥

h)郑州市四环线

图 2-28 国内预制节段梁典型案例

2.3.2 力学性能研究

2.3.2.1 节段梁接缝的承载力极限状态研究

接缝是预制节段梁区别于传统现浇梁的关键构造,因此,接缝承载力的研究是预制节段梁承载力研究的基础。

(1)接缝的弯曲承载力极限状态研究

国内学者李国平等人针对接缝的弯曲承载力极限状态进行了试验研究和理论分析。将接缝设置在模型梁中央,采用多重剪力键构造。纵向钢筋在接缝处断开,预应力筋均为体外布置。试验采用两点加载模式,接缝处于纯弯受力状态。模型构造如图 2-29 所示。

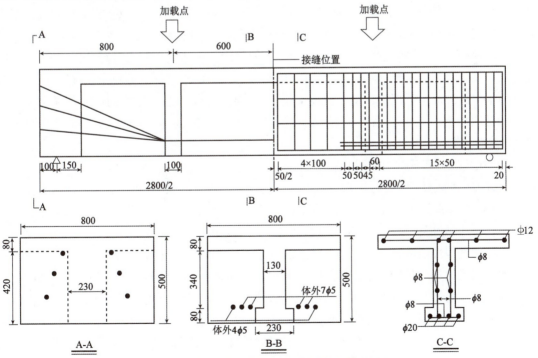

图 2-29 接缝弯曲承载力极限状态试验模型构造(尺寸单位:mm)

随着荷载增加,若是环氧树脂胶接缝(以下简称"胶接缝"),则中央接缝处下缘混凝土拉应力超过抗拉强度(环氧树脂与水泥砂浆层交界面的抗拉强度)后出现弯曲裂缝;若是干接缝,则中央接缝处下缘混凝土消压后即出现弯曲裂缝。裂缝出现后沿着接缝面竖直开展。继续加载,裂缝一直发展到顶板下缘附近,并且宽度不断增大。最终接缝处顶板混凝土达到极限强度被压溃,顶板内出现水平方向的劈裂裂缝。试件破坏形态如图2-30所示。

a) 胶接缝的弯曲破坏

b) 干接缝的弯曲破坏

图2-30 接缝弯曲破坏形态

进一步分析试验数据发现,接缝开裂前,受压区混凝土压应变、预应力筋应力均呈现线性增长,且增长速度较缓慢。接缝开裂后,受拉区混凝土退出工作,试件整体刚度下降,变形迅速增大,受压区混凝土压应变及受拉区体外预应力筋拉应力增长加快。最终破坏时,顶缘混凝土最大压应变已达到极限值,而体外预应力筋拉应力仍未达到屈服。由于接缝处于纯弯受力状态,因此接缝附近实测的箍筋应力水平均很低。对接缝面的弯曲承载力进行分析后发现,尽管接缝面与整体浇筑混凝土的正截面弯曲破坏形态相近,但由于破坏裂缝集中在接缝处,加之节段端面部位的混凝土强度通常低于其他部位,从而导致受压区混凝土更早压溃、接缝截面的承载力和延性均有所削弱。因此,接缝截面的抗弯承载力需要考虑与接缝类型相关的折减系数。

(2) 接缝的剪切承载力极限状态研究

接缝剪切(直剪)承载力极限状态的研究开始较早。自1959年以来,国外学者Jones、Base、Breen、Buyukozturk、Turmo、Ahmed,国内学者汪双炎、卢文良、袁爱民、王继文、姜海波等人,针对这一问题进行了较为详尽的试验研究和理论分析。

接缝的直剪性能试验通常采用单缝型试件或双缝型试件进行,如图2-31所示。单缝型试件由两个倒置的"L"块拼接而成,在两个"L"块交界面处形成接缝构造。将试件竖向放置后,沿着接缝面竖向加载直至试件破坏。由于单缝型试件无法保证加载点与接缝面始终处于同一竖直平面内,为了消除弯矩的影响而使接缝面始终处于纯剪作用下,有学者设计了双缝型试件,每个试件由3个块件构成,在中间块件与两侧块件设置接缝构造,再用预应力筋将3个块件连成一体。加载时,在中间块件顶部加载直至试件破坏。

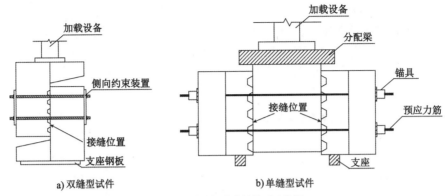

图 2-31　接缝的直剪性能试验装置

① 平面(无键齿)干接缝的剪切承载力极限状态

加载过程中,接缝处有混凝土间相互错动的摩擦声,接缝附近试件表面混凝土局部脱落。加载到极限荷载后,接缝面间摩擦力被克服,试件发生整体滑移失效。整个加载过程中试件表面无裂缝,各块件基本保持完好。接缝的抗直剪承载力与接缝截面轴向压力成正比,干接缝面的摩擦系数根据粗糙程度可取 0.39 ~ 0.69。

② 平面(无键齿)胶接缝的剪切承载力极限状态

加载过程中,试件接缝面处底部胶层附近的混凝土首先开裂,裂缝出现后沿着竖向不断上升。竖向裂缝贯通后,试件发生脆性破坏(突然破坏),相邻块件间沿着接缝面发生明显的相对滑移。接缝的抗直剪承载力与接缝截面轴向压力成正比,而与环氧胶层的厚度无关。

③ 单键齿干接缝的剪切承载力极限状态

加载至极限荷载的 70% 左右时,键齿根部下拐角处首先出现斜向裂缝,裂缝与剪切面约呈 45°斜向发展。斜裂缝开展前,接缝面的抗剪主要由接缝面的摩擦力和单键齿底面承压力的竖向分力提供;斜裂缝开展后,键齿以下接缝面摩擦力迅速释放,从而导致单键齿底面承压力增大。继续增大荷载,沿着键齿根部不断有短的斜向裂缝形成。破坏时,斜裂缝相互贯通将单键齿沿着接缝面剪断,相邻块件之间发生明显的相对滑移。其破坏形态如图 2-32a)所示。

④ 单键齿胶接缝的剪切承载力极限状态

加载过程中,初始斜裂缝首先出现在单键齿的下拐角处或接缝面处底部胶层附近的混凝土中。继续加载,沿着接缝面又出现若干条斜裂缝并迅速相互贯通。接缝面抗剪承载力很快便达到峰值,相邻块件间错动位移值突然增大,试件发生脆性破坏。值得注意的是,破坏裂缝并非在环氧胶层而是在胶层附近的混凝土层中开展。其破坏形态如图 2-32b)所示。

⑤ 多键齿干接缝的剪切承载力极限状态

与单键齿干接缝类似,多键齿干接缝在底部键齿根部下拐角处首先出现斜向裂缝,裂缝与剪切面约呈 45°斜向发展。继续加载,斜裂缝依次出现在由下往上的键齿根部下拐角处。在底部键齿处出现若干条短斜裂缝后底部键齿被剪断,之后键齿由下至上依次被剪断,试件发生脆性破坏。其破坏形态如图 2-32c)所示。

⑥ 多键齿胶接缝的剪切承载力极限状态

与单键齿胶接缝类似,初始斜裂缝几乎同时出现在所有键齿根部的下拐角处并沿着根部斜向开展。继续加载,所有键齿根部几乎被同时剪断。荷载在一瞬间达到峰值后迅速下落,试件延性较差。多键齿胶接缝各键齿的同步破坏使其与单键齿的破坏形态类似,因而剪切承载力也相差不多。其破坏形态如图2-32d)所示。

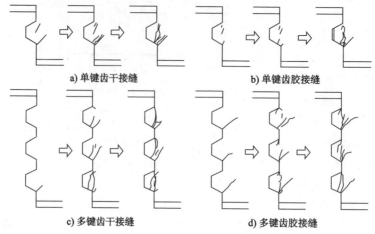

图2-32 接缝直剪破坏形态

(3)接缝的弯剪耦合承载力极限状态研究

前文分别介绍了预制节段梁接缝的纯弯和纯剪承载力极限状态,然而实际工程中,接缝通常处于弯矩和剪力共同作用下。国外学者Aparicio、Turmo,国内学者李国平、袁爱民等人针对接缝的弯剪耦合承载力极限状态进行了试验研究和理论分析。对于如图2-33所示的节段梁试件,采用两点加载模式,将接缝设置在加载点处,采用多重剪力键构造。因此,接缝处于弯矩和剪力共同作用下。纵向钢筋在接缝处断开,预应力筋均为体外布置。

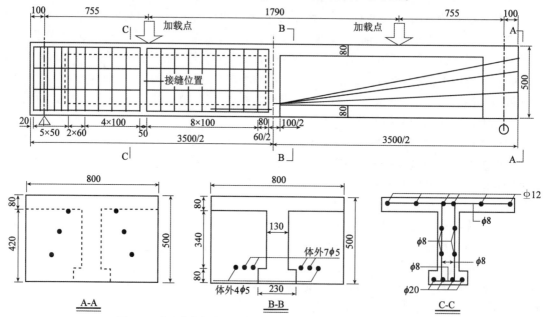

图2-33 接缝弯剪耦合承载力极限状态试验模型构造(尺寸单位:mm)

加载过程中发现,接缝下缘首先受拉开裂。接缝开裂后沿着接缝面竖向开展,由于未交到箍筋,因此接缝附近的箍筋对接缝截面的抗剪承载力几乎没有贡献。接缝面的剪力基本都由接缝面受压区混凝土承担,因此,剪压区混凝土剪应力较大。最终导致剪压区混凝土在压应力和剪应力二维应力作用下被压碎且伴有沿接缝的微小错动,剪压共同受力特征较明显。这种破坏形态与传统的弯曲破坏、剪切破坏均不相同,而是一种新的弯剪耦合破坏形态(图2-34)。此时,接缝的破坏弯矩值并未达到弯曲承载力,破坏剪力值也远未达到抗剪承载力。

 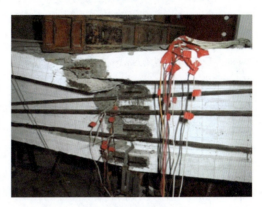

a) 胶接缝的弯剪耦合破坏　　　　　　　　b) 干接缝的弯剪耦合破坏

图 2-34　接缝弯剪耦合破坏形态

2.3.2.2　简支节段梁的承载力极限状态研究

(1) 简支节段梁的弯曲承载力极限状态研究

国外学者 Fouré,国内学者李国平、袁爱民等人针对简支节段梁的弯曲承载力极限状态进行了试验研究和理论分析。以某一实际简支节段梁为原型设计缩尺的模型试件,采用两点加载模式,对纯弯段受弯性能进行研究。试验发现简支节段梁的受力过程大致可分为三个阶段:节段接缝下缘混凝土初裂阶段、主裂缝相继变化与开展阶段和梁体破坏阶段。梁破坏集中在跨中附近截面(或接缝)和加载点附近截面(或接缝),破坏基本是一种整体坍塌的形式,延性差。

①与简支整体现浇梁的比较

由于节段梁普通钢筋在接缝处断开而整体梁普通钢筋在接缝处连续,整体梁裂缝开展比节段梁充分。梁体裂缝的数量随着体内配筋量的增多而增加。节段梁在体内配筋量较少时不会出现斜裂缝。所有节段梁的破坏裂缝都集中在节段接缝处。最终,整体梁的极限承载力比节段梁高出约20%,极限挠度比节段梁高出约50%,但节段梁开裂后挠度增长快于整体梁。

②接缝类型的影响

节段梁的接缝类型对梁正常使用阶段的受力性能有一定的影响。干接缝节段梁极限荷载与胶接缝节段梁相比有所下降,说明干接缝对受压区混凝土受力有不利的影响。接缝类型对钢绞线的极限应力及应力增量并无影响。

③体内、外预应力束配比的影响

体内配置一定数量的预应力束能大大改善节段梁的受力性能。混合配束梁的体外预应力束极限应力及应力增量、极限挠度随着体内预应力束含量的增加呈先上升后下降的趋势,体内预应力束含量在40%~50%时体外预应力束极限应力及应力增量较大,体内预应力束含量在30%~60%时结构延性较好。预应力配束总量一定时,提高体内预应力配束可以有效提高节段梁的承载力。

④体外预应力筋应力增量

开裂后,节段梁体外预应力筋的应力增速快于整体梁,但极限应力增量小于整体梁。节段体外预应力筋的极限应力增量随着跨高比、体内配筋含量的增加而增加,与接缝类型无关。

(2)简支节段梁的剪切承载力极限状态研究

简支节段梁的剪切破坏有整体的剪切破坏和接缝的剪切破坏(直剪破坏和弯剪耦合破坏)两种,接缝的剪切破坏已在前文述及,本节仅介绍简支节段梁整体的剪切承载力极限状态研究。国外学者Ramirez,国内学者李国平、姜海波、艾军等人针对这一问题进行了试验研究和理论分析。以某一实际简支节段梁为原型设计缩尺的模型试件,采用两点加载模式。如图2-35a)所示,接缝设置在加载点与支点之间的剪跨内,随着剪跨比的减小往支点处移动。通常增加纵向普通钢筋配置以确保剪切破坏发生在弯曲破坏之前。试验发现简支节段梁的受力过程分为破坏斜裂缝出现前、后两个阶段。破坏斜裂缝出现前梁体处于弹性工作阶段,破坏斜裂缝出现后从弯剪段离加载点最近的接缝截面下部指向加载点迅速开展[图2-35b)],一出现即上升到腹板顶部、贯穿腹板且宽度较大,裂缝底部两侧混凝土有错动现象。与斜裂缝相交的箍筋很快屈服,挠度快速增加、体外预应力筋应力急剧增大。梁体发生破坏前有明显征兆,主裂缝两侧梁体绕裂缝上端顶板塑性转动,主裂缝宽度大、梁体变形大。

①与简支整体现浇梁的比较

整体梁破坏前没有明显变形,破坏突然无征兆。节段梁破坏前主裂缝和接缝开展较大,尤其是全体外预应力梁,梁体变形大、破坏征兆较明显;整体梁的破坏斜裂缝与剪跨比等因素有关,斜裂缝水平投影长度随剪跨比增大及预应力减小而增大[图2-35b)]。节段梁的破坏斜裂缝与接缝位置有关,破坏斜裂缝位置只与距加载点最近的接缝位置有关,由接缝底部连向加载点。节段梁的抗剪承载力低于整体梁,从斜裂缝出现到梁破坏的荷载增量较低,节段梁的极限挠度、体外预应力筋的极限应力增量远大于整体梁,裂缝开展较宽。

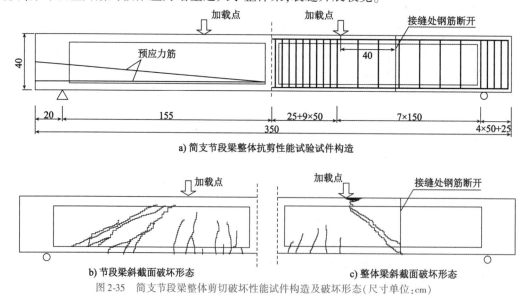

图2-35 简支节段梁整体剪切破坏性能试件构造及破坏形态(尺寸单位:cm)

②剪跨比的影响

剪跨比较小时,节段梁发生斜压破坏,接缝对抗剪性能几乎没有影响,腹板裂缝从加载点指向支点,且裂缝数量多、分布密,此时节段梁的剪切破坏形态与整体梁基本相同;剪跨比较大时,斜裂缝数量很少、分布稀疏,破坏斜裂缝取决于接缝的布置方式,总是从最靠近加载点的接缝指向加载点,且发展迅速。剪跨比对节段梁整体抗剪承载力的影响如图2-36a)所示。

③配箍率的影响

配箍率对斜裂缝的开裂荷载基本没有影响,但箍筋用量可能改变构件的剪切破坏形态。当配箍率合适时,箍筋限制着裂缝的开展,使荷载有较大的增长,破坏前裂缝开展较宽,有一定的破坏征兆;当配箍率较大时,配筋应力增长缓慢,未达到屈服时斜裂缝间混凝土可能已达到抗压强度,破坏突然发生;当配箍率较小时,斜裂缝一出现就迅速将梁体撕裂,箍筋应力很快屈服,对斜裂缝开展的约束很小,破坏突然发生。配箍率对节段梁整体抗剪承载力的影响如图2-36b)所示。

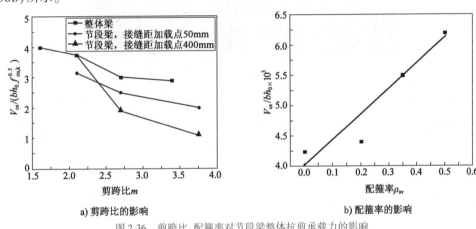

图2-36 剪跨比、配箍率对节段梁整体抗剪承载力的影响

④体内外预应力束配比的影响

体外预应力筋对斜裂缝开展的抑制作用较小,因此,提高体内预应力筋配比能提高抗剪承载力。且剪跨比越小,对抗剪承载力的提高越明显。

⑤接缝的影响

接缝较大地削弱了节段梁的抗剪承载力,破坏斜裂缝开展宽度很大,使混凝土骨料咬合力丧失、受压区高度减小。剪跨比较大时,距离加载点最近的接缝决定了破坏斜裂缝的位置及倾角,破坏斜裂缝都由接缝底缘指向加载点附近发展,其余接缝则接触紧密,对抗剪承载力基本没有影响。对于干接缝,破坏斜裂缝可能从接缝中部的键块中发展出来,其破坏斜裂缝呈折线形,由下端接缝和上段斜裂缝构成。但胶接缝梁的破坏斜裂缝基本都是从接缝底部发展出来,且干接缝剪压区被压溃的混凝土范围较胶接缝更为集中。接缝数量对节段梁的抗剪承载力影响不大。

2.3.2.3 连续节段梁的承载力极限状态研究

(1) 连续节段梁的弯曲承载力极限状态研究

国外学者 MacGregor,国内学者李国平、石雪飞等人针对连续节段梁的弯曲承载力极限状态进行了试验研究和理论分析。以某一三跨一联等跨的连续梁为原型设计缩尺的模型试件。模型梁采用先简支后连续的施工方法,在模型梁左边跨和中跨两点同时加载。试验发现随着荷载增大模型梁中跨近跨中截面下缘混凝土首先开裂,裂缝逐渐由直变斜,其他位置未观察到裂缝。之后左中支座外侧截面上缘混凝土、左边跨跨中截面下缘混凝土相继开裂。继续加载,千斤顶荷载值先下降后增长,呈现内力重分布现象。破坏阶段,在左中支座处截面弯矩达到极限值的同时,左边跨跨中及中跨跨中截面弯矩也达到或接近极限值,最后连续梁形成机构而破坏(图2-37)。

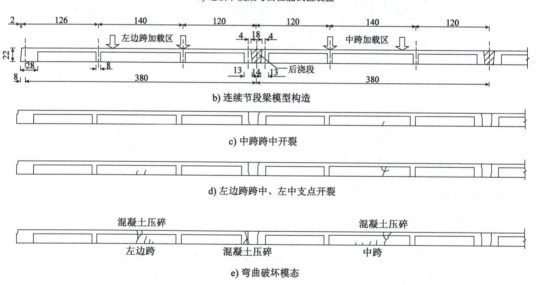

图2-37 连续节段梁弯曲破坏性能试验装置及破坏形态(尺寸单位:mm)

①与简支整体现浇梁的比较

开裂之前,节段梁与整体梁的荷载-挠度曲线基本一致。节段梁在开裂和内力重分布后,受压区混凝土应变增长速度明显快于整体梁,这是由于整体梁的纵向普通钢筋具有约束混凝土应变快速增长的作用。节段梁的裂缝数量明显少于整体梁,且裂缝主要集中在初裂截面,没有斜裂缝出现。内力重分布后,节段梁加载跨(左边跨和中跨)跨中截面正弯矩均大于线性计算值,支座截面负弯矩小于计算值,整体梁则相反。整体梁的极限挠度、延性明显好于节段梁。

②内力重分布

节段梁的内力重分布表现为以下几个阶段:首先,中跨近跨中截面开裂、弯矩试验值下降(小于计算值),左中支座截面的弯矩试验值则大于计算值,弯矩向左中支座截面重分布;随后,左中支座截面开裂,弯矩稍向计算曲线靠近,有向跨内截面重分布的趋势;之后,随着左边跨近跨中截面开裂,试验曲线改变原来的发展趋势,弯矩又向支座截面重分布;最后,接近破坏时,各截面试验弯矩曲线出现拐点,左边跨近跨中截面及左中支座截面再次出现反向重分布。对于中跨近跨中截面、右中支座截面及右边跨近跨中截面,弯矩向右中支座截面重分布后,又由右支座截面向中跨和右边跨跨内截面重分布。由于中跨受到两边跨的影响,且为加载跨,故试验曲线最终跨越计算曲线,但边跨所受影响较小,最终仍表现为弯矩向右中支座截面重分布。最终左边跨近跨中截面和中跨近跨中截面的试验弯矩大于计算值,左、右中支座截面的试验弯矩均小于计算值。节段梁破坏时能形成较明显的塑性铰,内力重分布较充分。根据试验结果,控制界面弯矩调幅值不超过10%。

(2)连续节段梁的剪切承载力极限状态研究

连续节段梁的受力较为复杂,根据受力状态的不同可将其划分为如图2-38所示的四个区段,即:剪力大而弯矩小的边支点区段、剪力小而弯矩大的跨中区段、正负弯矩变化区段和弯矩大且剪力大的中支点区段。边支点区段的剪切破坏与简支梁的剪切破坏类似,跨中区段的剪切破坏通常是接缝的弯剪耦合破坏,这在现有研究中已较为充分。

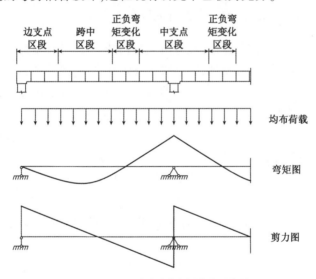

图2-38 三跨连续节段梁内力示意图

正负弯矩变化区段和中支点区段的剪切性能则是连续节段梁特有的性能,其特殊性体现在以下两个方面:

①正负弯矩变化区段斜截面的抗剪性能

根据已经完成的整体式预应力混凝土伸臂梁(采用工字形截面、等效箱形截面)正负弯矩变化区段剪切破坏试验结果可知,该区段产生的斜裂缝均为腹剪斜裂缝,可分为两类:一类受正弯矩影响,自腹板与底翼板相交处指向跨内加载点斜向上发展;另一类受负弯矩影响,自腹板与顶翼板相交处指向悬臂端支座斜向下发展。随着弯矩比、剪跨比的不同,两类腹剪斜裂缝之一发展为破坏斜裂缝,上述剪切破坏机理与简支梁斜截面破坏机理有本质的不同,抗剪承载力与相同剪跨比的简支梁相比也有显著降低。但现有的正负弯矩变化区段斜截面的抗剪性能研究均未考虑接缝的影响。由于接缝处纵筋断开,截面抗裂性能较差,这对该区段斜裂缝产生的位置、开展路径均有影响,从而会直接影响正负弯矩变化区段斜截面的剪切破坏形态及抗剪承载力。

②负弯矩区段接缝的抗剪性能

随着剪跨比的增大,接缝将依次出现直剪破坏、直剪破坏为主的弯剪耦合破坏、弯曲破坏为主的弯剪耦合破坏三种剪切破坏模态。现有研究只揭示了上述第一、第三种破坏模态,并分别建立了接缝的抗剪承载力分析方法。这对于受力较为简单的简支梁是足够的,简支梁近支点区段剪力较大,弯矩较小,接缝全截面接触,此时接缝的剪切破坏为直剪破坏;简支梁跨中区段剪力较小,弯矩较大,破坏裂缝沿着接缝面上升较高,受拉区有黏结预应力筋能够达到屈服,此时破坏以弯曲破坏为主。然而对于连续梁的负弯矩区段,主梁剪力较大,弯矩也较大,接缝在弯矩作用下开裂后,裂缝会沿着接缝面竖直开展,受拉区混凝土脱开必然会削弱接缝面的摩擦抗剪和剪力键直接抗剪承载力。因此,不揭示上述第二种破坏模态则无法预测此时接缝是发生直剪破坏为主的弯剪耦合破坏还是弯曲破坏为主的弯剪耦合破坏,也就无法分析此时接缝的抗剪承载力。

以上内容仍需要进一步研究。

2.3.2.4 节段梁的变形及开裂性能研究

国外学者 MacGregor,国内学者马祖桥、石雪飞、袁爱民等人针对节段梁的变形及开裂性能进行了试验研究和理论分析。试验发现,在节段接缝张开之前,梁体的主要变形与整体梁变形特征基本相同。对于胶接缝节段梁,当拉应力超过环氧树脂与相邻混凝土层间的抗拉强度时开裂;对于干接缝节段梁,接缝消压后即开裂。根据中铁第一勘察设计院集团有限公司主持的原铁道部科技研究开发计划课题"铁路节段预制胶接拼装箱梁成套技术研究"的试验结果,接缝位置混凝土材料的抗拉强度低于非接缝位置10%~30%。

梁体开裂后,节段梁的变形与整体梁明显不同。节段梁接缝处开裂较为集中,剪压区混凝土在剪力作用下会导致梁体产生错动位移。由于干接缝节段之间匹配不完善导致接缝不完全接触,可能产生应力集中,干接缝节段梁的变形通常比环氧胶接缝节段梁及整体梁变形大10% 左右。

2.3.3 设计方法

美国《节段式混凝土桥梁设计与施工指南》(AASHTO GSCB 1999)(以下简称 AASHTO 规范)是目前国际上比较权威的节段预制拼装混凝土桥梁设计法规文件。AASHTO 规范基于传统的整体浇筑混凝土梁的弯曲和剪切破坏模态将接缝的承载力分为抗弯承载力和抗剪承载力两个部分,并对接缝处的抗弯承载力和抗剪承载力分别采用了折减系数 Φ_f 及 Φ_v,其值与接缝类型有关。显然,AASHTO 规范的接缝折减系数带有很强的经验性,因此,本节根据《公路装配式混凝土桥梁设计规范》(JTG/T 3365-05—2022)介绍预制节段梁的设计方法,该规范基于前文所述的研究基础,在完整性、合理性、可靠性方面都明显优于 AASHTO 规范。

2.3.3.1 持久状况承载能力极限状态计算

(1) 抗弯承载力计算方法

根据前文所述的试验结果,预制节段梁接缝的弯曲破坏形态与非接缝位置类似,但考虑到节段预制拼装混凝土构件的破坏主要在接缝截面,加之节段端面部位的混凝土不如整体浇筑的混凝土密实,强度也可能低于其他部位,从而导致受压混凝土更早压溃、接缝截面承载力下降。因此接缝截面的抗弯承载力应满足下式要求:

$$M_{uj} \leq \phi_b M_n \tag{2-1}$$

式中:M_{uj}——接缝截面的抗弯承载力设计值;

ϕ_b——接缝对抗弯承载力的折减系数,取 0.95;

M_n——非接缝截面的抗弯承载力设计值。

(2) 抗剪承载力计算方法

根据试验结果,预制节段梁的抗剪承载力分为整体斜截面抗剪承载力和接缝截面抗剪承载力。受弯构件斜截面抗剪承载力计算图式如图 2-39 所示,根据剪力平衡得出整体斜截面抗剪承载力计算公式。

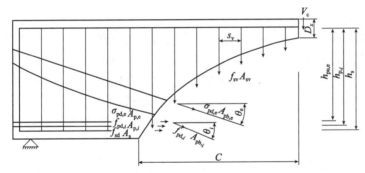

图 2-39 受弯构件斜截面抗剪承载力计算图式

h_s-受拉区普通钢筋合力点至截面受压区边缘的距离;$h_{p,i}$-受拉区体内预应力钢筋合力点至截面受压区边缘的距离;$h_{pu,e}$-外预应力钢筋合力点至截面受压边缘的初始距离;θ_i、θ_e-不同的钢筋弯起角度;$A_{p,i}$、$A_{p,e}$-斜截面受拉侧的体内外预应力筋截面面积(mm^2);$A_{pb,i}$、$A_{pb,e}$-斜截面范围内的体内外弯起预应力筋截面面积(mm^2)

① 整体斜截面抗剪承载力

$$\gamma_0 V_d \leq 0.35 \times 10^{-3} \alpha_1 \lambda \phi (0.11 + P) \frac{\sqrt{f_{cu,k}}}{m} b h_e + 0.45 \times 10^{-3} \frac{C}{s_v} f_{sv} A_{sv} + 0.95 \times 10^{-3} V_{pb,d} \tag{2-2}$$

式中:V_d——斜截面剪压端剪力设计值(kN);

α_1——异号弯矩影响系数,简支梁取 1.0,连续和悬臂梁中支点取 0.9;

λ——受压翼板影响系数;

ϕ——体内外预应力筋的影响系数,全体外配筋取 1.0,混合配筋取 1.1;

b——剪压区对应正截面处,矩形截面宽度或带翼形截面腹板的厚度(mm);

h_e——减去受拉侧纵筋保护层厚度的截面抗剪有效高度(mm);

P——纵筋配筋率,$P = 100\rho$,当 $P > 2.5$ 时,取 $P = 2.5$;

$f_{cu,k}$——边长为150mm的混凝土立方体抗压强度标准值(MPa);

m——剪跨比,$m = M_d/(V_d h_e)$,当 $m < 1.5$ 时,取 $m = 1.5$;

M_d——与 V_d 工况对应的弯矩设计值;

C——斜截面的水平投影长度(mm),取一个节段长度和 $C = 0.6mh_e$ 中的较小者,当 $m > 3.0$ 时,取 $m = 3.0$;

s_v——斜截面范围内的箍筋间距(mm);

f_{sv}——箍筋的抗拉强度设计值(MPa);

A_{sv}——斜截面范围内配置在同一截面的箍筋各肢的总截面面积(mm²);

$V_{pb,d}$——斜截面范围内体内外弯起预应力筋抗拉力设计值在与构件轴线垂直方向上的分力。

此外,采用工厂预制的混凝土桥,抗剪截面应满足下式要求:

$$\gamma_0 V_d \leq 0.23\alpha_s \phi_s f_{cd} b_e h_e + V_{pe} \tag{2-3a}$$

$$\alpha_s = \left(\frac{b_t}{h_w}\right)^{0.14} \tag{2-3b}$$

式中:α_s——截面形状影响系数;

ϕ_s——接缝对抗剪截面的折减系数,接缝截面取 $\phi_s = 0.85$,无接缝时取 $\phi_s = 1.0$;

b_t——矩形截面的宽度、带翼板截面的肋板或腹板沿厚度方向的宽度;

h_w——矩形截面的高度、带翼板截面扣除上下翼板厚度的肋板净高度或扣除顶底板厚度的腹板净高度,当肋板或腹板倾斜时取斜向尺寸;

b_e——扣除1/2后张预应力孔道直径后矩形截面的有效宽度或带翼形截面腹板的有效厚度;

V_{pe}——体内外弯曲预应力筋的永存预加力在与构件轴线垂直方向上的分力;

其他符号含义同前。

②接缝截面抗剪承载力

根据接缝面的弯剪耦合破坏试验结果,接缝面弯剪耦合承载力计算图式如图2-40所示,计算公式见式(2-4)。

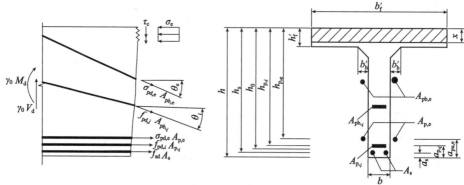

图2-40 剪压区呈矩形截面受弯构件的接缝截面抗剪-弯承载力计算图式

$$\gamma_0 V_d \leqslant 0.95(\tau_c b'_{f,s} x + V_{pd}) \tag{2-4a}$$

$$\gamma_0 M_d \leqslant \phi_b \left[\sigma_c b'_f x \left(h_0 - \frac{x}{2} \right) - N_{pd,e}(h_0 - h_{pu,e}) \right] \tag{2-4b}$$

其中，τ_c、σ_c、x 符合下列条件：

$$\sigma_c b'_f x = N_{spd} \tag{2-4c}$$

$$\frac{\tau_c}{f_{cd,j}} = \phi_j \sqrt{0.009 + 0.095 \frac{\sigma_c}{f_{cd,j}} - 0.104 \left(\frac{\sigma_c}{f_{cd,j}}\right)^2} \tag{2-4d}$$

$$\frac{M_d}{V_d} = \frac{\phi_b \left[\sigma_c b'_f x \left(h_0 - \frac{x}{2} \right) - N_{pd,e}(h_0 - h_{spd,f}) \right]}{0.95(\tau_c b'_{f,s} x + V_{pd})} \tag{2-4e}$$

式中：τ_c——剪压区混凝土的剪应力设计值；

$b'_{f,s}$——矩形截面的宽度或带翼形截面受压翼板的抗剪有效宽度，$b'_{f,s} = b + 2b'_h$；

b'_h——腹板承托或加腋的宽度（无承托或加腋时取翼板根部厚度的一半）；

x——受弯构件接缝截面剪压区的高度，$x > h_e$ 时取 $x = h_e$；

V_{pd}——跨过接缝截面的体内外弯起预应力筋抗拉力设计值在接缝切向的分力；

M_d——与 V_d 对应工况的弯矩设计值；

σ_c——剪压区混凝土的压应力设计值；

$N_{pd,e}$——跨过接缝截面的体外预应力筋抗拉力设计值在接缝法向的分力；

N_{spd}——跨过接缝截面的体内外预应力筋抗拉力设计值在接缝切向的分力；

$f_{cd,j}$——接缝位置混凝土的轴心抗压强度设计值，取接缝界面两侧强度较低者；

ϕ_j——接缝对混凝土抗剪强度的折减系数，设剪力键的环氧胶接缝取 0.85，不设剪力键的环氧胶接缝或设剪力键的现浇混凝土取 0.7，界面粗糙处理后现浇混凝土或填充砂浆取 0.6，界面不粗糙处理时现浇混凝土或填充砂浆取 0.3；

$h_{spd,f}$——N_{spd} 的作用点至截面受压边缘的距离；

ϕ_b——接缝对混凝土抗弯承载能力的折减系数，取 0.95；

h_0——截面受拉区纵向连接普通钢筋和体内预应力钢筋的合力点至受压边缘的距离；

其他符号含义同前。

根据接缝面的直剪破坏试验结果，接缝面抗直剪承载力计算公式如下：

$$\gamma_0 V_d \leqslant 0.65(c_i b'_{f,s} x + \mu_i N_{spk}) + 0.95 V_{pd} \tag{2-5}$$

式中：c_i——接缝连续材料界面的黏结强度，设剪力键的环氧胶取 2.3MPa，不设剪力键的环氧胶或设剪力键的现浇混凝土取 2.0MPa，界面粗糙处理后现浇混凝土或填充砂浆取 1.7MPa，界面未粗糙处理现浇混凝土或填充砂浆取 0.5MPa；

μ_i——接缝连续材料界面的摩擦系数，设剪力键的环氧胶取 1.2，不设剪力键的环氧胶或设剪力键的现浇混凝土取 1.0，界面粗糙处理后现浇混凝土或填充砂浆取 1.0，界面未粗糙处理现浇混凝土或填充砂浆取 0.6；

N_{spk}——跨过接缝截面的体内外预应力筋抗拉力标准值在接缝法向的分力；

其他符号含义同前。

本节按照如下步骤编制程序分析接缝在弯矩、剪切作用下同时考虑直接剪切破坏可能和弯剪耦合破坏(包括直剪破坏为主的弯剪耦合破坏和弯曲破坏为主的弯剪耦合破坏)可能的抗剪承载力:

a. 假定 $\sigma_c = \alpha f_{cd,j}$，$\alpha = 1$ 开始计算。
b. 根据式(2-4c)求解混凝土剪压区高度 x，$x > h$ 后取 $x = h$。
c. 根据式(2-4d)求解 τ_c。
d. 根据式(2-6)计算接缝的弯曲承载力 M_u。

$$M_u = \phi_b \left[\sigma_c b_f' x \left(h_0 - \frac{x}{2} \right) - N_{pd,e}(h_0 - h_{pu,e}) \right] \tag{2-6}$$

e. 根据式(2-7)计算接缝发生弯曲破坏为主的弯剪耦合破坏时的承载力 V_{cu}。

$$V_{cu} \leq 0.95(\tau_c b_{f,s}' x + V_{pd}) \tag{2-7}$$

f. 根据式(2-5)计算接缝发生直剪破坏为主的弯剪耦合破坏时的承载力 V_d，式中 x 即为步骤 b 中求得的混凝土剪压区高度。
g. 输出接缝的抗剪承载力 $V_u = \min(V_{cu}, V_d)$。
h. $\alpha = \alpha - 0.01$ 代入步骤 a 继续计算，当 $\alpha = 0$ 时终止计算。
i. 输出 $(M_{u1}, V_{u1}), (M_{u2}, V_{u2}), \cdots, (M_{un}, V_{un})$，绘制接缝 M-V 的弯剪耦合承载力相关曲线。
j. 若 (M_d, V_d) 位于 M-V 承载力相关曲线以内，则承载力满足要求，否则承载力不满足要求。

根据上述统一算法可以得出接缝位置处的 M-V 承载力相关特性曲线，如图2-41所示。

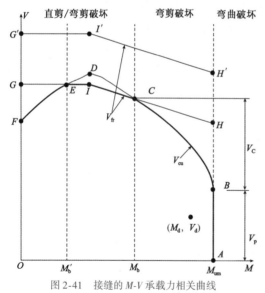

图2-41 接缝的 M-V 承载力相关曲线

如图2-41所示，接缝的抗剪承载力由混凝土的抗剪贡献 V_c 及弯起预应力筋的抗剪贡献 V_p 两部分构成。曲线段 BCDF 及折线段 HIG、H'I'G' 分别为由式(2-7)和式(2-5)求得的接缝抗剪承载力 V_{cu} 和 V_{fr}。$\sigma_c = f_{cd,j}$ 时对应图2-41中 AB 段，此时接缝截面抗剪承载力全部由预应力筋的竖向分力提供。接缝的抗剪承载力最小，但抗弯承载力达到最大值 M_{um}，接缝发生弯曲破坏。当直剪承载力 HIG 与弯剪耦合承载力 BCDF 相交时，接缝有发生直剪破坏的可能。按统一算法计算时 B 点为起始点，此时 $\sigma_c = f_{cd,j}$，由式(2-4d)得 $\tau_c = 0$，即 $V_c = 0$，随着 σ_c 减小，τ_c 增大，混凝土剪压区高度 x 增大，由式(2-7)和式(2-5)求得的接缝抗剪承载力 V_{cu} 和 V_{fr} 都随之增大。随着 σ_c 的进一步减小，当到达 C 点时，$M = M_b$，$V_{cu} = V_{fr}$。此时接缝处于弯剪和直剪临界的破坏状态。σ_c 继续减小，$x = h$ 时，V_{cu} 和 V_{fr} 分别达到剪力最大值点 D、I。此后计

算按 $x = h$ 进行,因而 V_{fr} 保持不变,而 V_{cu} 随 τ_c 减小而减小。曲线段 CDE 在折线段 CIE 之上,表明此时按式(2-5)进行计算,接缝发生直剪破坏。直线段 GE 在曲线段 EF 之上,此时仍按式(2-7)进行计算,接缝发生弯剪耦合破坏。综上所述,当直剪承载力 HIG 与弯剪耦合承载力 BCDF 相交时,曲线段 ABCIEF 为接缝的 M-V 承载力相关曲线。当直剪承载力 H'I'G' 与弯剪耦合承载力 BCDF 不相交时,曲线段 ABCDF 为接缝的 M-V 承载力相关曲线。承载力验算时,若 (M_d, V_d) 位于承载力相关曲线范围内,则认为验算通过,否则不通过。

若采用迭代算法求解,假定 $M_u/V_u = M_d/V_d$,则相当于延长原点 O 与 (M_d, V_d) 的连线与 M-V 相关曲线相交得到交点坐标。但当 (M_d, V_d) 落于区域 OAB 内时,延长原点 O 与 (M_d, V_d) 的连线与 M-V 相关曲线相交于线段 AB 上,此时迭代不能收敛,因为此时接缝发生弯曲破坏而并非弯剪耦合破坏。因此,从图 2-41 中可以看出,要使迭代收敛,必须得是 $M_d/V_d > V_{pd}/M_{um}$。满足此条件时,可保证迭代算法始终有解,且验算结果与采用 M-V 相关曲线判断结果基本一致。

综上所述,节段梁持久状况承载能力极限状态计算步骤如图 2-42 所示。

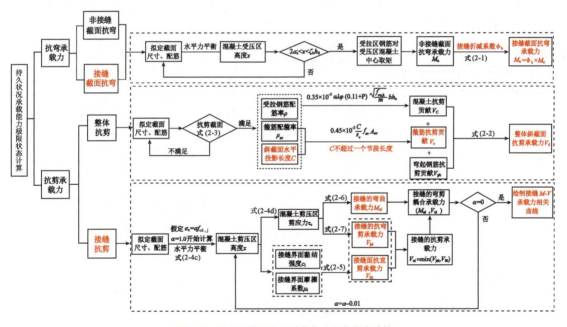

图 2-42 节段梁持久状况承载能力极限状态计算

2.3.3.2 持久状况正常使用极限状态计算

(1) 钢筋预应力损失

预应力损失可按《公路钢筋混凝土及预应力混凝土桥涵设计规范》(JTG 3362—2018)(以下简称《公预规》)的有关规定,体外预应力筋的预应力损失计算应计入转向器偏转角安装误差引起的预应力损失,每个转向器的偏转角安装误差可取 0.04rad,并将其计入孔道累计偏转角之中。预应力筋张拉锚固后接缝的压密值 Δl，对于每个环氧胶接缝，Δl 取 0.05mm；对于每个砂浆填充接缝和现浇混凝土接缝，Δl 取 0.1mm。

（2）抗裂性验算

预制节段梁非接缝位置的抗裂性验算按《公预规》进行。

①全预应力混凝土构件

接缝位置混凝土正截面及斜截面抗拉容许应力与非接缝位置相同。

②A 类部分预应力混凝土构件

考虑到接缝位置混凝土材料的抗拉强度低于非接缝位置 10%～30%，作用频遇组合下对接缝位置混凝土正截面及斜截面抗拉容许应力均取 $0.5f_{tk}$（非接缝处限值均为 $0.7f_{tk}$）。作用准永久组合下，接缝位置不允许出现拉应力。

（3）挠度验算

考虑到接缝处可能存在的错位变形及接缝节段之间匹配不完善而产生的应力集中，预制节段梁预应力混凝土受弯构件应计入接缝对其挠度增大的影响，增大系数取 1.1。

综上所述，节段梁持久状况正常使用极限状态计算步骤如图 2-43 所示。

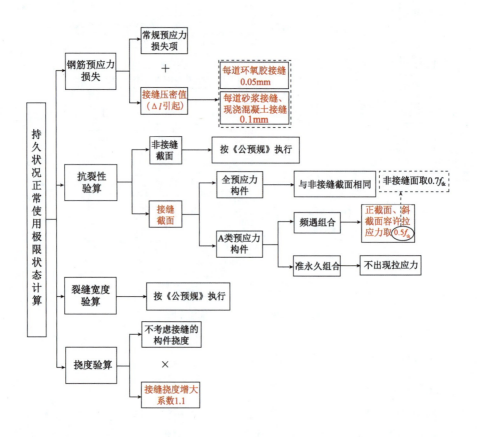

图 2-43　节段梁持久状况正常使用极限状态计算

2.3.3.3 持久状况和短暂状况的构件应力计算

(1)持久状况构件应力计算

①接缝位置混凝土的压应力

考虑到装配式构件接缝位置混凝土的抗拉、抗剪性能有所下降但抗压性能影响较小,节段梁接缝位置混凝土的压应力验算仍可按《公预规》进行。

②预应力筋的拉应力

考虑到接缝存在对正常使用阶段体内预应力筋的受力没有影响,预应力筋的拉应力验算仍可按《公预规》进行。

(2)短暂状况构件应力计算

①接缝位置混凝土的压应力

考虑到装配式构件施工周期短,接缝结合材料可能还未达到正常使用阶段性能,因此,自重和施工荷载等作用下,构件接缝截面边缘的混凝土最大压应力对于预应力混凝土构件取$0.65f'_{ck}$(非接缝处限值为$0.70f'_{ck}$),对于钢筋混凝土构件取$0.70f'_{ck}$(非接缝处限值为$0.80f'_{ck}$)。

②接缝位置混凝土的拉应力

对于预应力混凝土构件,受拉区体内连续配筋率小于0.2%时,接缝截面边缘混凝土最大拉应力容许值取$0.50f'_{tk}$(非接缝处限值为$0.70f'_{tk}$),受拉区体内连续配筋率大于0.4%时,接缝截面边缘混凝土最大拉应力容许值取$0.80f'_{tk}$(非接缝处限值为$1.15f'_{tk}$),受拉区体内连续配筋率在0.2%~0.4%之间时,最大拉应力按以上规定线性插值。

对于钢筋混凝土构件,中性轴处接缝位置的最大主拉应力为$0.70f'_{tk}$(非接缝处限值为f'_{tk})。

③混凝土剪力键根部的剪应力

在装配式构件拼装过程中,由于环氧树脂胶未固化、预压应力或轴向压力较低,此时需对剪力键的抗剪工况进行验算以保证键块不会破坏。采用混凝土剪-压复核强度准则确定剪力键的强度,见式(2-8)。

$$\tau'_{ck} = \frac{1.5V'_k}{\sum_i A_{ck,i}} \leq 0.7f'_{ck}\sqrt{0.009 + 0.095\frac{\sigma'_{pc,a}}{f'_{ck}} - 0.104\left(\frac{\sigma'_{pc,a}}{f'_{ck}}\right)^2} \tag{2-8}$$

式中:τ'_{ck}——施工阶段混凝土剪力键根部截面的剪应力;

V'_k——施工荷载标准值(考虑动力系数)在接缝截面产生的剪力;

i——剪力键较薄弱侧键块的序号;

$A_{ck,i}$——第i个键块的剪切面积,位于顶板和底板中的键块计入范围限于抗剪有效宽度之内;

$\sigma'_{pc,a}$——施工阶段接缝截面的平均有效预应力。

综上所述,节段梁持久状况和短暂状况的构件应力计算步骤如图2-44所示。

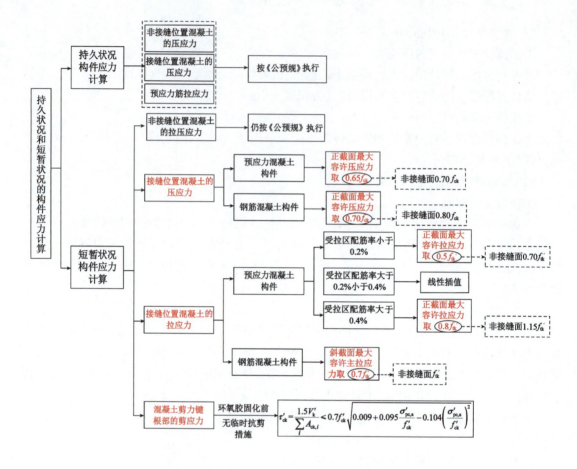

图 2-44 节段梁持久状况和短暂状况的构件应力计算

2.3.3.4 构造规定

(1) 一般构造

预制节段梁的一般构造除应符合《公预规》的有关规定外,尚应满足以下要求:顶底板厚度满足纵横向预应力筋布置要求,且不应小于 200mm;腹板内无预应力筋时,厚度不宜小于 200mm,腹板内有体内纵向预应力筋时,厚度不宜小于 300mm。

(2) 接缝处构造

①接缝构造

预制节段梁采用湿接缝时,接缝宽度不应小于 60mm,填充材料宜采用小石子混凝土,混凝土强度等级不应低于预制节段的混凝土强度;采用胶接缝时,涂抹厚度不宜超过 3mm,且应施加 0.3~0.5MPa 临时压应力压紧。

接缝处应设置均匀的匹配剪力键,构造要求应符合《公预规》的有关规定。

②接缝两侧箍筋构造

承受正弯矩的节段接缝两侧顶板与腹板结合区内应设置固定于腹板的封闭箍筋,承受负弯矩的节段接缝两侧底板与腹板结合区内应设置固定于腹板的封闭钢筋。封闭箍筋不应少于3层,直径不应小于12mm,如图2-45所示。

距离支座中心线3倍梁高范围内的节段,各接缝两侧腹板箍筋应加密布置,加密范围内箍筋间距为100mm,加密长度不小于300mm。

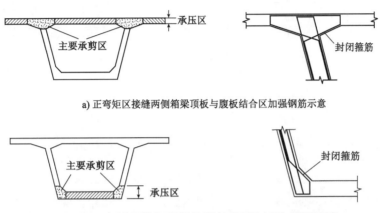

图2-45 接缝两侧箍筋构造示意图

(3)体外预应力筋转向块、锚固横梁构造

①体外预应力筋转向块构造

预制节段梁转向块厚度不宜小于500mm,构造应符合《公预规》的有关规定。

②体外预应力筋锚固横梁构造

预制节段梁体外预应力筋应锚固在锚固横梁或锚固齿块上,锚固齿块和锚固横梁的构造应符合《公预规》的有关规定。

2.3.4 设计实例

2.3.4.1 项目概况

(1)桥梁结构构造

某高架主线采用分幅式节段预制单箱单室等高斜腹板预应力混凝土箱梁。标准联采用3×40m连续梁结构。中跨、边跨均划分为12个预制节段,墩顶0号块根据实际情况采用预制或现浇施工相结合。连续梁高度为2.2m(跨高比为1/18.2),箱梁顶板厚度为23cm,底板厚度为27~40cm,腹板厚度为38~60cm。该桥主梁构造如图2-46所示。

(2)接缝构造

节段接缝采用多重剪力键、环氧树脂胶接缝。为便于施工,在中跨、边跨跨中、0号块与预制节段间设置湿接缝。

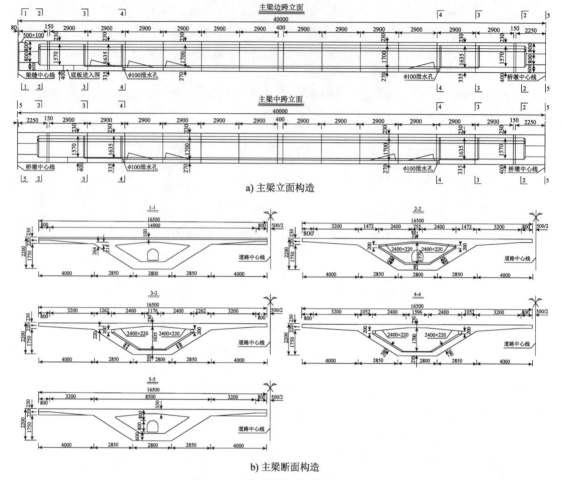

图 2-46 主梁构造图(尺寸单位:mm)

(3)预应力钢筋布置

连续梁采用全体内配筋方式。腹板预应力筋采用 $\Phi^s 15.2 \sim 19\mathrm{mm}$ 钢绞线束,顶板采用 $\Phi^s 15.2 \sim 15\mathrm{mm}$ 钢绞线束,底板采用 $\Phi^s 15.2 \sim 21\mathrm{mm}$ 钢绞线束,中跨合龙采用 $\Phi^s 15.2 \sim 21\mathrm{mm}$ 钢绞线束。

(4)普通钢筋布置

截面纵向主筋直径为22mm,沿着箱梁外表面及内表面间隔150mm布置并在接缝处断开,每个节段配置4肢 $\Phi 20\mathrm{mm}@150\mathrm{mm}$ 的箍筋。

(5)施工方法

本桥采用预制节段悬臂拼装施工方法,梁体节段全部采用短线预制法。预制拼装箱梁节段长度为2.9m和2.4m,最大节段质量为77t。墩顶0号块与预制节段之间设置15cm湿接缝,跨中合龙段采用现浇施工。

2.3.4.2 有限元分析

(1)有限元模型

利用有限元软件建立单幅桥模型,如图2-47所示。

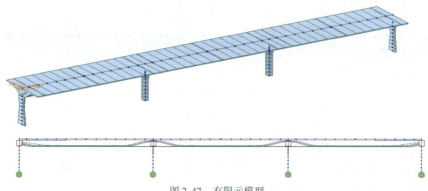

图 2-47 有限元模型

(2)截面有效宽度计算

本桥采用单箱单室截面,截面悬臂较大,需考虑剪力滞效应影响。按《公预规》第 4.3.4 条计算截面有效宽度,并对截面特性进行相应修正。

(3)作用

本桥考虑的作用见表 2-14。

本桥考虑的作用 表 2-14

作用类别	作用内容	计算方法
一期恒载	自重	混凝土重度:$\gamma = 26 \text{kN/m}^3$
二期恒载	10cm 厚沥青铺装层 + 2 个防撞墙	$q = 0.1 \times 24 \times (16.5 - 1) + 14.85 \times 2 = 66.9 \text{kN/m}$
预应力	预加力一次力、预加力二次力	①预应力钢筋张拉控制应力 $\sigma_{con} = 1395 \text{MPa}$。 ②塑料波纹管:$\mu = 0.15, k = 0.0015$。 ③单端锚具变形、回缩值:$\Delta L = 6 \text{mm}$。 ④钢绞线松弛系数按Ⅱ级松弛(低松弛)计:$\xi = 0.3$
整体温度	整体升降温	整体升温按 25℃,整体降温按 -35℃ 考虑
梯度温度	梯度升降温	根据《公路桥涵设计通用规范》(JTG D60—2015)分别考虑主梁梯度升降温
基础变位	基础不均匀沉降	考虑各支座 10mm 沉降
车辆荷载	车辆荷载	考虑双向四车道对称及不对称布置(城-A 级)

2.3.4.3 设计验算

(1)持久状况承载能力极限状态验算

根据有限元计算结果,基本组合下主梁内力如图 2-48 所示。

a)基本组合主梁剪力(单位:kN)

图 2-48

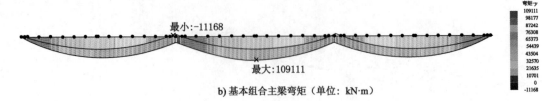

b) 基本组合主梁弯矩（单位：kN·m）

图 2-48 基本组合主梁内力

左边跨节段由端部往跨中依次为 L1～L6 号节段，由跨中往左中支点依次为 M6～M1 号节段，左中支点为 M0 号节段。中跨跨中由左中支点至中跨跨中依次为 M1′～M6′号节段。各节段之间接缝的内力及相关计算参数见表 2-15。

各节段之间接缝的内力及相关计算参数　　表 2-15

参数	单位	左边跨 L0-L1 接缝	左边跨 L1-L2 接缝	左边跨 L2-L3 接缝	左边跨 L3-L4 接缝	左边跨 L4-L5 接缝	左边跨 L5-L6 接缝
V_d	kN	9407	7987	6657	5404	4165	2943
M_d	kN·m	16637	39861	59306	74707	86154	93676
$b'_{f,s}$	mm	1200	1200	980	760	760	760
b'_f	mm	13872	14016	14978	14838	14838	14838
$A_{p,i}$	mm²	27720	27720	27720	39480	45360	45360
θ_i	°	12	12	0	0	0	0
$V_{pd,i}$	kN	7262	1862	0	0	0	0
$N_{pd,i}$	kN	34164	34781	42336	57154	57154	57154
$h_{pd,i}$	mm	1458	1864	1944	1966	1980	1980
参数	单位	左边跨 M0-M1 接缝	左边跨 M1-M2 接缝	左边跨 M2-M3 接缝	左边跨 M3-M4 接缝	左边跨 M4-M5 接缝	左边跨 M5-M6 接缝
V_d	kN	8673	7326	6051	4834	3612	2389
M_d	kN·m	42433	59021	73038	84429	92451	96852
$b'_{f,s}$	mm	1200	980	760	760	760	760
b'_f	mm	13818	14580	14585	14838	14838	14838
$A_{p,i}$	mm²	23520	23520	39480	39480	45360	45360
θ_i	°	15	15	0	0	0	0
$V_{pd,i}$	kN	4453	5205	0	0	0	0
$N_{pd,i}$	kN	49059	49059	49745	49745	57154	57154
$h_{pd,i}$	mm	1560	1864	1980	1980	1991	1991

续上表

参数	单位	中跨 M0-M1′ 接缝	中跨 M1′-M2′ 接缝	中跨 M2′-M3′ 接缝	中跨 M3′-M4′ 接缝	中跨 M4′-M5′ 接缝	中跨 M5′-M6′ 接缝
V_d	kN	8992	7624	6329	5094	3860	2630
M_d	kN·m	44764	63215	78838	91706	101139	106891
$b'_{f,s}$	mm	1200	980	760	760	760	760
b'_f	mm	13821	14586	14591	14844	14844	14844
$A_{p,i}$	mm²	23520	23520	39480	45360	51240	51240
θ_i	°	15	15	0	0	0	0
$V_{pd,i}$	kN	4453	5205	0	0	0	0
$N_{pd,i}$	kN	49059	49056	49745	57154	64562	64562
$h_{pd,i}$	mm	1560	1864	1980	1991	2000	2000

该桥整体斜截面承载力计算结果见表2-16。

各节段之间接缝的内力及相关计算参数 表2-16

参　数	单位	左边跨支点 L0-L1 接缝	左边跨跨中 L6-M6 接缝	中支点 M0-M1 接缝	中跨跨中 M5-M6 接缝
b_t	mm	1200	760	1200	760
h_w	mm	1700	1700	1700	1700
α_s		0.95	0.89	0.95	0.89
φ_s		0.85	0.85	0.85	0.85
f_{cd}	MPa	22.40	22.40	22.40	22.40
b_e	mm	1100	660	1100	660
h_e	mm	2160	2160	2160	2160
α_1		1.00	1.00	0.90	1.00
λ		0.85	0.85	0.85	0.85
φ		1.092	1.145	1.092	1.145
P		1.07	2.50	0.91	2.50
m		1.50	14.74	2.27	18.77
C	mm	972	2900	1468	2900
s_v	mm	150	150	150	150
$f_{sv,d}$	MPa	330	330	330	330
A_{sv}	mm²	1256	1256	1256	1256
$V_{pb,d}$	kN	7262	0	4453	0

续上表

参　数	单位	左边跨支点 L0-L1 接缝	左边跨跨中 L6-M6 接缝	中支点 M0-M1 接缝	中跨跨中 M5-M6 接缝
$\gamma_0 V_d$	kN	9407	2943	8673	2389
抗剪截面承载力	kN	17172	5578	14363	5578
抗剪截面验算		1.83	1.90	1.66	2.33
抗剪承载力		14529	4512	9393	4318
抗剪承载力验算	kN	1.54	1.53	1.08	1.81

由上表计算结果可知,该桥主梁抗剪截面验算及抗剪承载力验算均满足规范要求。对该桥主梁接缝的承载力进行验算,结果如图 2-49 所示。

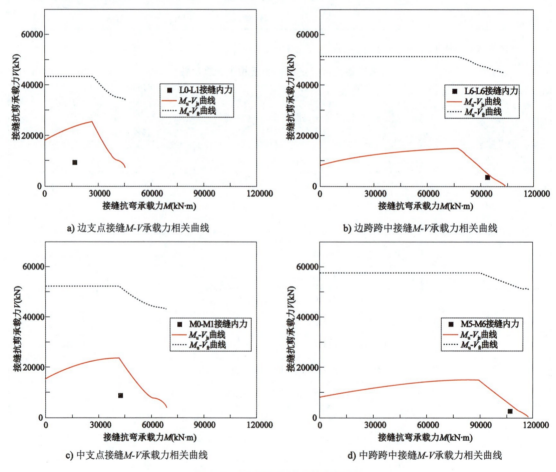

图 2-49　接缝承载能力极限状态验算

由图 2-49 可知,各节段接缝内力值均在 M-V 承载力相关曲线内侧。因此,接缝承载力均满足规范要求。

（2）持久状况正常使用极限状态验算

对该桥持久状况正常使用极限状态进行验算,其抗裂性验算及挠度验算结果如图 2-50 所示。

a) 频遇组合下节段梁上缘正应力（单位：MPa）

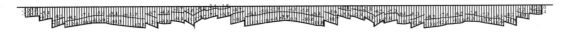

b) 频遇组合下节段梁下缘正应力（单位：MPa）

c) 频遇组合下节段梁主拉应力（单位：MPa）

d) 活载作用下节段梁挠度（单位：mm）

图 2-50　节段梁持久状况正常使用极限状态验算

由图 2-50 可知,该桥在荷载频遇组合下主梁未出现拉应力,最大主拉应力为 0.6MPa,正截面拉应力及斜截面主拉应力均小于 $0.5f_{tk}$,即 1.325MPa。因此,该桥抗裂性验算满足报批稿要求。活载作用下最大挠度为 11.915mm,考虑接缝影响后修正为 13.11mm,小于 $l/600$,即 75mm。因此,该桥挠度验算满足规范要求。

（3）持久状况和短暂状况的构件应力计算

对该桥持久状况的构件应力进行验算,其正截面压应力及斜截面主压应力验算结果如图 2-51 所示。

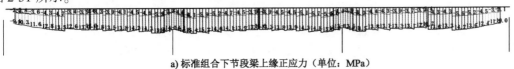

a) 标准组合下节段梁上缘正应力（单位：MPa）

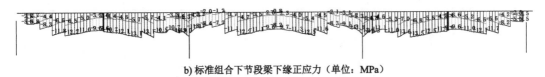

b) 标准组合下节段梁下缘正应力（单位：MPa）

图　2-51

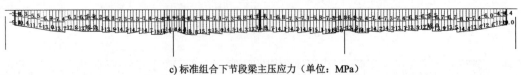

c) 标准组合下节段梁主压应力（单位：MPa）

图 2-51　节段梁持久状况的构件应力验算

由图 2-51 可知，该桥在荷载标准组合下，上缘最大压应力为 -15.4 MPa，下缘最大压应力为 -13.6 MPa，均小于 $0.5f_{ck}$，即 -16.2 MPa；最大主压应力为 -15.8 MPa，小于 $0.6f_{ck}$，即 -19.44 MPa。因此，该桥持久状况下主梁的正截面压应力及斜截面主压应力验算满足规范要求。

对该桥短暂状况的构件应力进行验算，其主梁的应力验算结果如图 2-52 所示。

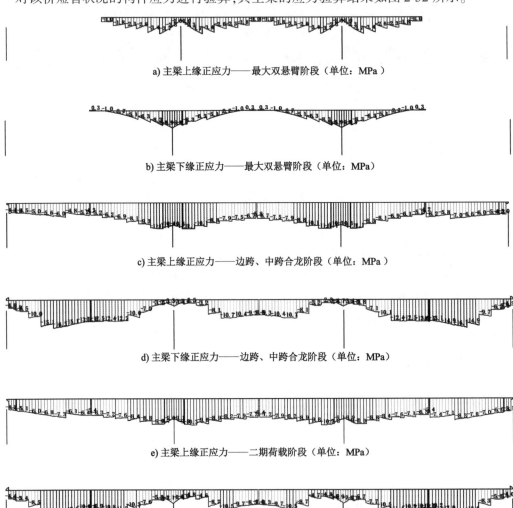

a) 主梁上缘正应力——最大双悬臂阶段（单位：MPa）

b) 主梁下缘正应力——最大双悬臂阶段（单位：MPa）

c) 主梁上缘正应力——边跨、中跨合龙阶段（单位：MPa）

d) 主梁下缘正应力——边跨、中跨合龙阶段（单位：MPa）

e) 主梁上缘正应力——二期荷载阶段（单位：MPa）

f) 主梁下缘正应力——二期荷载阶段（单位：MPa）

图 2-52

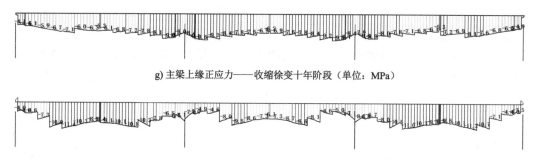

g) 主梁上缘正应力——收缩徐变十年阶段（单位：MPa）

h) 主梁下缘正应力——收缩徐变十年阶段（单位：MPa）

图 2-52 节段梁短暂状况的构件应力验算

注：图下方竖线表示桥墩的位置。

如图 2-52 所示，施工阶段主梁最大拉应力为 0.3MPa，小于 $0.5f'_{tk}$，即 1.325MPa，最大压应力为 -16.3MPa，小于 $0.65f'_{ck}$，即 -21.06MPa。因此，该桥主梁短暂状况下的构件应力验算满足规范要求。

对该桥主要施工阶段剪力键根部截面混凝土的剪应力进行验算，结果见表 2-17。

施工阶段剪力键根部截面混凝土的剪应力验算　　　表 2-17

参　数	单　位	最大双悬臂阶段	边跨、中跨合龙阶段	二期荷载阶段	收缩徐变十年阶段
V^t_k	kN	4011	1837	3320	3442
$\Sigma A_{ck,i}$	mm²	1738000	1738000	1738000	1738000
σ^a_{tpc}	MPa	5.94	6.35	7.05	6.76
f'_{ck}	MPa	32.40	32.40	32.40	32.40
τ^t_{ck}	MPa	3.46	1.59	2.87	2.97
容许剪应力	MPa	3.43	3.49	3.57	3.54
剪应力验算安全系数		0.99	2.20	1.25	1.19

由上表可知，该桥施工阶段剪力键根部截面混凝土的剪应力基本满足规范要求。

2.4 预制钢-混凝土组合梁

2.4.1 发展背景

在 19 世纪中后期，钢材出现并应用至工业化生产中，而钢材应用至桥梁建造中是在 19 世纪 90 年代。钢材最先应用至铁路钢桥，然后才是公路钢桥。钢桥一开始采用铆钉连接型钢及节点板形成桥梁整体，所应用的桥梁从小跨径逐步扩大至上百米，从工业革命开始直至第二次世界大战期间各国建造了大量的铆接钢桥。焊接技术的发展为钢结构及组合结构的发展创造了非常有利的条件，因为焊接替代铆接能够大幅度减小构件数量、简化及优化结构形式，而剪力连接件也伴随焊接技术的发展逐步走入工程应用从而为组合结构的推广作了良好铺垫。从

20世纪30年代开始,各国对组合梁及相关配套产业的技术进行了大量研究,经过20多年的研究积累获得大量成果,为组合结构桥梁应用及发展奠定了基础。20世纪60年代是欧美及日本等发达国家桥梁建设的黄金时期,组合结构桥梁以其相对于全钢结构的整体经济性、受力合理性及施工便利性而得到广泛应用。20世纪70年代,欧洲组成了组合结构联合委员会并编制了组合结构规范导则,作为各国规范编制的指导性文件,后续出现了英国BS5400标准、德国DIN标准、美国AASHTO规范及日本规范等,进一步促进了组合结构桥梁的发展。20世纪80年代,出现了一系列新型组合结构桥梁,如钢梁与混凝土梁分段组合的混合梁、巨型钢柱与混凝土柱分段组合的混合塔柱、双组合结构。组合梁的应用范围也逐步从简支梁拓展至连续梁桥、刚构桥、拱桥、斜拉桥及悬索桥等。

组合结构桥梁通常是指用剪力连接件将钢梁与混凝土桥面板结合为共同工作的一种复合结构。组合结构桥梁中采用最多的是简支组合梁桥,因为其上缘混凝土桥面板受压、下缘钢梁受拉,主梁整体所处的状态最符合材料分布的原则。组合结构桥梁在其他结构形式中也有广泛应用,如连续梁桥、拱桥、斜拉桥及悬索桥等。组合梁的钢梁断面形式可选择工字梁、箱梁、槽形梁及桁架。混凝土板除了设置在上缘,还可设置在连续梁中承受负弯矩的下缘,形成双组合梁。还可将钢梁腹板设计为波形或桁架、底板设计为混凝土并施加桥轴向预应力,形成波形钢腹板组合梁,这能进一步节省主梁造价、提升结构刚度。根据组合截面承受荷载的过程,组合结构梁可分为活载组合梁及恒载组合梁,这两种形式在实际工程中均有大量应用。活载组合梁的概念是指钢梁承受混凝土桥面板的自重及对应施工过程的活载,当桥面板与钢梁组合完毕形成组合梁后再共同承担二期恒载及运营阶段活载。恒载组合梁是指钢梁与混凝土桥面板一开始就组合完毕,共同承受所有结构自重、二期恒载及运营阶段活载。

在近代,随着力学理论的不断完善、计算机技术发展对结构计算水平的提升,各种组合结构桥梁得到充分研究及应用,相关体系日趋成熟。目前的组合结构桥梁建设方案需要更多地考虑设计、施工及运营的全过程,需要从结构安全性、施工合理性、运维便利性、环境协调性及全寿命经济性等方面综合考虑。

组合梁自身是一种预制构件,因为钢梁部分需在钢结构加工厂完成制造,然后分节段或整孔运输至桥位现场安装。组合梁的混凝土桥面板部分可根据建设条件进行现浇或预制。随着国内城市化进程的加快,对城市环境要求的日益提高,工业化、装配化建造的呼声越来越强烈,城市中的组合梁结构形式逐步向利于现场快速施工、低影响施工的方向演化,这也是未来发展的趋势。

2.4.2 设计方法

国内外已有多部规范提出了钢-混凝土组合梁的相关设计要求。本节以工程设计经验及《钢-混凝土组合桥梁设计规范》(GB 50917—2013)、《公路钢结构桥梁设计规范》(JTG D64—2015)为依据,并摘录其中部分内容进行介绍。

2.4.2.1 设计流程

钢-混凝土组合梁主要设计流程如图2-53所示。

(1)对桥梁总体的跨径布置进行比较,确定总体方案,并拟定支点及跨中区梁高、主梁高度纵向变化形式。

(2)确定桥梁各特征断面(支点、跨中)的布置形式,进行断面设计,确定梁型、梁宽、梁间距、挑臂长度等。

(3)初步拟定各主要构件尺寸,如混凝土桥面板厚度及变化形式,钢梁顶板、腹板及底板厚度,钢梁纵向变化形式;建立纵向总体计算模型进行初步计算,初步确定参数。

(4)根据主梁纵向及横向断面布置,拟定竖向加劲肋、内隔板的总体布置原则,拟定跨内大横梁的纵向间距。

(5)根据设计原则、总体布置、主要板件尺寸及纵向总体计算应力结果,选择合理的腹板加劲肋体系。

(6)根据结构形式(简支梁、连续梁)确定顶底板的加劲肋体系。如桥梁为简支梁并采用槽形钢梁断面,则不需考虑顶板加劲肋体系。

(7)结合腹板竖向加劲肋位置对钢梁内横隔板及跨中横梁进行布置,并根据横向受力情况设计其加劲肋体系。根据支座反力设计支点竖向加劲肋。

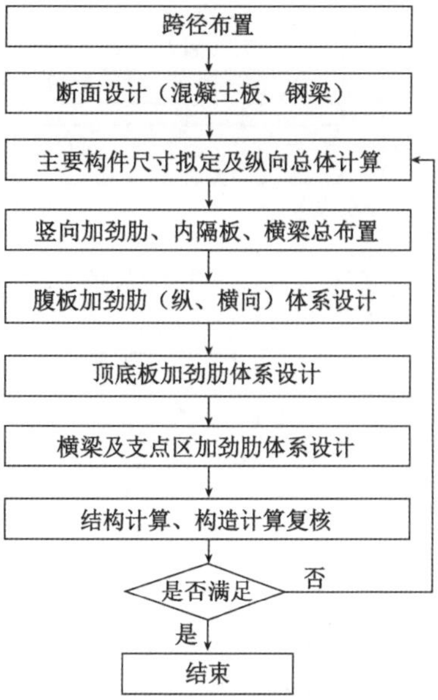

(8)根据以上(4)~(7)步的设计,进行受力及构造上的计算复核。如计算结果满足要求,则设计可行;如不满足要求,则需调整主要设计参数直至满足要求。

图 2-53 钢-混凝土组合梁主要设计流程

2.4.2.2 构件计算

(1)有效分布宽度计算

根据《钢-混凝土组合桥梁设计规范》(GB 50917—2013),钢-混凝土组合梁桥面板的有效宽度 b_e 应符合下列规定:

组合梁各跨跨中及中间支座处的混凝土桥面板有效宽度 b_e 按下列公式计算,且不应大于混凝土桥面板实际宽度:

$$b_e = b_0 + \sum b_{ei} \tag{2-9a}$$

$$b_{ei} = \frac{L_{e,i}}{6} \leqslant b_i \tag{2-9b}$$

式中:b_0——钢梁腹板上方最外侧剪力连接件中心间距(mm);

b_{ei}——钢梁腹板一侧的混凝土桥面板有效宽度(mm);

b_i——最外侧剪力件中心至相邻钢梁腹板上方的最外侧剪力件中心距离的一半或最外侧剪力件中心至混凝土桥面板自由边的距离;

$L_{e,i}$——等效跨径(mm),简支梁应取计算跨径,连续梁应按图 2-54a)取。

简支梁支点和连续梁边支点处的混凝土桥面板有效宽度 b_e 按下列公式计算:

$$b_e = b_0 + \sum \beta_i b_{ei} \tag{2-10a}$$

$$\beta_i = 0.55 + 0.025 L_{e,i}/b_i \leqslant 1.0 \tag{2-10b}$$

混凝土桥面板有效宽度 b_e 沿梁长的分布可假设为如图 2-54b)所示的形式。截面尺寸如图 2-54c)所示。

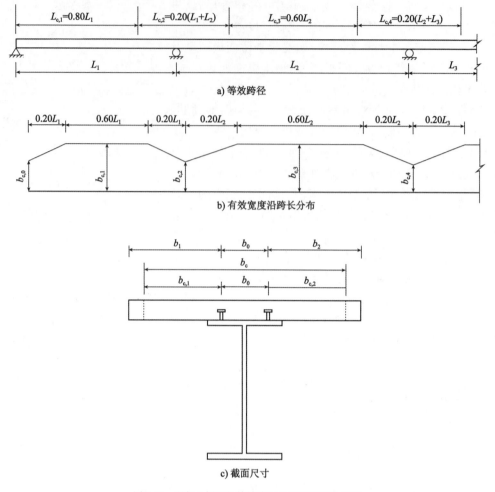

图 2-54 混凝土桥面板等效跨径及有效宽度示意图

预应力组合梁在计算预加力引起的混凝土应力时,预加力作为轴向力产生的应力可按实际混凝土桥面板全宽计算;由预加力偏心引起的弯矩产生的应力可按混凝土桥面板有效宽度计算。

对超静定结构进行整体分析时,组合梁混凝土桥面板有效宽度可取实际宽度。

(2)受压区加劲肋类型计算

组合梁的受压区如存在宽度超过单肢板件宽厚比限定的翼缘板,应设置加劲肋提高稳定性。受压加劲板应按《公路钢结构桥梁设计规范》(JTG D64—2015)进行设计。

①受压加劲板宜采用刚性加劲肋,构造布置困难或受力较小时可用柔性加劲肋。

②受压加劲板的刚性加劲肋,其纵、横向加劲肋的相对刚度应满足下列要求:

$$\gamma_l \geqslant \gamma_l^* \tag{2-11a}$$

$$A_{s,l} \geqslant \frac{bt}{10n} \tag{2-11b}$$

$$\gamma_l \geqslant \frac{1 + n\gamma_l^*}{4\left(\frac{a_t}{b}\right)^3} \quad (2\text{-}11c)$$

$$\begin{cases} \gamma_l^* = \dfrac{1}{n}[4n^2(1+n\delta_l)\alpha^2 - (\alpha^2+1)^2] & (\alpha \leqslant \alpha_0) \\ \gamma_l^* = \dfrac{1}{n}\{[2n^2(1+n\delta_l) - 1]^2 - 1\} & (\alpha > \alpha_0) \end{cases} \quad (2\text{-}11d)$$

$$\begin{cases} \alpha_0 = \sqrt[4]{1+n\gamma_l} \\ n = n_l + 1 \end{cases} \quad (2\text{-}11e)$$

式中：γ_l——纵向加劲肋的相对刚度，$\gamma_l = \dfrac{EI_l}{bD}$；

$A_{s,l}$——单根纵向加劲肋的截面面积；

γ_l^*——临界刚度，$\gamma_l^* = \dfrac{EI}{aD}$；

I_l——单根纵向加劲肋对加劲板 $Y\text{-}Y$ 轴的抗弯惯性矩；

I_t——单根横向加劲肋对加劲板 $Y\text{-}Y$ 轴的抗弯惯性矩；

t——母板的厚度；

a——加劲板的计算长度（横隔板或刚性横向加劲肋的间距）；

b——加劲板的计算宽度（腹板或刚性纵向加劲肋的间距）；

a_t——横向加劲肋的间距；

α——加劲板的长宽比，$\alpha = \dfrac{a}{b}$；

α_0——加劲板长度比判定值；

δ_l——单根纵向加劲肋的截面面积与母板的面积之比，$\delta_l = \dfrac{A_{s,l}}{bt}$；

D——单宽板刚度，$D = \dfrac{Et^3}{12(1-v^2)}$；

n_l——等间距布置纵向加劲肋根数。

计算加劲肋抗弯惯性矩的中性轴位置 $Y\text{-}Y$ 如图 2-55 所示，受压区加劲板示意图如图 2-56 所示。

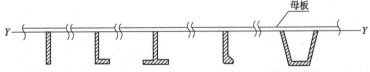

a) 单侧加劲肋的 $Y\text{-}Y$ 轴位于加劲肋与母板焊缝处

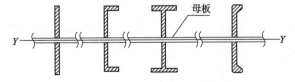

b) 双侧加劲肋的 $Y\text{-}Y$ 轴位于母板中心处

图 2-55　计算加劲肋抗弯惯性矩的中性轴位置 $Y\text{-}Y$

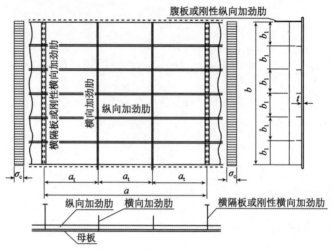

图 2-56 受压区加劲板示意图

(3) 受压区局部稳定计算

对于组合梁钢结构部分的顶板或底板,如存在受压区则应进行局部稳定计算。上述计算内容可按照《公路钢结构桥梁设计规范》(JTG D64—2015)进行。

① 考虑局部稳定影响的受压加劲板有效截面宽度 b_e^p 和有效截面面积 $A_{\text{eff},e}$ 应按下式计算:

$$b_e^p = \sum_{i=1}^{n_p} b_{e,i}^p = \sum_{i=1}^{n_p} \rho_i b_i \tag{2-12a}$$

$$A_{\text{eff},e} = \sum_{i=1}^{n_p} b_{e,i}^p t_i + \sum A_{s,j} \tag{2-12b}$$

式中:$b_{e,i}^p$——第 i 块受压板段考虑局部稳定影响的有效宽度,如图 2-57 所示;

b_i、t_i——第 i 块受压板段或板元的宽度和厚度;

n_p——被腹板或刚性加劲肋分割后的受压板段或板元数;

$\sum A_{s,j}$——有效宽度范围内的加劲肋的面积之和;

ρ_i——第 i 块受压板段或板元的局部稳定折减系数。

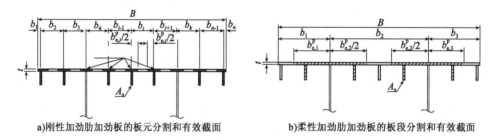

图 2-57 考虑局部稳定影响的受压加劲板有效宽度示意

轴心受压板段或板元的局部稳定折减系数 ρ 应按下列规定计算:

$$\begin{cases} \bar{\lambda}_p \leq 0.4 \text{ 时}, \rho = 1 \\ \bar{\lambda}_p > 0.4 \text{ 时}, \rho = \dfrac{1}{2}\left\{1 + \dfrac{1}{\bar{\lambda}_p^2}(1+\varepsilon_0) - \sqrt{\left[1+\dfrac{1}{\bar{\lambda}_p^2}(1+\varepsilon_0)\right]^2 - \dfrac{4}{\bar{\lambda}_p^2}}\right\} \end{cases} \quad (2\text{-}12c)$$

$$\varepsilon_0 = 0.8(\bar{\lambda}_p - 0.4) \quad (2\text{-}12d)$$

$$\bar{\lambda}_p = \sqrt{\dfrac{f_y}{\sigma_{cr}}} = 1.05\left(\dfrac{b_p}{t}\right)\sqrt{\dfrac{f_y}{E}\left(\dfrac{1}{k}\right)} \quad (2\text{-}12e)$$

式中：$\bar{\lambda}_p$——相对宽厚比；

ε_0——计算因子；

t——加劲板的母板厚度；

f_y——屈服强度；

E——弹性模量；

σ_{cr}——加劲板弹性屈曲欧拉应力；

b_p——加劲板局部稳定计算宽度，对开口刚性加劲肋，按加劲肋的间距 b_i 计算；对闭口加劲肋，按加劲肋腹板间的间距计算；对柔性加劲肋，按腹板间距或腹板至悬臂端的宽度 b_i 计算；

k——加劲板的弹性屈曲系数。

②考虑剪力滞影响的受弯构件的受拉或受压翼缘的有效截面宽度和有效截面面积应按下列规定计算。

考虑剪力滞影响的有效截面宽度 b_e^s 和有效截面面积 $A_{eff,s}$ 应按下式计算：

$$b_e^s = \sum_{i=1}^{n_s^p} b_{e,i}^s \quad (2\text{-}13a)$$

$$A_{eff,s} = \sum_{i=1}^{n_s^p} b_{e,i}^s t_i + \sum_{j=1}^{n_s} A_{s,j} \quad (2\text{-}13b)$$

式中：$b_{e,i}^s$——考虑剪力滞影响的第 i 块板段的翼缘有效宽度，如图 2-58 所示；

t_i——第 i 块板件的厚度；

$A_{s,j}$——有效宽度内第 j 根加劲肋的面积；

n_s^p——翼缘被腹板分割后的板段数；

n_s——有效宽度内的加劲肋数量。

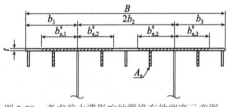

图 2-58 考虑剪力滞影响的翼缘有效宽度示意图

③同时考虑剪力滞和局部稳定影响的受压翼缘有效截面宽度 b_e 和有效截面面积 A_{eff} 应按下式计算：

$$A_{eff} = \sum_{k=1}^{n_p} b_{e,k} t_k + \sum_{i=1}^{n_s} A_{s,i} \quad (2\text{-}14a)$$

$$b_e = \sum_{k=1}^{n_p} b_{e,k} \quad (2\text{-}14b)$$

$$b_{e,k} = \rho_k^s b_{e,k}^p \quad (2\text{-}14c)$$

$$\rho_k^s = \frac{\sum b_{e,j}^s}{b_k} \tag{2-14d}$$

式中：n_p——受压翼缘被腹板分割后的板段数；

t_k——第 k 块受压板段的厚度；

b_k——第 k 块受压板段的宽度；

$b_{e,k}^p$——考虑局部稳定影响的第 k 块受压板段的有效宽度；

$\sum b_{e,j}^s$——考虑剪力滞影响的第 k 块受压板段的有效宽度之和；

$b_{e,k}$——考虑剪力滞和局部稳定影响的第 k 块受压板段的有效宽度；

ρ_k^s——考虑剪力滞影响的第 k 块受压板段的有效宽度折减系数；

$A_{s,i}$——有效宽度范围内第 i 根加劲肋的面积；

n_s——有效宽度范围内的加劲肋数量。

（4）持久状况承载能力极限状态计算

钢-混凝土组合梁在持久状况下的承载能力极限状态计算可按《钢-混凝土组合桥梁设计规范》（GB 50917—2013）执行。

①持久状况承载能力极限状态计算基本规定

a. 钢-混凝土组合梁的承载能力极限状态计算，应采用下式：

$$\gamma_0 S_{ud} \leqslant R \tag{2-15a}$$

当采用预应力的超静定结构时，应采用下式：

$$\gamma_0 S_{ud} + \gamma_p S_p \leqslant R \tag{2-15b}$$

式中：γ_0——桥梁结构的重要性系数，对应于设计安全等级一级、二级的钢-混凝土组合桥梁应分别取不小于 1.1、1.0；

γ_p——预应力分项系数，当预应力效应对结构有利时，应取 1.0，不利时应取 1.2；

S_{ud}——作用效应的组合设计值，对于汽车荷载应计入冲击系数；

S_p——扣除全部预应力损失后，预应力引起的次效应；

R——构件承载力设计值。

b. 当钢-混凝土组合梁进行截面承载力、整体稳定、抗剪连接件承载力计算时，作用（或荷载）的效应组合应采用《公路桥涵设计通用规范》（JTG D60—2015）的基本组合；当进行倾覆稳定计算和疲劳计算时，作用的效应组合应采用标准组合。

c. 钢-混凝土组合梁中混凝土桥面板的计算，除应符合《钢-混凝土组合梁设计规范》（GB 50917—2013）的规定外，尚应符合《公路钢筋混凝土及预应力混凝土桥涵设计规范》（JTG 3362—2018）中的相关规定。

②抗弯承载力计算

a. 钢-混凝土组合梁的截面当符合表 2-18 的要求时，可采用塑性设计方法计算抗弯承载力。不符合表 2-18 的要求时，应采用弹性设计方法进行，计算时应计入施工顺序，以及混凝土的徐变、收缩与温度等作用的影响。

板 件 宽 厚 比 表2-18

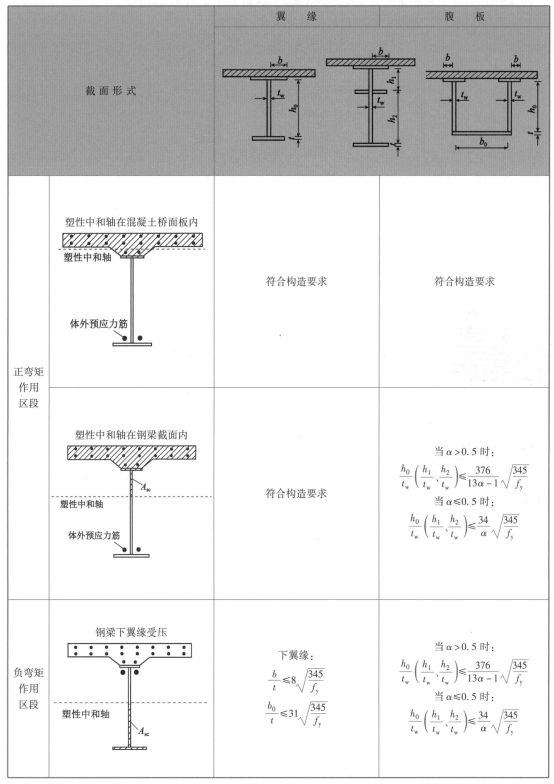

表2-18中α为钢梁受压高度的比例系数,可近似采用下列各式计算。

正弯矩作用区段,塑性中和轴在钢梁截面内时:

$$A_{sc} = \frac{A_s f_d + A_p \sigma_{pu,d} - A_c f_{cd} - A_r f_{sd}}{2f_d} \quad (2\text{-}16a)$$

$$\alpha = \frac{A_{sc} - A_{st}}{h_0 t_w} \quad (2\text{-}16b)$$

负弯矩作用区段:

$$A_{sc} = \frac{A_s f_d + A_r f_{sd}}{2f_d} \quad (2\text{-}16c)$$

$$\alpha = \frac{A_{sc} - A_{sb}}{h_0 t_w} \quad (2\text{-}16d)$$

式中:A_s——钢梁的截面面积(mm^2);

A_p——体外预应力筋的截面面积(mm^2);

$\sigma_{pu,d}$——体外预应力筋的极限应力设计值(MPa);

A_c——混凝土桥面板的截面面积(mm^2);

A_r——塑性中和轴上侧混凝土桥面板内纵向钢筋的截面面积;

f_{cd}——混凝土的抗压强度设计值(MPa);

f_{sd}——混凝土桥面板内纵向钢筋的抗拉强度设计值(MPa);

f_d——钢材的抗拉强度设计值(MPa);

h_0——钢梁腹板计算高度(mm);

t_w——钢梁腹板厚度(mm);

A_{st}、A_{sb}——分别为钢梁上翼缘、下翼缘面积(mm^2);

A_{sc}——钢梁受压区的截面面积(mm^2)。

b.塑性设计方法计算钢-混凝土组合梁强度时,在下列部位可不考虑弯矩与剪力的相互影响:受正弯矩作用的组合梁截面;受负弯矩作用且$A_{rt}f_{sd}$不小于$0.15A_s f_d$的组合梁截面;A_{rt}为负弯矩区混凝土桥面板有效宽度范围内纵向钢筋的截面面积。

c.塑性设计方法计算正弯矩区钢-混凝土组合梁的抗弯承载力时,应符合下列规定:

a)塑性中和轴在混凝土桥面板内(图2-59),即$A_c f_{cd} + A_r f_{sd} \geq A_s f_d + \sigma_{pu,d} A_p$时,抗弯承载力应符合下列公式要求:

$$\gamma_0 M \leq k(A_{cc} f_{cd} y_1 + \sigma_{pu,d} A_p y_3 + A_r f_{sd} y_4) \quad (2\text{-}17a)$$

$$A_{cc} = b_c x = \frac{A_s f_d + A_p \sigma_{pu,d} - A_r f_{sd}}{f_{cd}} \quad (2\text{-}17b)$$

$$k = 1 - 0.082 e^{-0.3r} \quad (2\text{-}17c)$$

$$r = \frac{n_r N_v^c}{\min(A_c f_{cd}, A_s f_d)} \quad (2\text{-}17d)$$

式中:γ_0——桥梁结构的重要性系数;

M——正弯矩设计值(N·mm);

k——考虑滑移效应的拟合系数;

A_{cc}——塑性中和轴上侧混凝土桥面板的面积(mm^2);

A_r——塑性中和轴上侧混凝土桥面板内纵向钢筋的截面面积(mm^2);

A_s——钢梁的截面面积(mm^2);

A_c——混凝土桥面板的截面面积(mm^2);

A_p——体外预应力筋的截面面积(mm^2);

x——混凝土桥面板受压区高度(mm);

y_1——混凝土桥面板受压区截面形心至钢梁受拉区截面形心的距离(mm);

y_3——体外预应力筋的截面形心至钢梁受拉区截面形心的距离(mm);

y_4——混凝土桥面板内纵向钢筋的截面形心至钢梁受拉区截面形心的距离(mm);

$\sigma_{pu,d}$——体外预应力筋的极限应力设计值(MPa),按《钢-混凝土组合梁设计规范》(GB 50917—2013)第5.1.4条计算;

f_d——钢材的抗拉强度设计值(MPa);

f_{sd}——混凝土桥面板内纵向钢筋的抗拉强度设计值(MPa);

f_{cd}——混凝土的抗压强度设计值(MPa);

b_c——混凝土桥面板的有效宽度(mm);

r——剪力连接程度;

n_r——一个剪跨区的抗剪连接件数目;

N_v^c——一个抗剪连接件的抗剪承载力设计值(MPa)。

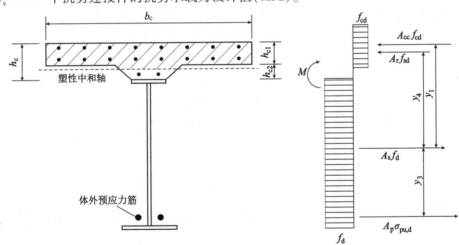

图2-59 塑性中和轴在混凝土桥面板内时的组合梁截面及应力图形
h_{c1}-混凝土桥面板的厚度;h_{c2}-混凝土桥面板的承托高度

b)塑性中和轴在钢梁截面内(图2-60),即 $A_c f_{cd} + A_r f_{sd} < A_s f_d + A_p \sigma_{pu,d}$ 时,抗弯承载力应符合下列公式要求:

$$\gamma_0 M \leq k(A_c f_{cd} y_1 + A_{sc} f_d y_2 + A_p \sigma_{pu,d} y_3 + A_r f_{sd} y_4) \quad (2\text{-}18a)$$

$$A_{sc} = \frac{A_s f_d + A_p \sigma_{pu,d} - A_c f_{cd} - A_r f_{sd}}{2 f_d} \quad (2\text{-}18b)$$

$$k = 1 - 0.048 e^{-0.43r} \quad (2\text{-}18c)$$

式中：A_{sc}——钢梁受压区的截面面积（mm^2）；

y_2——钢梁受压区截面形心至钢梁受拉区截面形心的距离（mm）；

其他符号含义同前。

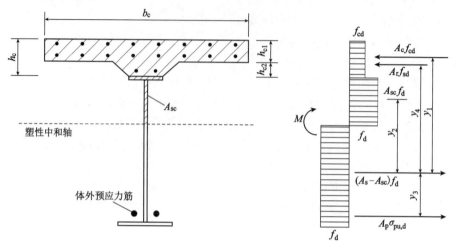

图 2-60　塑性中和轴在钢梁内时的组合梁截面及应力图形

d. 体外预应力筋的极限应力应按下列公式计算：

$$\sigma_{pu} = \sigma_{pe} + \Delta\sigma_{pu} \tag{2-19a}$$

$$\sigma_{pu,d} = \frac{\sigma_{pu}}{\gamma_{pu}} \tag{2-19b}$$

式中：σ_{pu}——体外预应力筋的极限应力（MPa）；

σ_{pe}——体外预应力筋的有效应力（MPa）；

$\sigma_{pu,d}$——体外预应力筋的极限应力设计值（MPa）；

γ_{pu}——考虑材料性能、结构体系等因素的分项系数，可取 1.2；

$\Delta\sigma_{pu}$——体外预应力筋的极限应力增量（MPa），可按下列公式进行计算。

若 $A_c f_{cd} + A_r f_{sd} < A_s f_d + A_p \sigma_{pe}$，则塑性中和轴在钢梁截面内，有

$$\Delta\sigma_{pu} = \left(950 - 50\frac{I_c}{I_s}\right)\left(8 \times 10^{-2} + 8\frac{H}{L}\right) \tag{2-19c}$$

若 $A_c f_{cd} + A_r f_{sd} \geq A_s f_d + A_p \sigma_{pe}$，则初步判断塑性中和轴在混凝土桥面板截面内，有

$$\Delta\sigma_{pu} = \left(710 + 338\frac{I_c}{I_s}\right)\left(0.1 + 9\frac{H}{L}\right) \tag{2-19d}$$

将式（2-19d）计算的 $\Delta\sigma_{pu}$ 代入判别式，若 $A_c f_{cd} + A_r f_{sd} < A_s f_d + A_p(\sigma_{pe} + \Delta\sigma_{pu})$，需重新按塑性中和轴在钢梁截面内的情况计算 $\Delta\sigma_{pu}$。

此时，应力设计值尚应符合下式要求：

$$\sigma_{pu,d} \leq f_{pd} \tag{2-19e}$$

上述式中：I_c——混凝土桥面板截面的惯性矩（mm^4）；

f_{pd}——体外预应力筋的抗拉强度设计值（MPa），可按《钢-混凝土组合桥梁设计规范》（GB 50917—2013）表 3.4.3 取值；

I_s——钢梁截面的惯性矩(mm^4);

H——组合梁截面高度(mm);

L——组合梁计算跨度(mm)。

③抗剪承载力计算

a. 钢-混凝土组合梁的抗剪承载力可采用下式计算:

$$\gamma_0 V \leq h_w t_w f_{vd} \quad (2\text{-}20a)$$

式中:V——剪力设计值(N);

h_w——钢梁腹板高度(mm);

t_w——钢梁腹板厚度(mm);

f_{vd}——钢材的抗剪强度设计值(MPa)。

b. 钢-混凝土组合梁承受弯矩和剪力共同作用时,应按下列规定验算腹板最大折算应力:

$$\sqrt{\sigma^2 + 3\tau^2} \leq 1.1 f_d \quad (2\text{-}20b)$$

式中:σ、τ——钢梁腹板计算高度边缘同一点上同时产生的正应力、剪应力(MPa);

f_d——钢材抗拉强度设计值(MPa)。

④整体稳定计算

a. 钢-混凝土组合梁对下列情况可不进行整体稳定计算:

a)混凝土桥面板与钢梁的受压翼缘通过抗剪连接件连接,两者已牢固结合且能阻止钢梁受压翼缘的侧向位移时。

b)受负弯矩作用的Ⅰ字形截面组合梁,当钢梁受压翼缘的自由长度 l_1 与其总宽度 b_1 的比值不超过表2-19规定的数值时可按表2-19的规定取值。对跨中无侧向支承点的梁,l_1 为其跨径;对跨中有侧向支承点的梁,l_1 为受压翼缘侧向支点间的距离(梁的支承处视为有侧向支承点);b_1 为Ⅰ字形钢梁受压翼板的宽度;梁的支座截面应采取构造措施,防止其扭转。

Ⅰ字形钢梁不需要计算整体稳定的最大 l_1/b_1 值　　　　表2-19

钢 种 类	跨中无侧向支承点的梁	跨中有侧向支承点的梁
Q235q、Q235	13.0	16.0
Q345q、Q355	10.5	13.0
Q370q、Q390	10.0	12.5
Q420q、Q420	9.5	12.0

c)受负弯矩作用的槽形截面组合梁,当钢梁截面高度 h 与腹板中距 b_0 之比小于或等于6,且梁受压底板侧向支点间距 l_1 与腹板中距 b_0 之比小于或等于 $65(345/f_y)$ 时。

b. 施工阶段的组合梁,混凝土桥面板未硬化前,应对钢梁进行整体稳定性计算。

c. 当钢梁与混凝土桥面板结合后,受负弯矩作用的钢-混凝土组合梁不符合《钢-混凝土组合桥梁设计规范》(GB 50917—2013)第5.3.1条的情况时,其整体稳定可按下列公式进行计算:

$$\gamma_0 M_d \leq \chi_{LT} M_{Rd} \quad (2\text{-}21a)$$

$$\chi_{LT} = \frac{1}{\Phi_{LT} + \sqrt{\Phi_{LT}^2 - \lambda_{LT}^2}} \text{ 且 } \chi_{LT} \leq 1 \quad (2\text{-}21b)$$

$$\Phi_{LT} = 0.5[1 + \alpha_{LT}(\bar{\lambda}_{LT} - 0.2) + \bar{\lambda}_{LT}^2] \tag{2-21c}$$

$$\bar{\lambda}_{LT} = \sqrt{\frac{M_{Rk}}{M_{cr}}} \tag{2-21d}$$

$$M_{Rk} = W_n f_y \tag{2-21e}$$

式中：M_d——组合梁最大弯矩设计值（N·mm）；

M_{Rd}——组合梁截面抗弯承载力（N·mm）；

χ_{LT}——组合梁侧扭屈曲的折减系数；

Φ_{LT}——计算过程中的简写符号；

$\bar{\lambda}_{LT}$——换算长细比；

α_{LT}——缺陷系数，按表2-20和表2-21取值；

M_{Rk}——采用材料强度标准值计算的组合梁截面抵抗弯矩（N·mm）；

M_{cr}——组合梁侧扭屈曲的弹性临界弯矩（N·mm）；

f_y——钢材的屈服强度（MPa）；

W_n——组合截面的净截面模量（mm^3）。

缺陷系数 α_{LT}　　　　　　　　　　表2-20

屈曲曲线类型	a	b	c	d
缺陷系数 α_{LT}	0.21	0.34	0.49	0.76

侧向失稳曲线分类　　　　　　　　　　表2-21

横截面形式	屈曲方向	屈曲曲线类型
轧制I形截面	$h/b \leq 2$ $h/b > 2$	a b
焊接I形截面	$h/b \leq 2$ $h/b > 2$	c d
其他截面	—	d

(5) 正常使用极限状态计算

钢-混凝土组合梁在持久状况下的正常使用极限状态计算可按《钢-混凝土组合桥梁设计规范》(GB 50917—2013)执行。

①正常使用极限状态计算基本规定

a. 钢-混凝土组合梁的正常使用极限状态验算，应采用下式：

$$S_{sd} \leq C \tag{2-22}$$

式中：S_{sd}——正常使用极限状态作用（或荷载）组合的效应设计值；

C——结构构件达到正常使用要求所规定的变形、应力和裂缝宽度等的限值。

b. 钢-混凝土组合梁应根据正常使用极限状态要求进行短暂状况和持久状况的计算。

c. 按持久状况设计时，应对钢-混凝土组合梁的截面应力、抗裂性、裂缝宽度和挠度进行计算；按短暂状况设计时，应对钢-混凝土组合梁的截面应力进行计算。各项计算值应满足《钢-混凝土组合桥梁设计规范》(GB 50917—2013)规定的相应限值。

d. 钢-混凝土组合梁的正常使用极限状态应符合下列规定：

a)对短期挠度验算及混凝土结构抗裂验算,作用(或荷载)应采用《公路桥涵设计通用规范》(JTG D60—2015)的频遇组合;对长期挠度验算,作用(或荷载)应采用《公路桥涵设计通用规范》(JTG D60—2015)的准永久组合;计算值不得超过《钢-混凝土组合桥梁设计规范》(GB 50917—2013)规定的各相应限值。

b)应力验算的作用(或荷载)应采用标准组合。其中,汽车荷载应计入冲击系数。

c)对连续梁等超静定结构,尚应计入由预加力、混凝土收缩徐变、基础不均匀沉降以及温度变化等引起的次效应。

e. 钢-混凝土组合梁的挠度应符合下列规定:

a)由汽车荷载(不计冲击力)引起的简支或连续梁的竖向挠度,不应超过计算跨径的1/600;梁悬臂端部的竖向挠度不应超过悬臂长度的1/300。

b)当结构自重和静活载产生的挠度超过计算跨径的1/1600时,桥跨结构应设置预拱度,其值等于结构重力和1/2静活载所产生的竖向挠度和,预拱度线形应采用平顺曲线。

c)对于临时或特殊结构,其竖向挠度容许值可与有关部门协商确定。

f. 钢-混凝土组合梁应进行局部稳定计算。

g. 钢-混凝土组合梁中的混凝土结构裂缝宽度应根据环境类别按《公路钢筋混凝土及预应力混凝土桥涵设计规范》(JTG 3362—2018)的限值要求进行验算。

h. 钢-混凝土组合梁弹性阶段计算可采用下列基本假定:钢与受压混凝土材料均为理想的线弹性体;组合梁弯曲时,混凝土桥面板截面与钢梁截面各自符合平截面假定,材料服从胡克定律。

i. 弹性阶段计算可根据钢与混凝土弹性模量比 n_0 进行截面换算,将混凝土桥面板换算成钢截面后按材料力学公式计算应力,换算前后混凝土桥面板重心高度应保持不变。在长期荷载作用下,计入混凝土徐变的影响进行截面换算时,弹性模量比可用有效弹性模量比 n_L 代替。

j. 计算钢-混凝土组合梁的挠度和应力时应计入施工顺序的影响,并应计入混凝土徐变、收缩以及温度等作用的效应。

k. 计算钢-混凝土连续组合梁的挠度时,在正弯矩区,可按有效宽度内的全截面计算;在负弯矩区,可按钢梁和混凝土桥面板有效宽度内钢筋的组合截面计算。

l. 对短暂状况的设计,应计算构件在制作、运输及安装等施工阶段,由自重、施工荷载等引起的应力,并不应超过限值。施工荷载除有特别规定外均应采用标准组合;温度作用效应可按施工时实际温度场取值;动力安装设备产生的效应应乘以相应的动力系数。

②应力验算

a. 持久状况下,钢-混凝土组合梁的应力验算应符合下列规定:混凝土构件正截面的最大压应力不宜大于 $0.50f_{ck}$;钢结构应力不应大于 0.75 倍的强度设计值,且应满足稳定的要求;体内钢束(钢绞线、钢丝)最大拉应力不应大于 $0.65f_{pk}$;体外钢束(钢绞线、钢丝)直线段最大拉应力不应大于 $0.60f_{pk}$。

b. 短暂状况下,钢-混凝土组合梁的应力验算应符合下列规定:混凝土构件正截面的最大压应力不宜大于 $0.70f_{ck}$;钢结构应力不应大于 0.80 倍的强度设计值,且应满足稳定的要求;体内钢束(钢绞线、钢丝)张拉控制应力不应大于 $0.75f_{pk}$;体外钢束(钢绞线、钢丝)张拉控制应力不应大于 $0.65f_{pk}$。

c. 钢-混凝土组合梁受弯构件在弯矩及预应力作用下产生的混凝土桥面板及钢梁法向应力可按下列公式计算：

混凝土桥面板板顶应力：

$$\sigma_c = -\frac{M_k}{n_0 I_0}y_c - \frac{\sigma_e A_p}{n_0 A_0} + \frac{\sigma_e A_p e}{n_0 I_0}y_c \tag{2-23a}$$

钢梁下翼缘应力：

$$\sigma_s = \frac{M_k}{I_0}y - \frac{\sigma_e A_p}{A_0} - \frac{\sigma_e A_p e}{I_0}y \tag{2-23b}$$

式中：σ_c——混凝土桥面板板顶应力（MPa）；

M_k——截面弯矩值（N·mm）；

n_0——钢材弹性模量与混凝土弹性模量的比值，$n_0 = E_s/E_c$；

I_0——混凝土桥面板与钢梁组合截面的换算惯性矩（mm^4）；

y_c——混凝土桥面板顶至组合梁弹性中和轴的距离（mm）；

σ_e——体外预应力筋的弹性应力（MPa）；

A_p——体外预应力筋的截面面积（mm^2）；

A_0——混凝土桥面板与钢梁组合截面的换算面积（mm^2）；

e——预应力筋形心位置至换算截面中性轴的偏心距（向下为正）（mm）；

σ_s——钢梁下翼缘应力（MPa）；

y——钢梁下翼缘至组合梁弹性中和轴的距离（mm）。

d. 体外预应力筋的弹性应力可按下列公式计算（图2-61）：

$$\sigma_e = \sigma_{pe} + \Delta\sigma_e \tag{2-24a}$$

$$\Delta\sigma_e = \frac{\xi_2}{\xi_1 A_p + \left(\frac{A_p}{A_0} + \frac{E_s}{E_p}\right)I_0 L} \tag{2-24b}$$

$$\xi_1 = \int_0^L e^2 dx = \sum_1^n \int_{(i-1)l_i}^{il_i} e^2 dx = \sum_1^n \int_0^{l_i}\left(e_{i0} + \frac{e_{i1} - e_{i0}}{l_i}\tau\right)^2 d\tau = \sum_1^n \frac{e_{i0}^2 + e_{i0}e_{i1} + e_{i1}^2}{3}l_i \tag{2-24c}$$

$$\xi_2 = P\int_0^L M^0 e dx = P\sum_{i=1}^n l_i \frac{2M_{i0}^0 e_{i0} + 2M_{i1}^0 e_{i1} + M_{i1}^0 e_{i0} + M_{i0}^0 e_{i1}}{6} \tag{2-24d}$$

式中：σ_{pe}——体外预应力筋的有效应力（MPa）；

$\Delta\sigma_e$——体外预应力筋的弹性应力增量（MPa）；

L——组合梁计算跨径（mm）；

l_i——第i段预应力筋在局部坐标系的投影长度（mm）；

e_{i0}——第i段预应力筋的起点到换算截面中性轴的距离（mm），见图2-61b）；

e_{i1}——第i段预应力筋的终点到换算截面中性轴的距离（mm），见图2-61b）；

M^0——单位荷载下的弯矩（N·mm/N）；

M_{i0}^0——单位荷载下在第i段预应力筋的起点处的弯矩（N·mm/N）；

M_{i1}^0——单位荷载下在第 i 段预应力筋的终点处的弯矩(N·mm/N);

ξ_1——计算过程中的简写符号(mm³);

ξ_2——计算过程中的简写符号(N·mm³)。

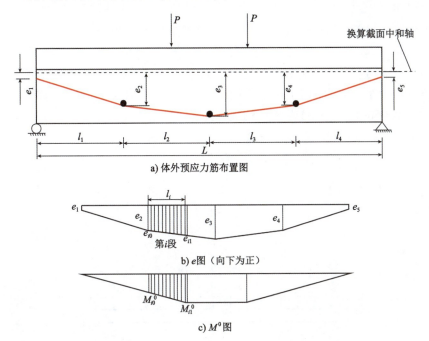

图 2-61　预应力筋弹性应力增量计算系数计算模型

e_i-端部锚固处或第 i 个转向点处预应力筋形心位置至换算截面中性轴的偏心距(mm), $i=1,2,\cdots,5$

e. 钢-混凝土组合梁截面验算时,应计入钢梁与混凝土桥面板结合后混凝土徐变的影响,计算可采用混凝土有效弹性模量法按下列公式计算:

混凝土的有效弹性模量:

$$E_{c\phi} = \frac{E_c}{1+\psi_L\phi(t,t_0)} \quad (2\text{-}25\text{a})$$

钢与混凝土的有效弹性模量比:

$$n_L = n_0[1+\psi_L\phi(t,t_0)] \quad (2\text{-}25\text{b})$$

$$n_0 = \frac{E_s}{E_c} \quad (2\text{-}25\text{c})$$

式中: E_c——混凝土的弹性模量(MPa),按《钢-混凝土组合桥梁设计规范》(GB 50917—2013)表 3.1.5 采用;

ψ_L——根据荷载类型确定的徐变因子,永久作用取 1.1,用于调整内力的强迫位移作用取 1.5,混凝土收缩作用取 0.55;

$\phi(t,t_0)$——加载龄期为 t_0,计算考虑龄期为 t 的混凝土徐变系数,可取为徐变系数最终值,根据混凝土桥面板的加载龄期和理论厚度采用;

n_0——短期荷载作用下钢与混凝土弹性模量比;

E_s——钢材的弹性模量(MPa)。

f. 混凝土徐变、收缩、温度等作用引起的截面应力增量,可按《钢-混凝土组合桥梁设计规范》(GB 50917—2013)附录 B 进行计算。

③挠度计算

a. 正弯矩作用下钢-混凝土组合梁的短期挠度可按下列公式计算:

$$f = f_0 + f_s + f_T \tag{2-26a}$$

该计算公式未考虑预应力筋矢高变化的影响,适用于非预应力组合梁及跨中位置设置转向点的体外预应力组合梁,对于跨中位置未设置转向点的组合梁变形可按《钢-混凝土组合桥梁设计规范》(GB 50917—2013)附录 C 的规定计算。

$$f_T = \frac{\sigma_e A_p L^2}{8B}\left[z_1 - \frac{5}{6}l_1(\sin\theta_1 - \sin\theta_2) - \frac{5}{12}L\sin\theta_2\right] \tag{2-26b}$$

均布荷载作用(图 2-62):

$$f_0 = \frac{5qL^4}{384B} \tag{2-26c}$$

$$f_s = \frac{qL^2}{8B_s b^2} - \frac{q}{B_s b^4} \tag{2-26d}$$

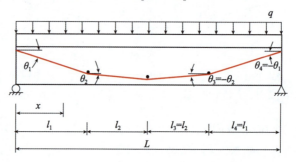

图 2-62 均布荷载作用下简支组合梁的计算模型

l_i-第 i 段预应力筋在局部坐标系的投影长度(mm),$i=1,2,3,4$;θ_i-第 i 段预应力筋与水平线的夹角(°),$i=1,2,3,4$

单点集中荷载作用(图 2-63):

$$f_0 = \frac{mPL^3}{48B}(3 - 4m^2) \tag{2-26e}$$

$$f_s = k_s \frac{mPL}{2B_s b^2} \tag{2-26f}$$

$$k_s = \frac{1.015r}{0.052 + r} \tag{2-26g}$$

$$B = EI + EA \cdot h_{sc}^2 \tag{2-26h}$$

$$B_s = \frac{B}{B/EI - 1} \tag{2-26i}$$

$$b = \sqrt{K_L\left(\frac{h_{sc}^2}{EI} + \frac{1}{EA}\right)} \tag{2-26j}$$

$$EI = E_c I_c + E_s I_s \tag{2-26k}$$

$$\frac{1}{EA} = \frac{1}{E_c A_c} + \frac{1}{E_s A_s} \tag{2-26l}$$

$$K_L = \frac{n_s K}{p} \tag{2-26m}$$

上述式中：f_0——不考虑滑移效应的预应力筋弹性应力增量组合梁变形（mm）；

f_s——滑移引起的变形（mm）；

f_T——预应力引起的变形（mm），对于非预应力组合梁，取 $f_T = 0$；

B——组合梁换算截面刚度（N·mm²）；

z_1——端部预应力筋形心到组合梁换算截面形心的距离（mm），预应力筋形心在换算形心上方为正；

B_s——考虑滑移的组合梁换算截面刚度（N·mm²）；

m——梁端至单点集中荷载加载点距离与组合梁计算跨度的比值；

r——剪力连接程度；

K_L——单位长度上抗剪连接件的抗剪刚度（N/mm²）；

h_{sc}——钢梁截面形心到混凝土截面形心的距离（mm）；

E_c——混凝土的弹性模量（MPa）；

E_s——钢材的弹性模量（MPa）；

A_c——混凝土桥面板的截面面积（mm²）；

A_s——钢梁的截面面积（mm²）；

I_c——混凝土截面的惯性矩（mm⁴）；

I_s——钢梁截面的惯性矩（mm⁴）；

n_s——栓钉或开孔板连接件的排数；

K——单个抗剪连接件的抗剪刚度（N/mm），采用栓钉连接件时，可按 $K = 2(N_v^c - 0.97 N_s)$ 计算；采用开孔板连接件时，可按《钢-混凝土组合桥梁设计规范》（GB 50917—2013）附录 D 的规定计算；

N_v^c——抗剪连接件的抗剪承载力（N）；

N_s——计算荷载下单个抗剪连接件承受的剪力（N），$N_s = V_{ld} p / n_s$；

V_{ld}——外荷载作用下组合梁剪跨区段内单位长度界面上的纵向剪力（N/mm），$V_{ld} = VS_0 / I_0$；

V——剪跨区段内组合梁截面上的竖向剪力（N）；

S_0——混凝土桥面板的换算截面对换算组合截面中性轴的面积矩（mm³）；

p——抗剪连接件的间距（mm），对于栓钉连接件取相邻两颗栓钉的纵向间距；对于开孔板连接件取相邻两个开孔的纵向中心间距。

b. 体外预应力钢-混凝土组合简支梁长期挠度可按下列公式计算：

$$f_l = f_e + \Delta f \tag{2-27a}$$

$$\Delta f = k_1 \left(\frac{5qL^4}{384 E_s I_0} - \frac{T_p e L^2}{8 E_s I_0} + \frac{15 T_p L}{E_s A_0} \right) \lambda(t) \tag{2-27b}$$

$$\lambda(t) = \frac{0.59t}{70.47+t} \tag{2-27c}$$

$$k_1 = \frac{1}{0.12 - 0.30\overline{\sigma}} \tag{2-27d}$$

式中：f_e——组合梁在荷载作用下的短期挠度(mm)，向下为正；

Δf——长期荷载作用下产生的挠度增量(mm)；

$\lambda(t)$——与时间有关的系数；

t——计算时间(d)；

k_1——与混凝土桥面板平均应力有关的系数；

$\overline{\sigma}$——混凝土桥面板的平均应力(MPa)，受压时取负值，受拉时取$\overline{\sigma} = 0$；

T_p——预应力筋有效预拉力(N)，非预应力钢-混凝土简支组合梁时(不包括体内预应力钢-混凝土组合梁)取$T_p = 0$。

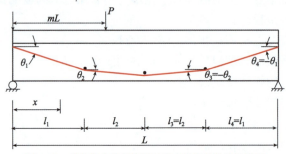

图 2-63　单点集中荷载作用下简支组合梁的计算模型

④局部稳定验算

a. 钢-混凝土组合梁腹板局部稳定计算，可按弹性约束于翼板，简支于竖向加劲肋和水平加劲肋上的薄板考虑。

b. 腹板最小厚度应满足表 2-22 的要求。

腹板最小厚度　　　　表 2-22

钢材种类	Q235、Q235q	Q355、Q345q	Q370q	Q390	Q420、Q420q
不设竖向加劲肋及纵向水平加劲肋	$\dfrac{h_w}{50}$	$\dfrac{h_w}{50}$	$\dfrac{h_w}{40}$	$\dfrac{h_w}{40}$	$\dfrac{h_w}{40}$
仅设竖向加劲肋，但不设纵向水平加劲肋(图 2-64)	$\dfrac{h_w}{140}$	$\dfrac{h_w}{120}$	$\dfrac{h_w}{110}$	$\dfrac{h_w}{110}$	$\dfrac{h_w}{100}$
设一道纵向水平加劲肋和竖向加劲肋(图 2-65)	$\dfrac{h_w}{250}$	$\dfrac{h_w}{210}$	$\dfrac{h_w}{200}$	$\dfrac{h_w}{190}$	$\dfrac{h_w}{180}$
设两道纵向水平加劲肋和竖向加劲肋(图 2-66)	$\dfrac{h_w}{300}$	$\dfrac{h_w}{300}$	$\dfrac{h_w}{280}$	$\dfrac{h_w}{270}$	$\dfrac{h_w}{250}$

注：当腹板厚度满足 $h_w/50$(或 $h_w/40$，h_w 为腹板高度)，但有局部竖向压应力作用时(图 2-67)，仍应按构造设置竖向加劲肋。

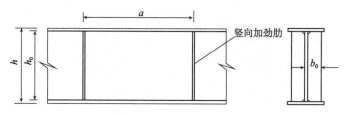

图 2-64　仅布置竖向加劲肋

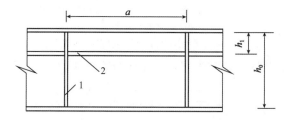

图 2-65　布置一道纵向水平加劲肋及竖向加劲肋
1-竖向加劲肋;2-水平加劲肋

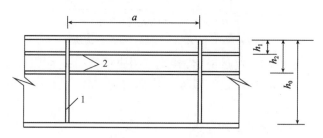

图 2-66　布置两道纵向水平加劲肋及竖向加劲肋
1-竖向加劲肋;2-水平加劲肋

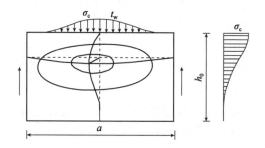

图 2-67　钢梁腹板受局部压应力

c. 腹板加劲肋的布置,应满足下列要求:

a)腹板竖向加劲肋的间距 a 不得大于腹板高度 h_w 的 1.5 倍。

b)仅布置竖向加劲肋时,其间距应满足 $a \leqslant 950 t_w / \sqrt{\tau}$,且不应大于 2m。

c)水平加劲肋和竖向加劲肋共同布置时,竖向加劲肋的间距应满足 $a \leqslant 850 t_w / \sqrt{\tau}$。

d)设一道纵向水平加劲肋时,宜布置于距受压翼缘 $0.2h_w$ 附近[图 2-68a)];设两道纵向水平加劲肋时,宜分别布置于距受压翼缘 $0.14h_w$ 和 $0.36h_w$ 附近[图 2-68b)]。

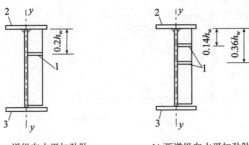

a) 一道纵向水平加劲肋　　b) 两道纵向水平加劲肋

图 2-68　纵向水平加劲肋布置图

1-纵向水平加劲肋；2-受压翼缘；3-受拉翼缘

e) 局部压应力很大的梁，必要时尚宜在受压区布置短加劲肋（图 2-69）。

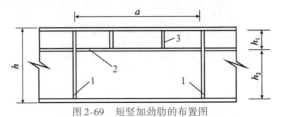

图 2-69　短竖加劲肋的布置图

1-竖向加劲肋；2-水平加劲肋；3-短竖向加劲肋

其中，h_w 为钢梁腹板计算高度（mm），焊接钢梁为腹板全高；t_w 为腹板厚度（mm）；a 为竖向加劲肋的间距（mm）；τ 为验算板段处的腹板平均剪应力（MPa），$\tau = V/(h_w t_w)$；V 为板段中间截面处的剪力（N）。

d. 腹板加劲肋的尺寸应满足下列要求：

a) 当仅用竖向加劲肋加强腹板时，则成对设置的中间竖向加劲肋的每侧宽度不得小于 $h_w/30 + 40\text{mm}$。

b) 当用竖向加劲肋与水平加劲肋加强腹板时，则加劲肋的截面横矩不得小于：竖向加劲肋 $3h_w t_w^3$；水平加劲肋 $h_w t_w^3 [2.4(a/h_w)^2 - 0.13]$ 但不得小于 $1.5 h_w t_w^3$。

c) 加劲肋伸出肢的宽厚比不得大于 15。

d) 当采用单侧加劲肋时，其截面对于按腹板边线为轴线的惯性矩不得小于成对加劲肋对腹板中心的截面惯性矩。

e. 梁的支座处和上翼缘承受较大固定集中荷载处，应设置成对的竖向加劲肋，并应按承受支座反力或固定集中荷载的轴心受压构件计算其在腹板平面外的稳定性。

（6）抗倾覆稳定计算

钢-混凝土组合梁抗倾覆稳定计算可按《钢-混凝土组合桥梁设计规范》（GB 50917—2013）或《公路钢结构桥梁设计规范》（JTG D64—2015）执行。

①钢-混凝土组合梁刚体倾覆稳定计算，应采用式（2-28）。本条适用于整体式主梁结构，多梁式（或梁格式）结构可不进行计算。

$$\gamma_{qf} S_{sk} \leqslant S_{bk} \tag{2-28}$$

式中：γ_{qf}——抗倾覆稳定系数，不应小于 2.5；

S_{sk}——不平衡作用效应的标准组合；

S_{bk}——平衡作用效应的标准组合。

②计算倾覆稳定的汽车荷载及其组合应符合下列规定：

a.验算倾覆稳定的汽车荷载应采用《公路桥涵设计通用规范》(JTG D60—2015)或《城市桥梁设计规范(2019年版)》(CJJ 11—2011)中的车道荷载,集中荷载标准值应乘以1.2的系数。

b.汽车荷载横向应按相应规范的最不利位置布置,多车道桥梁汽车荷载产生的效应不得折减。

c.汽车荷载应计入冲击作用。

d.应计入风荷载与汽车荷载的共同作用。

(7)疲劳计算

钢-混凝土组合梁疲劳计算可按《钢-混凝土组合桥梁设计规范》(GB 50917—2013)或《公路钢结构桥梁设计规范》(JTG D64—2015)执行。

①基本规定

a.钢-混凝土组合梁的疲劳计算,应采用下式：

$$\Delta\sigma \leq [\Delta\sigma] \tag{2-29}$$

式中:$\Delta\sigma$——应力幅,对于常幅疲劳,$\Delta\sigma = \sigma_{max} - \sigma_{min}$;对于变幅疲劳,$\Delta\sigma$可取为等效常幅应力幅；

$[\Delta\sigma]$——容许应力幅。

b.钢-混凝土组合梁的疲劳计算应采用容许应力幅法,应力应按弹性状态计算。容许疲劳应力幅应按构件与连接件类别以及应力循环次数确定。

c.钢-混凝土组合梁的结构构件与连接应进行疲劳验算。

②抗剪连接件疲劳计算

a.抗剪连接件应根据下列公式进行疲劳验算：

$$\gamma_{Ff}\Delta N_p \leq \frac{\Delta N_L}{\gamma_{Mf}} \tag{2-30a}$$

$$\Delta N_p = N_{p,max} - N_{p,min} \tag{2-30b}$$

式中：γ_{Ff}——疲劳荷载分项系数,取1.0;

γ_{Mf}——疲劳抗力分项系数,对重要构件取1.35,对次要构件取1.15;

ΔN_p——抗剪连接件按疲劳荷载模型计算得到的剪力幅(N);

ΔN_L——连接件疲劳容许剪力幅(N),可按《钢-混凝土组合桥梁设计规范》(GB 50917—2013)第7.3.3条计算;

$N_{p,max}$、$N_{p,min}$——无限疲劳寿命验算的疲劳荷载模型按最不利情况加载于影响线得出的最大和最小剪力(N)。

b.抗剪连接件的疲劳荷载模型,采用现行行业标准规定的车道荷载形式,其集中荷载为$0.7P_k$,均布荷载为$0.3q_k$,计算时应计入多车道的影响,多车道系数按现行行业标准的相关规定计算。

c.抗剪连接件的疲劳容许剪力幅应符合下式规定：

$$\Delta N_L \leq 0.2 N_v^c \tag{2-31}$$

③钢结构疲劳计算

钢结构疲劳可按《公路钢结构桥梁设计规范》(JTG D64—2015)第5.5节计算。

a.承受汽车荷载的结构构件与连接,应按疲劳细节类别进行疲劳验算。

b.常规组合梁在纵向主要受力构件层面的疲劳荷载可按《公路钢结构桥梁设计规范》(JTG D64—2015)第5.5节中规定的疲劳荷载计算模型Ⅰ进行计算。

c.疲劳荷载计算模型Ⅰ采用等效的车道荷载,集中荷载为 $0.7p_k$,均布荷载为 $0.3q_k$。p_k 和 q_k 按公路-Ⅰ级车道荷载标准取值;应考虑多车道的影响,横向车道布载系数应按《公路桥涵设计通用规范》(JTG D60—2015)的相关规定选用。

d.验算伸缩缝附近构件时,疲劳荷载应乘以额外的放大系数,放大系数 $\Delta\phi$ 应按下式取值。

$$\Delta\phi = \begin{cases} 0.3\left(1 - \dfrac{D}{6}\right) & (D \leqslant 6) \\ 0 & (D > 6) \end{cases} \tag{2-32}$$

式中:D——验算截面到伸缩缝的距离(m)。

e.采用疲劳荷载计算模型Ⅰ时应按下列公式验算:

$$\gamma_{Ff}\Delta\sigma_p \leqslant \frac{k_s \Delta\sigma_D}{\gamma_{Mf}} \tag{2-33a}$$

$$\gamma_{Ff}\Delta\tau_p \leqslant \frac{\Delta\tau_L}{\gamma_{Mf}} \tag{2-33b}$$

$$\Delta\sigma_p = (1 + \Delta\phi)(\sigma_{pmax} - \sigma_{pmin}) \tag{2-33c}$$

$$\Delta\tau_p = (1 + \Delta\phi)(\tau_{pmax} - \tau_{pmin}) \tag{2-33d}$$

式中: γ_{Ff}——疲劳荷载分项系数,取1.0;

γ_{Mf}——疲劳抗力分项系数,对重要构件取1.35,对次要构件取1.15;

k_s——尺寸小于折减系数,可按《公路钢结构桥梁设计规范》(JTG D64—2015)附录C计算,当未说明时可取1.0;

$\Delta\sigma_p$、$\Delta\tau_p$——按疲劳荷载计算模型Ⅰ计算得到的正应力幅与剪应力幅(MPa);

$\Delta\phi$——放大系数;

$\Delta\sigma_D$——正应力常幅疲劳极限(MPa);

$\Delta\tau_L$——剪应力幅疲劳极限(MPa);

σ_{pmax}、σ_{pmin}——将疲劳荷载模型按最不利情况加载于影响线得出的最大和最小正应力(MPa);

τ_{pmax}、τ_{pmin}——将疲劳荷载模型按最不利情况加载于影响线得出的最大和最小剪应力(MPa)。

f.疲劳强度应按《公路钢结构桥梁设计规范》(JTG D64—2015)图5.5.8-1、图5.5.8-2取用。

(8)连接计算

钢梁连接应根据设计要求及施工技术条件确定,通常可采用高强螺栓或焊接连接。由于相关计算内容较为常规,不再赘述,相关方法可按《公路钢结构桥梁设计规范》(JTG D64—

2015)第 6 章进行。

钢梁-混凝土桥面板连接的设计应满足承载能力极限状态、正常使用极限状态及构造的要求,可按《钢-混凝土组合桥梁设计规范》(GB 50917—2013)执行。

①一般规定

a. 钢-混凝土组合梁抗剪连接件的选用应保证钢梁和混凝土桥面板有效组合并共同承担作用。

b. 钢-混凝土组合梁的抗剪连接件通常采用栓钉,也可采用开孔板连接件(图 2-70),或有可靠依据的其他类型连接件。

c. 钢-混凝土组合梁正常使用极限状态下,单个抗剪连接件承担的剪力设计值不应超过 0.75 倍的抗剪承载力设计值。

②混凝土桥面板纵向抗剪计算

a. 钢-混凝土组合梁承托及桥面板纵向抗剪承载力验算时,应分别验算图 2-71 所示的纵向受剪界面 a-a、b-b、c-c 及 d-d。

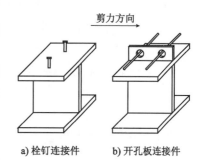

图 2-70 连接件的种类和设置方向

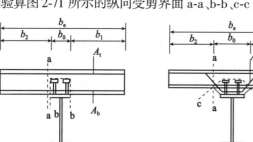

图 2-71 混凝土桥面板纵向受剪界面

A_t-混凝土桥面板顶部附近单位长度内钢筋面积的总和(mm²);A_b-混凝土桥面板底部单位长度内钢筋面积的总和(mm²);A_{bh}-承托底部单位长度内钢筋面积的总和(mm²)

b. 单位梁长混凝土桥面板内钢筋总面积应满足下式要求:

$$A_e > 0.8 \frac{L_s}{f_{sd}} \tag{2-34}$$

式中:0.8——系数(N/mm²);

A_e——单位长度混凝土桥面板内横向钢筋总面积(mm²/mm),见表 2-23;

L_s——纵向受剪界面的长度,可按图 2-71 中 a-a、b-b、c-c、d-d 中的最短长度取值(mm);

f_{sd}——横向钢筋的抗拉强度设计值(MPa)。

单位长度上横向钢筋的截面积 A_e 表 2-23

剪切面	a-a	b-b	c-c	d-d
A_e	$A_b + A_t$	$2A_b$	$2(A_b + A_{bh})$	$2A_{bh}$

c. 承受桥面板结合面纵向剪力的横向钢筋在剪切面外的长度应满足锚固长度的要求;底部横向钢筋间距不应大于连接件超出横向钢筋高度的 4 倍,且不应大于 600mm。

d. 钢-混凝土组合梁承托及混凝土桥面板纵向界面受剪承载力计算应符合下式要求:

$$V_{ld} \leq V_{lRd} \tag{2-35}$$

式中: V_{ld} ——形成组合作用以后,单位梁长内混凝土桥面板各纵向受剪界面的纵向剪力(N/mm);

V_{lRd} ——单位梁长内各纵向受剪界面受剪承载力设计值(N/mm)。

e. 形成组合作用之后,单位梁长内混凝土桥面板各纵向受剪界面的纵向剪力 V_{ld} 应符合下列规定:

a) 单位梁长内 a-a 纵向受剪界面的计算纵向剪力:

$$V_{ld} = \max\left\{V_l \frac{b_1}{b_e}, V_l \frac{b_2}{b_e}\right\} \tag{2-36a}$$

b) 单位梁长内 b-b、c-c 及 d-d 纵向受剪界面的计算纵向剪力:

$$V_{ld} = V_l \tag{2-36b}$$

上述式中: b_e ——混凝土桥面板的有效宽度(mm);

b_1、b_2 ——混凝土桥面板左右两侧在 a-a 界面以外的有效宽度(mm);

V_l ——形成组合作用之后,单位梁长的钢梁与混凝土桥面板的界面纵向剪力。

f. 单位梁长的界面纵向剪力,应按下列要求进行计算:

a) 由竖向剪力引起的单位梁长的界面纵向剪力:

$$V_l = \frac{V_d S_{0c}}{I_0} \tag{2-36c}$$

b) 由预应力束集中锚固力、混凝土收缩变形或温差引起的纵向剪力:

预应力束在梁跨中间锚固,锚固点前后均传递纵向剪力:

$$V_l = \frac{V_t}{l_{cs}} \tag{2-36d}$$

预应力束在梁跨中间锚固,锚固点前(预应力作用区段)传递剪力或梁端部锚固:

$$V_l = \frac{2V_t}{l_{cs}} \tag{2-36e}$$

上述式中: V_d ——形成组合作用之后,作用于组合梁的竖向剪力(N);

V_t ——由预应力束集中锚固力、混凝土收缩变形或温差的初始效应在混凝土桥面板中产生的纵向剪力(N);

S_{0c} ——混凝土桥面板对组合截面中和轴的面积矩(mm³);

I_0 ——组合梁截面换算截面惯性矩(mm⁴);

l_{cs} ——混凝土收缩变形或温差引起的纵向剪力计算传递长度(mm),取主梁间距和主梁长度的 1/10 中的较小值。

g. 单位长度内纵向界面受剪承载力设计值 V_{lRd} 应按下列公式计算,并应取两者的较小值:

$$V_{lRd} = 0.7 b_f f_{td} + 0.8 A_e f_{sd} \tag{2-37a}$$

$$V_{lRd} = 0.25 b_f f_{cd} \tag{2-37b}$$

式中：V_{lRd}——单位长度内纵向界面受剪承载力（N/mm）；

b_f——纵向受剪界面的长度（mm）；

f_{td}——混凝土轴心抗拉强度设计值（MPa）；

A_e——单位长度混凝土桥面板内横向钢筋总面积（mm²/mm）；

f_{sd}——横向钢筋的抗拉强度设计值（MPa）；

f_{cd}——混凝土轴心抗压强度设计值（MPa）。

③抗剪连接件的承载力

a. 栓钉连接件的抗剪承载力设计值应根据下列公式确定：

单个栓钉连接件的抗剪承载力设计值取式（2-38a）及式（2-38b）的较小值。

a) 当发生栓钉剪断破坏时

$$N_v^c = 1.19 A_{std} f_{std} \left(\frac{E_c}{E_s}\right)^{0.2} \left(\frac{f_{cu}}{f_{std}}\right)^{0.1} \qquad (2\text{-}38\text{a})$$

b) 当发生混凝土压碎破坏时

$$N_v^c = 0.43 \eta A_{sd} \sqrt{f_{cd} E_c} \qquad (2\text{-}38\text{b})$$

式中：N_v^c——栓钉抗剪承载力（N）；

A_{std}——栓杆的截面面积（mm²）；

E_c、E_s——混凝土和栓钉的弹性模量（MPa）；

f_{cu}——边长为150mm的混凝土立方体抗压强度（MPa）；

f_{cd}——混凝土的轴心抗压强度设计值（MPa）；

f_{std}——栓钉的抗拉强度（MPa），当栓钉材料性能等级为4.6级时，取400MPa；

η——群钉效应折减系数，当 $6 < l_d/d < 13$ [l_d 为栓钉纵向间距（mm）；d 为栓钉直径（mm）]时，对于强度等级为C30~C40的混凝土，$\eta = 0.021 l_d/d + 0.73$；对于强度等级为C45、C50的混凝土，$\eta = 0.016 l_d/d + 0.80$；对于强度等级为C55、C60的混凝土，$\eta = 0.013 l_d/d + 0.84$；当 $l_d/d \geq 13$ 时，不考虑群钉效应，取1.0。

b. 开孔板连接件的单孔抗剪承载力设计值应根据下式确定：

$$N_v^c = 2\alpha\left(\frac{\pi}{4}d_1^2 - \frac{\pi}{4}d_2^2\right)f_{td} + 2 \cdot \frac{\pi}{4}d_2^2 \cdot f_{vd} \qquad (2\text{-}39)$$

式中：N_v^c——开孔板连接件的单孔抗剪承载力设计值（N）；

d_1——开孔直径（mm）；

d_2——横向贯通钢筋直径（mm）；

f_{td}——混凝土轴心抗拉强度设计值（MPa）；

f_{vd}——钢筋抗剪强度设计值（MPa），按式 $f_{vd} = 0.577 f_{sd}$ 计算；

f_{sd}——钢筋抗拉强度设计值（MPa）；

α——提高系数，取6.1。

④抗剪连接件疲劳计算

a. 抗剪连接件应根据下列公式进行疲劳验算：

$$\gamma_{Ff} \Delta N_p \leq \frac{\Delta N_L}{\gamma_{Mf}} \qquad (2\text{-}40\text{a})$$

$$\Delta N_p = N_{p,\max} - N_{p,\min} \tag{2-40b}$$

式中：γ_{Ff}——疲劳荷载分项系数，取 1.0；

γ_{Mf}——疲劳抗力分项系数，对重要构件取 1.35，对次要构件取 1.15；

ΔN_p——抗剪连接件按疲劳荷载模型计算得到的剪力幅(N)；

ΔN_L——连接件疲劳容许剪力幅(N)；

$N_{p,\max}$、$N_{p,\min}$——无限疲劳寿命验算的疲劳荷载模型按最不利情况加载于影响线得出的最大和最小剪力(N)。

b. 抗剪连接件的疲劳荷载模型，采用现行行业标准规定的车道荷载形式，其集中荷载为 $0.7P_k$，均布荷载为 $0.3q_k$，计算时应计入多车道的影响，多车道系数按现行行业标准的相关规定计算。

c. 抗剪连接件的疲劳容许剪力幅应符合下式规定：

$$\Delta N_L \leqslant 0.2 N_v^c \tag{2-41}$$

⑤抗剪连接件的数量计算与布置

a. 每个剪跨区段内抗剪连接件的数目 n_f 应满足下式要求：

$$n_f \geqslant \frac{V_s}{N_v^c} \tag{2-42}$$

式中：V_s——每个剪跨区段内钢梁与混凝土桥面板交界面的纵向剪力；

N_v^c——连接件的抗剪承载力设计值。

b. 剪跨区的划分应以弯矩绝对值最大点及零弯矩点为界限逐段进行(图 2-72)。

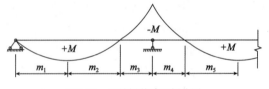

图 2-72 连续梁剪跨区划分图

c. 每个剪跨区段内钢梁与混凝土桥面板交界面的纵向剪力 V_s 应按下列方法确定：

a)位于正弯矩区段的剪跨：

$$V_s = \min\{A_s f_d, A_c f_{cd}\} \tag{2-43a}$$

式中：A_s——钢梁的截面面积(mm^2)；

f_d——塑性设计时，采用的钢材抗拉、抗压和抗弯强度设计值(MPa)；

A_c——混凝土桥面板的截面面积(mm^2)；

f_{cd}——混凝土轴心抗压强度设计值(MPa)。

b)位于负弯矩区段的剪跨：

$$V_s = A_{rt} f_{sd} \tag{2-43b}$$

式中：A_{rt}——负弯矩区混凝土桥面板有效宽度范围内的纵向钢筋截面面积(mm^2)；

f_{sd}——钢筋抗拉强度设计值(MPa)。

c)当采用栓钉和槽钢抗剪件时，可将剪跨区 m_2 和 m_3、m_4 和 m_5 分别合并为一个区段配置

抗剪连接件,合并为一个区段后的纵向剪力应符合下列规定:

$$V_s = A_c f_{cd} + A_{rt} f_{sd} \quad (2\text{-}43c)$$

d. 位于负弯矩区段的抗剪连接件,其抗剪承载力设计值 N_v^c 应乘以折减系数 0.9(中间支座两侧)或 0.8(悬臂部分)。

e. 抗剪连接件可在对应的剪跨区段内均匀布置。当在此剪跨区段内有较大集中荷载作用时,应将连接件个数 n_f 按剪力图面积比例分配后再各自均匀布置。

f. 抗剪连接件在结合面端部的布置,应计入由于预应力束集中锚固力、混凝土收缩变形和温差引起的纵向剪力的叠加。

2.4.2.3 主体结构的构造要求

钢-混凝土组合的设计应满足构造要求,可按《公路钢结构桥梁设计规范》(JTG D64—2015)执行。

(1)混凝土桥面板构造要求

①混凝土桥面板板厚不宜小于 180mm,根据需要可设计承托。当有承托时,应符合下列规定:

a. 承托高度 h_{c2} 不宜大于混凝土桥面板厚度 h_{c1} 的 1.5 倍。

b. 承托顶的宽度 b_0 不宜小于钢梁上翼缘宽度 b_t 与 1.5 倍承托高度 h_{c1} 之和。

c. 承托边至抗剪连接件外侧的距离不得小于 40mm。

d. 承托外形轮廓应在由连接件根部起的 45°角线的界限以外。

e. 承托中横向钢筋的下部水平段应设置在距钢梁上翼缘 50mm 的范围之内;抗剪连接件抗掀起端底面高出横向钢筋的距离 h_e 不得小于 30mm;横向钢筋间距不应大于 $4h_e$ 且不应大于 600mm。

组合梁的截面形式如图 2-73 所示。

②钢-混凝土组合梁边梁混凝土桥面板的构造(图 2-74)应符合下列规定:

a. 有承托时,伸出长度不宜小于 h_{c2}。

b. 无承托时,应同时满足伸出钢梁中心线不小于 150mm、伸出钢梁翼缘边不小于 50mm 的要求。

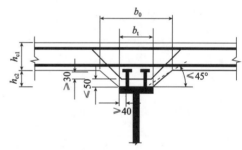

图 2-73 组合梁的截面形式(尺寸单位:mm)

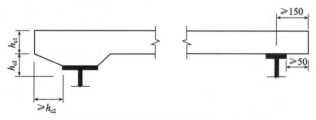

图 2-74 边梁构造图(尺寸单位:mm)

③负弯矩区钢筋混凝土桥面板受拉钢筋截面配筋率不应小于 1.5%。板下层钢筋截面积不宜小于总钢筋截面积的 50%。

(2)钢梁

①总体要求

a.钢梁的翼板厚度不应小于16mm;腹板厚度不应小于12mm;所用填板厚度不应小于4mm。

b.与混凝土结合的钢梁上翼缘宽度不得小于250mm,并不应大于其厚度的24倍。上翼缘与腹板的焊接宜采用熔透T字角焊缝。

c.在梁的两端和跨中应布置横隔板或横撑架,其余横隔板或横撑架的布置位置宜根据受力分析确定。

②腹板及腹板加劲肋

a.腹板和腹板加劲肋设置应满足下列要求:腹板最小厚度应满足表2-24的要求。表中h_w为腹板计算高度,对于焊接梁为腹板的全高,对于铆接梁为上、下翼缘角钢内排铆钉线的间距;η为折减系数,$\eta = \sqrt{\tau/f_{vd}}$,但不得小于0.85;$\tau$为基本组合下的腹板剪应力;$f_{vd}$为钢材抗剪强度设计值。腹板加劲肋示意图如图2-75所示。

腹板最小厚度 表2-24

构造形式	钢材品种		备注
	Q235	Q355	
不设横向加劲肋及纵向加劲肋时	$\dfrac{\eta h_w}{70}$	$\dfrac{\eta h_w}{60}$	
仅设横向加劲肋,但不设纵向加劲肋时	$\dfrac{\eta h_w}{160}$	$\dfrac{\eta h_w}{140}$	
设横向加劲肋和一道纵向加劲肋时	$\dfrac{\eta h_w}{280}$	$\dfrac{\eta h_w}{240}$	纵向加劲肋位于距受压翼缘$0.2h_w$附近
设横向加劲肋和两道纵向加劲肋时	$\dfrac{\eta h_w}{310}$	$\dfrac{\eta h_w}{310}$	纵向加劲肋位于距受压翼缘$0.14h_w$和$0.36h_w$附近

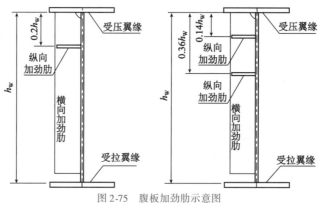

图2-75 腹板加劲肋示意图

b.腹板横向加劲肋的间距a不得大于腹板高度的1.5倍,并应满足下列要求。

a)不设纵向加劲肋时,横向加劲肋的间距a应满足下式要求:

$$\left(\frac{h_\mathrm{w}}{100 t_\mathrm{w}}\right)^4 \left\{\left(\frac{\sigma}{345}\right)^2 + \left[\frac{\tau}{77 + 58(h_\mathrm{w}/a)^2}\right]^2\right\} \leq 1 \quad \left(\frac{a}{h_\mathrm{w}} > 1\right) \quad (2\text{-}44\mathrm{a})$$

$$\left(\frac{h_\mathrm{w}}{100 t_\mathrm{w}}\right)^4 \left\{\left(\frac{\sigma}{345}\right)^2 + \left[\frac{\tau}{58 + 77(h_\mathrm{w}/a)^2}\right]^2\right\} \leq 1 \quad \left(\frac{a}{h_\mathrm{w}} \leq 1\right) \quad (2\text{-}44\mathrm{b})$$

b) 设置一道纵向加劲肋时,横向加劲肋的间距 a 应满足下式要求:

$$\left(\frac{h_\mathrm{w}}{100 t_\mathrm{w}}\right)^4 \left\{\left(\frac{\sigma}{900}\right)^2 + \left[\frac{\tau}{120 + 58(h_\mathrm{w}/a)^2}\right]^2\right\} \leq 1 \quad \left(\frac{a}{h_\mathrm{w}} > 0.8\right) \quad (2\text{-}44\mathrm{c})$$

$$\left(\frac{h_\mathrm{w}}{100 t_\mathrm{w}}\right)^4 \left\{\left(\frac{\sigma}{900}\right)^2 + \left[\frac{\tau}{90 + 77(h_\mathrm{w}/a)^2}\right]^2\right\} \leq 1 \quad \left(\frac{a}{h_\mathrm{w}} \leq 0.8\right) \quad (2\text{-}44\mathrm{d})$$

c) 设置两道纵向加劲肋时,横向加劲肋的间距 a 应满足下式要求:

$$\left(\frac{h_\mathrm{w}}{100 t_\mathrm{w}}\right)^4 \left\{\left(\frac{\sigma}{3000}\right)^2 + \left[\frac{\tau}{187 + 58(h_\mathrm{w}/a)^2}\right]^2\right\} \leq 1 \quad \left(\frac{a}{h_\mathrm{w}} > 0.64\right) \quad (2\text{-}44\mathrm{e})$$

$$\left(\frac{h_\mathrm{w}}{100 t_\mathrm{w}}\right)^4 \left\{\left(\frac{\sigma}{3000}\right)^2 + \left[\frac{\tau}{140 + 77(h_\mathrm{w}/a)^2}\right]^2\right\} \leq 1 \quad \left(\frac{a}{h_\mathrm{w}} \leq 0.64\right) \quad (2\text{-}44\mathrm{f})$$

上述式中:t_w——腹板厚度(mm);

σ——作用基本组合下的受压翼缘处腹板正应力(MPa);

τ——作用基本组合下的腹板剪应力(MPa)。

c. 腹板横向加劲肋惯性矩应满足下式要求:

$$I_\mathrm{t} \geq 3 h_\mathrm{w} t_\mathrm{w}^3 \tag{2-45}$$

式中:I_t——单侧设置横向加劲肋时,加劲肋对与腹板连接线的惯性矩;双侧对称设置横向加劲肋时,加劲肋对腹板中心线的惯性矩。

d. 腹板纵向加劲肋惯性矩应满足下式要求:

$$I_l \geq \xi_l h_\mathrm{w} t_\mathrm{w}^3 \tag{2-46a}$$

$$\xi_l = \left(\frac{a}{h_\mathrm{w}}\right)^2 \left[2.5 - 0.45 \left(\frac{a}{h_\mathrm{w}}\right)\right] \leq 1.5 \tag{2-46b}$$

式中:I_l——单侧设纵向加劲肋时,加劲肋对于腹板连接线的惯性矩;双侧对称设置纵向加劲肋时,加劲肋对腹板中心线的惯性矩;

a——腹板横向加劲肋间距。

③支点局部承压

组合梁在支座区域的支承加劲肋应满足下列要求:

$$\gamma_0 \frac{R_\mathrm{v}}{A_\mathrm{s} + B_\mathrm{eb} t_\mathrm{w}} \leq f_\mathrm{cd} \tag{2-47a}$$

$$\gamma_0 \frac{2 R_\mathrm{v}}{A_\mathrm{s} + B_\mathrm{ev} t_\mathrm{w}} \leq f_\mathrm{d} \tag{2-47b}$$

式中:R_v——支座反力设计值;

A_s——支承加劲肋面积之和;

t_w——腹板厚度;

B_{eb}——腹板局部承压有效计算宽度，$B_{eb} = B + 2(t_f + t_b)$；

B——上支座宽度；

t_f——下翼板厚度；

t_b——支座垫板厚度；

B_{ev}——腹板有效宽度（图2-76），当设置一堆支承加劲肋并且加劲肋距梁端距离不小于12倍腹板厚时，有效计算宽度按24倍腹板厚计算；设置多对支承加劲肋时，按每对支承加劲肋求得的有效计算宽度之和计算，但相邻支承加劲肋之间的腹板有效计算宽度不得大于加劲肋间距。

$$\begin{cases} B_{ev} = (n_s - 1)b_s + 24t_w & (b_s < 24t_w) \\ B_{ev} = 24n_s t_w & (b_s \geq 24t_w) \end{cases} \quad (2\text{-}48)$$

式中：n_s——支承加劲肋对数；

b_s——支承加劲肋间距。

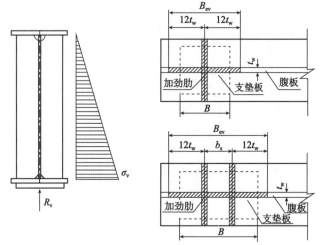

图2-76 支承加劲肋的腹板有效计算宽度

（3）连接

①高强螺栓

高强螺栓应对称于构件的轴线布置。螺栓的间距应符合表2-25的规定。设计时应注意以下事项：

a. 表中符号d_0为螺栓的孔径，t为螺栓含部分外层较薄钢板或型钢的厚度。

b. 表中所列"靠边行列"系指沿板边一行的螺栓；对于角钢，距角钢背最近一行的螺栓线也作为"靠边行列"。

c. 有角钢镶边的翼肢上交叉排列的螺栓，其靠边行列最大中心间距可取$14d_0$或$32t$中的较小者。

d. 由两个角钢或两个槽钢中间夹以垫板或垫圈并用螺栓连接组成的构件，顺内力方向的螺栓之间的最大中心间距，对于受压或受压-拉构件规定为$40r$，不应大于160mm；对于受拉构件规定为$80r$，不应大于240mm。其中r为一个角钢或槽钢平行于垫板或垫圈所在平面轴线的回转半径。

螺栓的容许间距 表2-25

尺寸名称	方向		构件应力种类	容许间距	
				最大	最小
螺栓中心间距	沿对角线方向		拉力或压力		$3.5d_0$
	靠边行列			$7d_0$ 和 $16t$ 的较小者	
	中间行列	垂直内力方向		$24t$	$3d_0$
		顺内力方向	拉力	$24t$	
			压力	$16t$	

②焊钉连接件

抗剪连接件的设置应符合下列规定：

a. 栓钉连接件钉头下表面或槽钢连接件上翼缘下表面高出桥面板底部钢筋顶面不宜小于30mm。

b. 连接件沿梁跨度方向的最大间距不宜大于混凝土桥面板（包括承托）厚度的4倍，且不应大于400mm。

c. 连接件的外侧边缘与钢梁翼缘边缘之间的距离不应小于30mm。

d. 连接件的外侧边缘至混凝土桥面板边缘间的距离不应小于100mm。

e. 连接件顶面的混凝土保护层厚度不应小于15mm。

f. 当栓钉位置不正对钢梁腹板时，如钢梁上翼缘承受拉力，则栓杆直径不应大于钢梁上翼缘厚度的1.5倍；如钢梁上翼缘不承受拉力，则栓钉杆直径不应大于钢梁上翼缘厚度的2.5倍。

g. 栓钉长度不应小于其杆径的4倍，并不宜超过其杆径的6倍。

h. 栓钉沿梁轴线方向的间距不应小于杆径的6倍；垂直于梁轴线方向的间距不应小于杆径的4倍；当栓钉间距较小时，应计入群钉效应。

③开孔板连接件

开孔板连接件的设置应符合下列规定：

a. 开孔间距应大于2.25倍开孔直径。

b. 孔板间距大于1.25倍开孔板高度时，开孔板连接件的抗剪承载力可按实际开孔数量乘以单孔承载力。

c. 横向贯通钢筋直径不应大于开孔直径的1/2。

d. 开孔板与钢梁之间的焊接应采用双面角焊缝。

(4)其他构造要求

a. 钢-混凝土组合桥梁应根据结构的特点，结合桥址处的环境条件，从结构整体的耐久性观点进行构造设计。

b. 钢梁结合面在浇筑（或安装）混凝土桥面板前应清除铁锈、焊渣、冰层、积雪、泥土和其他杂物。

c. 钢梁结合面边缘30mm范围内应进行防腐涂装。

d. 当桥面板采用预制钢筋混凝土桥面板时，应采取措施使预制板与钢梁间密贴，满足防水要求。

2.4.3 设计实例

(1) 项目概况

湘府路位于长沙市南部,为一条东西走向的城市快速路,如图 2-77 所示。主路范围西起湘府路大桥引桥段,东至红旗路东侧,全长约 11.85km;辅路范围西起新开铺路,东至红旗路东侧,全长约 11.95km。湘府路西侧接现状湘府路大桥东岸跨线桥,东侧接规划浏阳河桥。湘府路沿线经过湘江大道、新开铺路、新姚中路、芙蓉南路、韶山路、洞井路、万家丽路、白沙湾路、京珠高速公路、新花侯路和红旗路等多条干路,桥梁全长9024m,桥梁总面积400090m²,钢板总用量约6万 t。

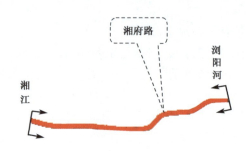

图 2-77 长沙湘府路快速化改造项目位置示意图

(2) 设计方案

主线桥梁上下部采用预制结构,主线桥标准跨径 30m,如图 2-78 所示,断面布置如图 2-79 ~ 图 2-81 所示。

图 2-78 主线高架桥效果图

主梁采用钢-混凝土组合连续梁,标准跨径 30m,按 3 ~ 4 跨一联布置,主梁总高 1.4m,其中钢梁高 1.1m,混凝土桥面板厚 0.3m(0.1m 预制、0.2m 现浇),标准梁间距 2.3m。设 0.7m 厚边支点混凝土横梁和 1.2m 厚中支点混凝土横梁,跨中无横隔。单根预制梁(含混凝土桥面板)质量约 50t,采用整根起吊安装。钢梁断面为工字形,顶板厚 16mm、宽 400mm,腹板厚 16mm 且不设竖向加劲肋,底板厚 32 ~ 44mm、宽 600 ~ 900mm。钢梁支点区采用开孔钢板连接件与混凝土支点横梁连接,顶板采用圆柱头焊钉与混凝土桥面板连接。

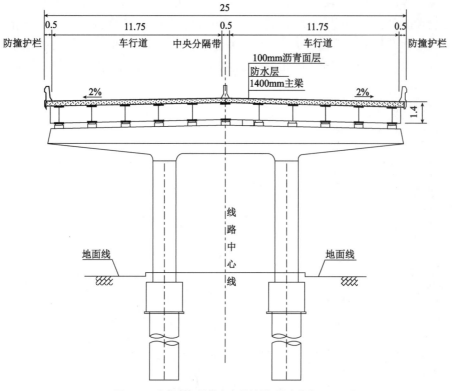

图 2-79 主线高架桥横向布置总图(尺寸单位:m)

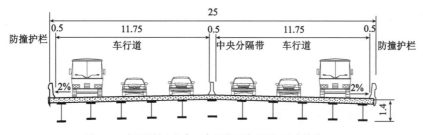

图 2-80 钢-混凝土组合工字梁断面布置图(尺寸单位:m)

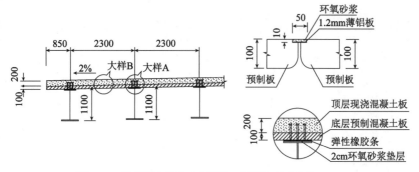

图 2-81 钢-混凝土组合工字梁断面大样图(尺寸单位:mm)

盖梁及立柱设计采用预制装配式混凝土结构。盖梁高 1.0～2.1m,纵向厚 2.0m。标准盖梁采用分块预制,最大吊重为 160t,预制节段间设现场湿接缝。标准立柱截面边长 1.6m,最大吊重为 100t。标准基桩采用直径 2m 的钻孔灌注桩,一立柱配一桩。基桩与墩柱之间设置现浇承台,平面边长 2.5m,高 2m。墩柱与承台、盖梁与墩柱之间通过灌浆套筒方式连接。

(3) 主梁结构计算

①主梁设计荷载

设计荷载信息见表 2-26。

设计荷载信息表　　　　　　　　　　　　　　　　表 2-26

设计荷载	活载	城-A 级,双向六车道
	整体温度	整体升温 25℃,整体降温 30℃
	梯度温度	混凝土板升降温 10℃
材料	钢材	Q345qD
	普通钢筋	HRB400
	混凝土	C50 混凝土,重度为 26kN/m³
	防撞护栏	混凝土护栏,单侧线集度为 12kN/m,中间带为 9kN/m
	桥面铺装	10cm 沥青混凝土,重度为 24kN/m³
	声屏障	单侧线集度为 3kN/m

②计算采用的施工步骤

a. 吊装钢梁及底层预制桥面板,并在中横梁处用锚固螺栓连接。

b. 浇筑底层桥面板现浇段及顶层桥面板混凝土。

c. 浇筑横梁混凝土。

d. 完成铺装、护栏。

e. 全桥竣工。

③施工过程计算结果

a. 预制梁吊装结束

钢梁上、下缘应力如图 2-82、图 2-83 所示。

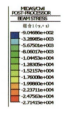

图 2-82　钢梁上缘应力(单位:kPa)

b. 浇筑桥面板

钢梁上、下缘应力如图 2-84、图 2-85 所示。

c. 二期恒载

钢梁上、下缘应力如图 2-86、图 2-87 所示。

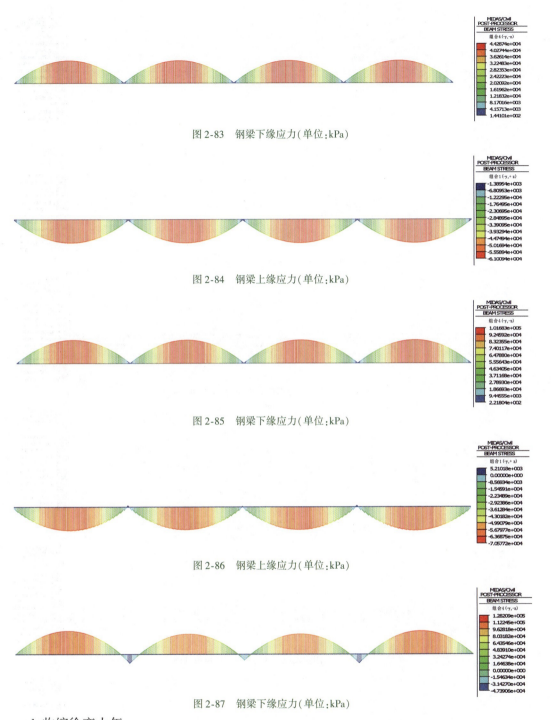

图 2-83　钢梁下缘应力(单位:kPa)

图 2-84　钢梁上缘应力(单位:kPa)

图 2-85　钢梁下缘应力(单位:kPa)

图 2-86　钢梁上缘应力(单位:kPa)

图 2-87　钢梁下缘应力(单位:kPa)

d. 收缩徐变十年

钢梁上、下缘应力如图 2-88、图 2-89 所示。

④使用阶段计算结果

计算结果如图 2-90 ~ 图 2-96 所示。

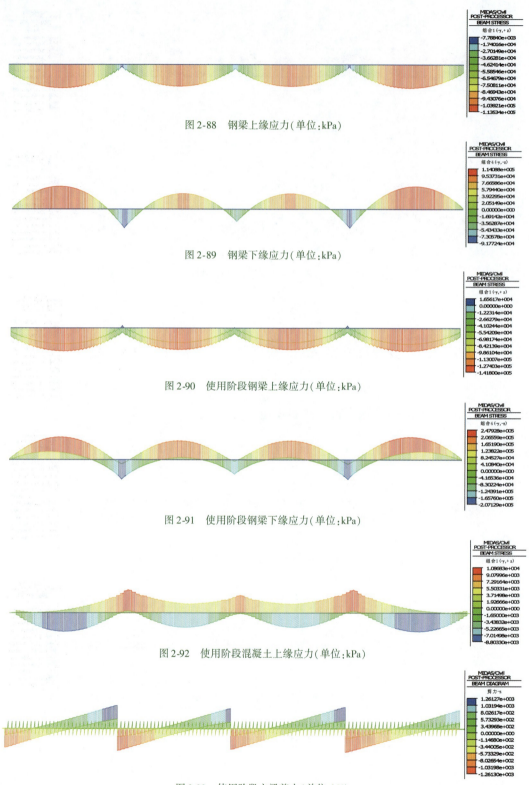

图 2-88　钢梁上缘应力(单位:kPa)

图 2-89　钢梁下缘应力(单位:kPa)

图 2-90　使用阶段钢梁上缘应力(单位:kPa)

图 2-91　使用阶段钢梁下缘应力(单位:kPa)

图 2-92　使用阶段混凝土上缘应力(单位:kPa)

图 2-93　使用阶段主梁剪力(单位:kN)

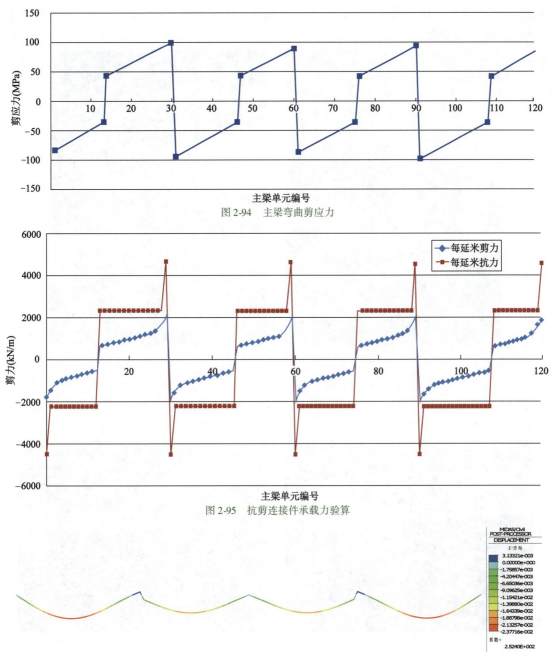

图 2-94 主梁弯曲剪应力

图 2-95 抗剪连接件承载力验算

图 2-96 静活载下竖向位移验算(单位:m)

根据以上结果,钢梁正应力均小于270MPa,剪应力均小于160MPa,满足规范要求。桥面板混凝土在基本组合作用下上缘最大压应力为8.8MPa,正常使用极限状态下最大裂缝宽度为0.14mm,静活载下竖向位移为0.0238m(1/1261),以上结果均满足规范要求。

(4)结构施工

①组合梁制造

组合梁的钢梁部分在钢结构加工厂制造完成(图2-97)。工字梁构造简单、板件数、焊缝数量少,生产速度较快。钢梁出厂前,需完成外表防腐油漆层的喷涂,最后一道面漆在组合梁整体施工完成后喷涂。

图 2-97　钢梁加工及钢梁堆放

钢梁加工完成后,运输至混凝土施工车间。将钢梁摆放至预制台座上,安装桥面底模钢板(图 2-98),绑扎钢筋,浇筑 0.1m 厚预制混凝土桥面板。然后覆盖篷布,在篷布棚内采用蒸汽养护(图 2-99),养护温度不低于 60℃,养护 2d。

图 2-98　混凝土桥面板底模　　　　图 2-99　混凝土预制桥面板蒸汽养护

②组合梁安装

将第一次组合完成的工字梁运输至现场,采用汽车式起重机安装至桥位(图 2-100)。组合梁的平面安装精度需控制在 ±10mm 以内,一跨安装完成后再封闭桥面板之间的缝隙(图 2-101)。

③桥面板浇筑

组合梁安装完毕后即形成了整体桥面板施工的工作面,在现场绑扎桥面板钢筋网(图 2-102),浇筑面层混凝土。在施工时需特别注意现场安装钢筋与焊钉及第一层桥面板预埋钢筋的相对关系,保证钢筋的锚固传力。

④成桥

组合工字梁的主体结构施工完成后,再施工附属工程。成桥后从外观来看,组合工字梁由于结构自重轻,其盖梁及立柱的形体相对其他混凝土预制梁的下部结构显得纤细,上下部整体给人感觉更加轻盈(图2-103)。

图2-100 钢-混组合工字梁现场安装

图2-101 主梁安装完成后的桥下

图2-102 桥面板钢筋绑扎

图2-103 成桥运营状态照片

第 3 章
CHAPTER 3

下部结构

3.1 概述

桥墩、桥台和基础三部分构成桥梁下部结构,它们的主要作用是承受上部结构传来的荷载,并通过基础将此荷载及本身自重传递到地基上。

桥墩一般指多跨桥梁的中间支撑结构物,它除承受上部结构传来的竖直力、水平力和弯矩外,还要承受风力、流水压力以及可能出现的车辆、冰、船只、排筏或漂浮物的撞击力等。

桥台一般指桥头两端设置的支承与挡土的结构物,它既要支承上部结构,又要衔接两岸接线路堤、挡土护岸、承受台背填土及填土上汽车引起的土侧压力等。

基础是指桥墩、桥台直接与底层接触的最下面部分。在基础底面下,承受由基础传来的荷载的全部地层(土层或岩层)称为地基。地基是桥梁基础的立脚点。

桥墩、桥台和基础本身应有足够的强度、刚度和稳定性,以保证桥梁的安全、耐久和正常使用。桥梁上、下部结构是一个整体,在墩台与基础的设计中要紧密结合上部结构的特点与要求,全面分析,并考虑河流对桥墩(台)基础的冲刷和壅水影响,满足桥下通航或通车的要求。不同的桥梁结构对桥墩、桥台及地基的承载能力、水平位移、转动和沉降量、地基与基础之间的摩阻力都有一定的要求。应避免在荷载作用下发生过大的位移与沉降,这在超静定桥梁结构中尤为重要。

一般来说,桥墩占全桥梁造价的 10% ~ 20%,基桩工程量受地基条件影响较大,部分工程中占全桥梁造价的比例可超过 30%。考虑到预制小箱梁、T 梁、板梁等预制上部结构已得到大范围的应用,施工工艺成熟,上部结构施工费用已稳定在较低的水平,高架桥梁或者高速公路桥梁等长幅桥梁中,桥墩数量多,采用现浇方式施工,需要多点作业,施工影响面大,施工时间长,尤其在道路改建工程中,须在维持通车条件下施工,但在施工过程中必然会影响交通,产生拥堵。因此,如何进一步推广下部结构预制安装技术的应用成为近年行业内关注的问题。

3.2 桥墩

3.2.1 发展背景

从 20 世纪 70 年代开始,欧洲、美国、日本等国家就开始了预制拼装下部结构的实际工程应用。1971年,美国得克萨斯州首次引入节段预制拼装桥墩,用于科珠斯克里斯蒂(Corpus Christi)城跨越肯尼迪(JFK)堤道公路桥。节段预制拼装施工技术将大部分的施工作业由现场转移到预制工厂,极大地提高了施工效率,缩短了施工工期,显著降低了对既有交通的影响和对周边生态环境的冲击。北卡罗来纳州的莱因海湾高架桥(Linn Cove Viaduct)的墩柱正是考虑环境的影响而采用节段预制拼装技术。早期的节段预制拼装下部结构构件之间通常采用有黏结或无黏结后张预应力筋连接的方式,并配合使用现浇混凝土湿接缝、砂浆填充压密接缝或环氧胶接缝。但由于对节段预制拼装桥梁下部结构的抗震性能缺乏研究,以及没有可供参考的设计规范,美国仅在非地震区或低烈度区使用这种结构。

2000年,AASHTO成立了技术小组专门研究预制桥梁构件和体系,并提出了普通钢筋连接器连接、灌浆导管连接、后张预应力连接、插槽式连接及承插式连接等各种可靠且方便使用的连接形式,最终形成了一整套快速桥梁施工技术。近年来,为了将节段预制拼装桥梁下部结构推广至中震甚至高震区,众多学者对如何提高其抗震性能展开了系统的研究。随着研究的深入,美国各地预制拼装桥梁下部结构项目也不断开展,预制承台、桥台、墩柱、盖梁及相邻预制节段的连接技术得到了很大程度的推广,美国有代表性的节段预制拼装桥梁下部结构见表3-1。

美国有代表性的节段预制拼装桥梁下部结构　　　　　　表3-1

桥　名	地点	时间	预制构件	连接形式	使用目的
圣马特奥-海沃德大桥 (San Mateo-Hayward Bridge)	加利福尼亚州	1999年	承台桩	钢筋连接器 (灌浆套筒)	加快施工进度
爱迪生桥 (Edison Bridge)(图3-1)	佛罗里达州	2005年	盖梁 墩柱	钢筋连接器 (灌浆套筒)	加快施工进度
起亚大桥 (Kia Boulevard Bridge)	佐治亚州	2010年	盖梁 墩柱	钢筋连接器 (灌浆套筒)	加快施工进度
布鲁克斯维尔全预制桥 (All-Precast Bridge in Brooksville)	缅因州	2005年	桥台	后张预应力	考虑环境影响
侨福大道桥 (Parkview Avenue Bridge)	密歇根州	2009年	墩柱桥台 盖梁	灌浆导管 (金属波纹管)	降低交通影响
跨威彻斯特高速公路高架桥 (Cross Westchester Expressway Viaducts)	纽约州	1996年	墩柱	后张预应力	降低交通影响
跨米尔街桥 (Mill Street Crossing Bridge)	新罕布什尔州	2002年	承台 桥台	钢筋连接器 (灌浆套筒)	加快施工进度
红鱼湾和莫里斯-卡明斯切桥 (Red Fish Bay and Morris-Cummings Cut Bridge)(图3-2)	得克萨斯州	1994年	承台桩	插槽式连接	减少水面施工
卢埃塔路立交桥 (Louetta Road Overpass)(图3-3)		1998年	墩柱	后张预应力	加快施工进度

续上表

桥　名	地点	时间	预制构件	连接形式	使用目的
美国290联邦高速公路E-3匝道 （U.S. 290 Ramp E-3）		2008年	盖梁	灌浆导管 （金属波纹管）	影响桥下净空
雷哈伯德湖大桥 （Lake Ray Hubbard Bridge）	得克萨斯州	2002年	盖梁	灌浆导管 （金属波纹管）	提高施工安全
贝尔顿湖大桥 （Lake Belton Bridge）		2004年	盖梁	灌浆导管 （金属波纹管）	加快施工进度
里弗代尔公路桥 （Riverdale Road Bridge）	犹他州	2008年	盖梁 墩柱	后张预应力	加快施工进度
美国I-5州际高速公路大丘到梅墩I/C2跨 （I-5 Grand Mount to Maytown I/C2-span）（图3-4）	华盛顿州	2011年	墩柱	承插式灌浆导管 （金属波纹管）	加快施工进度

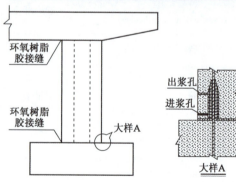

图3-1　佛罗里达州Edison Bridge桥灌浆套筒连接构造

图 3-2　美国得克萨斯州 Red Fish Bay 桥承插式连接构造

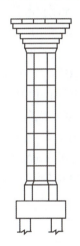

图 3-3　美国得克萨斯州 Louetta Road Overpass 桥预应力连接构造

图 3-4　美国华盛顿州 I-5 Grand Mount to Maytown 桥 2 阶段金属波纹管连接构造

美国联邦公路局通过对实际工程的总结和多年的研究,已经制定出了关于桥墩预制和施工的详细手册,用于指导快速桥梁施工建造。

日本最早于1994年由多所大学及企业的研究人员组成研究团体,开展了第一阶段的城市高架桥桥墩预制拼装技术的研究。日本国内城市高架桥已成为大城市中的骨干交通设施,其建设特别是桥墩的施工合理化已成为一个紧迫而重要的课题。在城市内建设高架桥时,难以确保新的建设用地,一般利用原有道路的中央分隔带,其桥墩的规划、设计和施工受到多种因素的制约:①规划道路的线形条件和街道的净空限制了桥墩的尺寸;②立体路面结构的区间多,桥墩形状复杂;③街道交叉点上,大跨径的高架桥对桥墩有较大的反作用力;④施工接近一般的城市道路交通和住宅区域,施工场地受到限制,要求合理的施工与高度安全。针对这些条件,日本城市高架桥桥墩的结构形式多采用预制拼装混凝土桥墩或钢桥墩。目前,日本公共工程研究所与鹿岛建设、三井住友建设和三菱建设三家公司对新型拼装混凝土墩进行了联合研究,并于2010年推出了《拼装混凝土桥墩的抗震设计准则》,以指导工程实践。

我国于20世纪90年代初开始了预制拼装墩柱的研究,早期的工程项目主要集中在跨海或跨江桥梁中。东海大桥3标段非通航孔70m连续梁段,除岛墩现浇外,均为预制拼装墩柱,墩柱截面均为矩形薄壁空心墩(图3-5);杭州湾跨海大桥中北引桥、南引桥除个别高墩外,均采用了预制拼装墩柱;上海长江大桥105m和70m跨的墩柱采用了预制拼装技术;港珠澳大桥CB05标非通航孔桥承台墩身均采用工厂化预制生产;此外,舟山金塘大桥非通航孔间墩柱也采用了预制拼装技术,降低了施工难度和风险。这些工程有一个共同特点:混凝土运输难度大,有效施工时间短。在建设中都采用了现浇湿接缝接头连接预制墩身的做法,分别在承台顶部、预制墩身底部预留连接钢筋,墩身吊装就位后完成钢筋的现场焊接,浇筑连接段混凝土。实践证明,采用预制墩柱工艺能有效地减少海上作业时间,保证海上施工的安全和质量,确保桥梁在计划施工工期内顺利完成。但由于截面尺寸较大,需要连接的预留钢筋根数较多,现场焊接工作量大。湿接缝浇筑后需要等待混凝土凝固,制约了建设速度的提升,不利于在城市桥梁下部结构建造中推广采用。

图3-5 东海大桥海上段桥墩预制墩身节段拼装图

2000年开始,上海市城市建设设计研究总院(集团)有限公司(以下简称"上海城建设计集团")联同建设单位、施工单位和科研院校基于国际预制装配技术的创新趋势,依托"上海工业化装配化市政工程技术研究中心"和多项实际工程项目,开展了大量全预制装配式桥梁技术的系统研究,尤其是灌浆套筒、灌浆金属波纹管为主的桥梁下部结构预制装配技术,并于2012年在上海S6公路工程中首次进行了桥梁预制装配的试验性应用,2014年在上海嘉闵高架(G2~S6)工程中加以推广和应用,取得了非常好的综合效益。之后,该项技术相继在黑龙江、吉林、四川成都、湖南长沙、浙江绍兴、河北天津、深圳、福建福州等地进行了试验性及规模化推广性的工程应用。

目前国内兴起了预制装配桥梁结构研究热潮,各个机构科研人员开发并测试了大量预制桥墩连接形式,包括灌浆套筒、灌浆金属波纹管、承插式、插槽式、预应力连接、螺栓法兰连接、湿接缝(含UHPC湿接缝)等(图3-6)。对于高墩或大尺寸桥墩立柱,可采用分节段预制装配。

与此同时,国内预制拼装盖梁的研究和应用突飞猛进,盖梁与桥墩墩柱可以采用同样的连接形式,但盖梁结构重量远大于墩柱,为了克服运输和吊装的困难,目前盖梁预制装配方式主要有整体预制,下层预制、上层现浇,横向分段湿接缝连接和横向分段悬臂胶接拼装等几种。随着城市的快速发展,盖梁的预制装配,尤其是大悬臂、大吨位盖梁的预制装配可以大幅改善盖梁施工过程对环境及现状交通的影响,其经济、技术优势也逐渐在工程应用中得以体现(图3-7)。

a) 灌浆套筒连接

b) 灌浆金属波纹管连接

图 3-6

c) 插槽式连接

d) UHPC湿接段连接　　　　　　　　e) 湿接缝连接

f) 承插式连接　　　　　　　　g) 预应力连接

图 3-6　各种预制装配连接形式

a)整体预制盖梁(上海S3工程)

b)分层预制盖梁(上海嘉闵高架)

c)分层预制+湿接缝盖梁(上海S26工程)

d)分段悬臂拼装预制盖梁(上海S26、上海S7工程)

图 3-7　各种预制盖梁拼装模式

3.2.2　力学性能研究

3.2.2.1　立柱接头抗震性能研究

(1) 研究方法

区别于现浇桥墩,预制桥墩的力学性能主要体现在连接构造的性能上。其中主要包括了预制立柱连接构造的连接强度、抗震性能等。对于连接接头,目前大量学者采用的是拟静力试验的方法,并配合各种计算理论对试验结果进行分析。在拟静力试验中,通常将立柱固定在试验台上,竖直方向上施加固定荷载,水平方向上按照力的循环加载模式或者位移循环加载模式,即水平力按照给定数值不断循环增大,或者水平位移按照给定数值不断循环增大,直到结构破坏(图3-8、图3-9)。试验中,记录结构的五水准破坏模式,作为静力分析基础;记录荷载位移曲线,绘制滞回曲线,计算各种延性参数,作为抗震能力分析的基础。

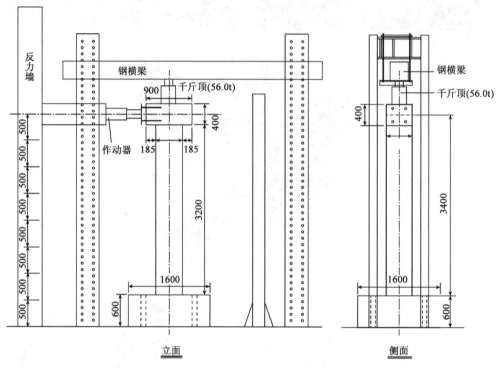

图3-8 加载装置示意图(尺寸单位:mm)

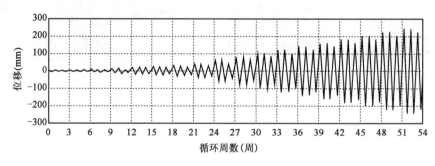

图3-9 试件加载位移制度示意图

(2)各种接头的试验结论

①有黏结预应力钢绞线连接预制桥墩

图3-10给出典型有黏结预应力钢绞线连接预制桥墩的拟静力往复加载试验力-位移曲线

(通常称为滞回环),从图中可以看出,与现浇混凝土桥墩滞回环比较,有黏结预应力钢绞线连接预制桥墩具有相近的位移变形能力和较弱的耗能能力,残余变形也较小,属于不等同现浇混凝土桥墩的连接类型。

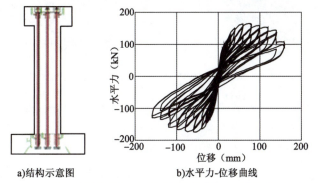

图 3-10 有黏结预应力钢绞线连接预制桥墩的拟静力往复加载试验力-位移曲线

②灌浆套筒连接预制桥墩地震作用下的力学性能

图 3-11 给出典型灌浆套筒连接预制桥墩的拟静力往复加载试验力-位移曲线,从图中可以看出,与现浇混凝土桥墩滞回环相近,灌浆套筒连接预制桥墩具有相近的位移变形能力和耗能能力;试验表明,套筒设置在承台,预制墩破坏模式与现浇相似,而套筒设置在墩身,会在塑性铰区域形成两个变形集中的主裂缝,一个位于拼接缝,一个位于套筒顶端,套筒高度范围内几乎没有裂缝出现,这意味着灌浆套筒连接预制墩具有与现浇混凝土桥墩相近的抗震性能,近似于现浇混凝土桥墩的连接类型。

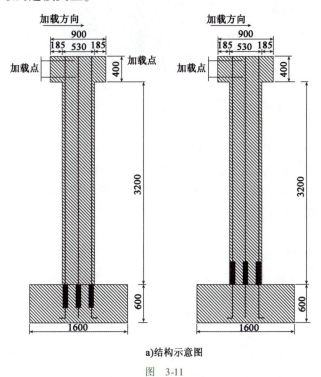

a)结构示意图

图 3-11

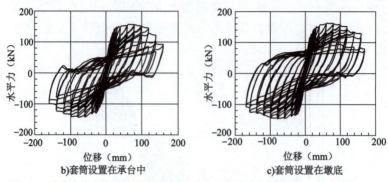

图 3-11　灌浆套筒连接预制桥墩的拟静力往复加载试验力-位移曲线(尺寸单位:mm)

③灌浆波纹管连接预制桥墩地震作用下的力学性能

图 3-12 给出典型灌浆波纹管连接预制桥墩的拟静力往复加载试验力-位移曲线,从图中可以看出,与现浇混凝土桥墩滞回环相近,灌浆波纹管连接预制桥墩具有相近的位移变形能力和耗能能力;试验表明,灌浆波纹管设置在承台或盖梁内,对墩身塑性铰区域的影响很小,其预制墩破坏模式与现浇相似,这意味着灌浆套筒连接预制墩具有与现浇混凝土桥墩相近的抗震性能,近似于现浇混凝土桥墩的连接类型。

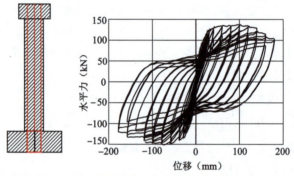

图 3-12　灌浆波纹管连接预制桥墩的拟静力往复加载试验力-位移曲线

④承插式连接预制桥墩

图 3-13 给出典型承插式连接预制桥墩的拟静力往复加载试验力-位移曲线,从图中可以看出,采用承插式连接的预制拼装桥墩-承台结构,在设计满足承插式连接构造要求的情况下,其一方面能够满足结构在正常使用荷载条件下对竖向承载力的要求,而另一方面也具备与传统现浇钢筋混凝土桥墩相近的抗震性能,等同于现浇混凝土桥墩的连接类型。

⑤插槽式连接预制桥墩

图 3-14 给出典型插槽式连接预制桥墩的拟静力往复加载试验力-位移曲线,从图中可以看出,采用插槽式连接的预制拼装桥墩,在合理设计且满足插槽式连接构造要求的前提下,可以获得与传统现浇钢筋混凝土桥墩相近的抗震性能,等同于现浇混凝土桥墩的连接类型。

(3)延性系数分析

对国内外学者开展预制拼装立柱抗震性能试验研究数据的汇总,主要是灌浆套筒连接和灌浆波纹管连接的数据,少量承插式或插槽式连接的数据见表 3-2。

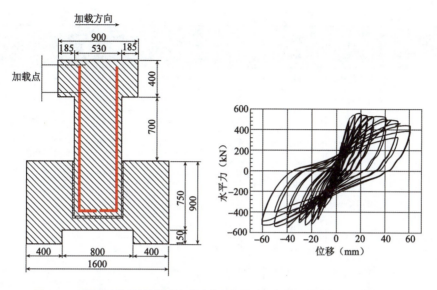

图 3-13 承插式连接预制桥墩的拟静力往复加载试验力-位移曲线(尺寸单位:mm)

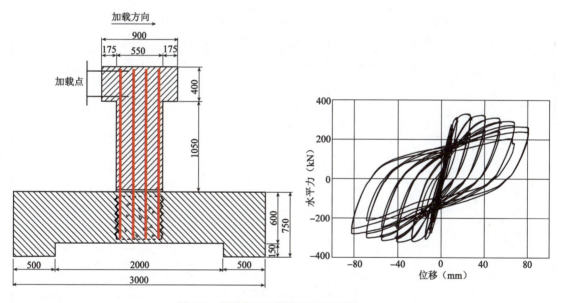

图 3-14 插槽式连接预制桥墩(尺寸单位:mm)

试验数据统计汇总表　　表 3-2

试件编号	类 型	墩高 (mm)	剪跨比	轴压比 (%)	实测极限位移 (mm)	试件来源
现浇 1-1	现浇	340	6.42	7.89	16.04	同济大学,上海市城市建设设计研究总院,上海公路投资建设发展有限公司.预制拼装立柱抗震性能研究报告[R].2013—2015
现浇 1-2	现浇	340	6.42	7.89	19.06	
套筒 1-1	承台套筒	340	6.42	7.89	13.38	

续上表

试件编号	类型	墩高（mm）	剪跨比	轴压比（%）	实测极限位移（mm）	试件来源
套筒1-2	柱内套筒	340	6.42	7.89	15.08	同济大学,上海市城市建设设计研究总院,上海公路投资建设发展有限公司.预制拼装立柱抗震性能研究报告[R].2013—2015
套筒1-3	柱内套筒	340	6.42	7.89	17.18	
套筒1-4	柱内套筒	340	6.42	15.77	11.73	
波纹管1	承台波纹管	340	6.42	7.89	16.30	
现浇2	现浇	295	5.57	6.02	17.53	
套筒2-1	承台套筒	295	5.57	6.02	20.37	
套筒2-2	柱内套筒	295	5.57	6.02	13.43	
套筒2-3	承台套筒	330	4.13	6.00	20.90	
现浇3-1	现浇	200	4.00	4.66	12.89	黄宜.装配式钢筋混凝土桥墩抗震性能研究[D].大连:大连理工大学,2016
现浇3-2	现浇	200	4.00	4.66	11.96	
现浇3-3	现浇	200	4.00	4.66	12.00	
套筒3-1	承台套筒	200	4.00	4.66	10.59	
套筒3-2	承台套筒	200	4.00	4.66	10.59	
套筒3-3	承台套筒	200	4.00	4.66	11.70	
波纹管4-1	承台波纹管	200	4.00	4.66	10.45	黄宜.装配式钢筋混凝土桥墩抗震性能研究[D].大连:大连理工大学,2016
波纹管4-2	承台波纹管	200	4.00	4.66	10.39	
波纹管4-3	承台波纹管	200	4.00	4.66	11.53	
现浇4	现浇	265	5.30	6.00	7.15	刘志杭,等.西曲阜大桥预制与现浇墩柱抗震性能对比试验研究[J].山东交通学院学报,2018
套筒4	柱内套筒	265	5.30	6.00	8.19	
现浇5	现浇	244	5.13	6.00	19.95	M. J. Ameli, etc. Seismic analysis of precast concrete bridge columns connected with grouted splice sleeve connectors [J]. Journal of Structural Engineering,2017,143(2):1-13
套筒5-1	柱内套筒	244	5.13	6.00	19.43	
套筒5-2	承台套筒	244	5.13	6.00	15.70	
套筒5-3	柱内套筒	244	5.13	6.00	19.40	
现浇6	现浇	274	4.50	11.18	27.63	Z. B. Haber, etc. Seismic performance of precast columns with mechanically spliced column-footing connections [J]. ACI Structural Journal, 2014 (111):1-6
套筒6	柱内套筒	274	4.50	11.24	18.68	

续上表

试件编号	类型	墩高（mm）	剪跨比	轴压比（%）	实测极限位移（mm）	试件来源
现浇7	现浇	290	5.80	7.03	11.71	
波纹管2	承台波纹管	290	5.80	7.03	11.14	
现浇8	现浇	240	4.80	7.11	9.94	
波纹管3	承台波纹管	240	4.80	7.11	9.63	
现浇9	现浇	340	6.42	7.89	11.06	
套筒7-1	柱内套筒	278	3.97	7.54	16.35	同济大学,上海市城市建设设计研究总院,上海公路投资建设发展有限公司,上海应用技术大学.预制拼装立柱抗震性能研究报告[R].2013—2018
套筒7-2	柱内套筒	278	3.97	7.54	13.05	
套筒7-3	柱内套筒	278	3.97	7.54	14.23	
其他1-1	承台套筒	45	0.85	7.89	4.45	
其他1-2	承台套筒	45	0.85	7.89	2.98	
其他2-1	现浇	90	1.70	7.89	4.76	
其他2-2	承插式	90	1.70	7.48	6.63	
其他3-1	现浇	125	2.27	7.92	6.85	
其他3-2	插槽式	125	2.27	8.17	7.75	

依据表中统计的数据,将试验结果绘制于图3-15(图中是按相同条件下预制桥墩与现浇混凝土桥墩的位移延性按公式 $K = \dfrac{\Delta_p}{\Delta_{u,实测} - \Delta_y}$ 计算的安全系数比值,Δ_p 为塑性转动位移,定义安全系数比 $= K_{预测}/K_{现浇}$),可以发现,延性安全系数比值的统计均值介于1.1~1.25之间,将其数值乘以当前规范给出的安全系数 $K = 2.0$,即得到预制拼装桥墩的安全系数数值。同时表明套筒设置于承台内相比设置在墩身塑性铰区内的抗震性能要更好一些。采用灌浆套筒或灌浆金属波纹管连接的预制拼装混凝土桥墩,其抗震性能与现浇混凝土桥墩的抗震性能相比,基本相近或略弱。

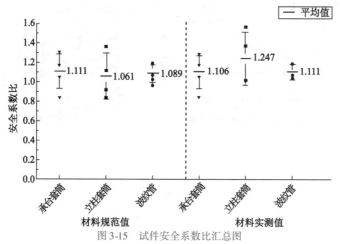

图3-15 试件安全系数比汇总图

注:图中的三角形和方块等符号代表各个案例计算出来的安全系数比。

3.2.2.2 胶接缝盖梁力学性能研究

胶接缝盖梁接缝形式类似于节段梁,但盖梁为实心结构,节段梁为空心结构,盖梁剪力键的长度远大于节段梁剪力键的长度,盖梁承受的剪力远大于梁结构。因此,针对胶接缝盖梁开展额外的研究也是很有必要的。

(1)胶接缝盖梁抗弯试验

①试验方法

设计 3 个试件,其中 W1、W3 采用小剪力键接缝构造,W2 采用大剪力键接缝构造(图 3-16)。

a) 模型外形

b) 小剪力键模型接缝

c) 大剪力键模型接缝

图 3-16 试验模型

通过加载装置(图 3-17)对试验盖梁施加单点循环荷载,能充分模拟实际结构在受力状态下的工况。加载方式采用模拟地震循环加载方式,竖向加载分为力加载和位移加载两个阶段。

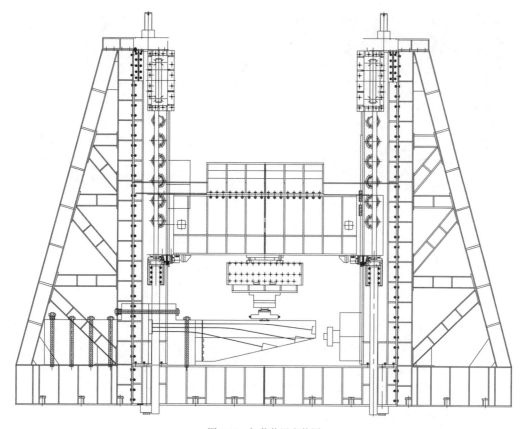

图 3-17 加载装置安装图

② 试验结论

从耗能能力出发,小剪力键正载试件 W1 和小剪力键偏载试件 W3 的滞回环形状比较相似。大剪力键正载试件 W2 的滞回环与小剪力键弯曲试件的滞回环特征迥异,峰值水平荷载较小,为小剪力键试件的 71%,极限位移只有小剪力键试件的 58% 左右。小剪力键构件耗能能力好于大剪力键构件。

与整体现浇钢筋混凝土结构相比,采用胶接缝连接的节段拼装桥墩在拟静力位移荷载作用下会显著张开。该区域在正常使用阶段的防水问题需要进行设计,否则漏水导致的预应力筋锈蚀造成的事故是毁灭性的。

(2) 盖梁接缝直剪试验

① 试验方法

针对装配式构件拼装过程中的短暂状态,由于环氧树脂胶未固化、预压应力或轴向压力较低,此时需对剪力键的抗剪工况进行验算以保证键块不会破坏。盖梁、系梁的剪力键长度通常在 1m 以上,远大于箱梁壁厚,剪力键在受力时,剪力键不均匀受力的影响增大。目前,还没有形成统一的长剪力键强度计算公式。上海城建设计集团委托上海应用技术大学针对一系列 1.45m 长的剪力键开展了直剪试验(图 3-18),模型中考虑的参数变量包括剪力键位置、数量、大小,其中小剪力键的键齿断面底宽 100mm,大剪力键的键齿断面底宽 400mm。

图 3-18　盖梁接缝直剪试验

加载设备采用 1000t 试验机,按照预定加载制度加载,具体加载制度为:正式加载时,先按每级 $0.01P$(P 为 1000kN)进行加载,但每级加载均持荷 3min,待仪器读数稳定后记录数据。

②试验结论

随着正应力水平的增加,试件的开裂荷载增大,开裂错动位移增大,试件的破坏荷载也增大。正应力水平对胶接缝平接缝的破坏模式有影响,较高正应力水平下的试件会有破坏斜裂缝出现。三键齿试件的抗剪承载力不是单键齿试件抗剪承载力的代数和。偏心荷载下三个小键齿试件的承载力比一个小键齿试件增大 16%。

3.2.3　设计方法

国内依托大量研究成果以及工程应用,形成了诸多地方标准,同时正在编制相关行业标准。现有标准体系中,约定了预制桥墩连接方式,包括灌浆套筒连接、灌浆金属波纹管连接、承插式连接、后张预应力连接等。目前应用最广泛、规范编制最完善的是采用灌浆套筒连接和灌浆金属波纹管连接的桥墩,因此,本节根据《公路装配式混凝土桥梁设计规范》(JTG/T 3365-05—2022)和上海市《预制拼装桥梁技术标准》(DG/TJ 08-2160—2021),围绕灌浆套筒连接和灌浆金属波纹管连接桥墩的设计方法开展介绍。

3.2.3.1　方案设计所需主要资料

桥墩在总体设计与施工之前,除了应掌握有关全桥的资料,包括设计技术标准、采用的规范、结构形式等外,还应注意工程地质、水文等资料的搜集、分析与试验,其中各项资料内容范围可根据桥梁工程规模、重要性及建桥地点工程地质、水文条件的具体情况和设计阶段确定取舍。主要包括如下资料:

(1)桥位(包括桥头引道)平面图

应掌握桥位地形、地貌、洪水泛滥线、河道主河槽和河床等平面图,掌握不良工程地质现象,如滑坡、崩塌和泥石流等以及河道弯曲、主支流会合、河岔、河心滩和活动沙洲等。

(2)拟建桥梁结构形式等设计资料

桥梁上部结构形式、桥梁基础形式对下部结构的设计、计算有很大的制约作用,如上部结构为小箱梁、板梁时,桥墩需要设置盖梁。应全面取得上部结构及桥墩的总体设计资料、数据、设计等级、技术标准等。

(3)工程地质与水文资料

应掌握桥位处地质构造及地层岩性、工程场地类别、地基的液化等级、软土震陷判别、工程抗震设防要求等工程地质条件,以及水文地质参数、地下水土侵蚀评价等水文资料。工程地质条件与水文资料对桥墩结构类型、连接构造选择会产生重大影响。

(4)河流水文调查资料

通过收集与测量取得比较可靠的冲刷深度计算数据及试验所需数据,如设计洪水频率的最高洪水位、低水位和常年水位及流量、流速、流向变化情况。还应掌握河流的下蚀、侧蚀和河床的稳定性,架桥地点河槽、河滩、阶地淹没情况,收集河流变迁情况和水利设施及规划。在沿海地点尚应了解潮汐、潮流、波浪要素等有关资料。

3.2.3.2 总体布置与预制单元

桥梁预制下部桥墩结构的确定应遵循满足交通需求、安全、适用、经济、耐久、容易养护、施工方便、工期短、环境协调、造型美观、构件标准化、连接构造简单等原则。长幅桥梁的桥墩应统一为几种固定的断面模式,具备标准化生产的基础。

梁桥墩台从总体上可分为两种。一种是重力式墩台。这类墩台的主要特点是靠自身重力来平衡外力而保持其稳定。因此,墩台断面比较厚实,甚至可以不用钢筋,而用天然石材或片石混凝土砌筑。另一种是轻型桥墩。这类桥墩的刚度小,受力后允许在一定的范围内发生弹性变形,大多采用钢筋混凝土结构,也有用钢结构建造。预制桥墩需要考虑运输吊装的便利性和可行性,一般应采用轻型桥墩。

高架中常见的桥墩有单柱式、多柱式、矩形薄壁墩等多种类型,单个桥墩结构可包含桥墩立柱、系梁、盖梁等。考虑到预制构件的预制、运输、吊装,通常将桥墩预制单元划分为立柱、系梁、盖梁等。当预制单元尺寸特别大时,还会进一步划分为预制单元节段。

下部结构总体设计应遵循标准化和模数化的原则,减少品种规格,满足通用性的要求。少规格和通用性意味着模板数量的减少,工艺重复性增加,对于预制桥墩的工厂化生产有重要的意义。桥墩外形的选择可参考下述方式,并进行归类,以确定最少需要的模板数量,大型工程应尽可能使模板周转次数达到50次以上。

(1)等截面立柱预制单元采用同样的断面尺寸时,即便长度不同,可以认为通用同一套预制模板。

(2)系梁预制单元采用同样的宽度时,即便长度和高度不同,可以认为通用同一套预制模板。

(3)盖梁预制单元采用同样的宽度,挑臂采用同样的底板斜率,即便长度和高度不同,可以认为通用同一套预制模板。

3.2.3.3 总体静力计算

除了接缝的影响,桥墩计算应符合《公路钢筋混凝土及预应力混凝土桥涵设计规范》(JTG 3362—2018)中的相关规定,见表3-3。

《公路钢筋混凝土及预应力混凝土桥涵设计规范》(JTG 3362—2018)的相关规定　　表 3-3

构件	验算内容	验算项目	参考规范条款
盖梁	持久状况承载能力极限状态(梁式构件)	抗弯验算	第 5.2.2~5.2.7 条、第 5.2.14 条
		抗剪验算	第 5.2.8~5.2.13 条
		抗扭验算	第 5.5.1~5.5.6 条
	持久状况承载能力极限状态(深梁构件)	抗弯验算	第 8.4.3 条
		抗剪验算	第 8.4.4、8.4.5 条
		抗拉验算	第 8.4.6 条
	持久状况正常使用极限状态	抗裂验算	第 6.3.1 条
		裂缝宽度验算	第 6.4.2、6.4.3 条
		挠度验算	第 6.5.3 条
	持久状况预应力混凝土构件应力计算	正截面混凝土压应力	第 7.1.5 条
		预应力钢筋拉应力	第 7.1.5 条
		混凝土主压应力	第 7.1.6 条
	短暂状况应力计算	钢筋混凝土构件应力计算	第 7.2.4~7.2.6 条
		预应力混凝土构件应力计算	第 7.2.8 条
立柱	持久状况承载能力极限状态	抗压验算	第 5.3.1~5.3.11 条
	持久状况正常使用极限状态	裂缝宽度验算	第 6.4.2、6.4.3 条
	短暂状况应力计算	钢筋混凝土构件应力计算	第 7.2.4~7.2.6 条

3.2.3.4　节段盖梁、节段系梁计算

节段盖梁、节段系梁由于设置接缝,抗弯承载能力和抗剪承载能力均会比现浇构件有折减,**应参考本书第 2.3 节中节段梁进行持久状况承载能力极限状态、持久状况正常使用极限状态、持久状况预应力混凝土构件应力计算**。盖梁剪力键和节段梁剪力键有一定区别,针对这个问题,上海城建设计集团委托了相关试验,并得到了以下计算方法。

(1)小剪力键接缝短暂状况抗剪计算

小剪力键受力图如图 3-19 所示。

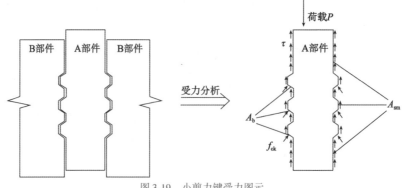

图 3-19　小剪力键受力图示

抗剪承载力由截面中的平键部分和小剪力键部分组成，其中小剪力键的剪力中考虑了多键共同工作系数。计算公式如下：

$$P = \alpha \cdot (\mu \cdot \sigma_n \cdot A_{sm} + \beta \cdot n \cdot f_{ck} \cdot A_b \cdot \cos\theta) \tag{3-1}$$

式中：n——剪力键个数；

σ_n——接缝面压应力；

f_{ck}——混凝土强度标准值；

A_{sm}——破坏面上平整部分摩擦接触面积；

A_b——破坏面键齿支撑面积；

α——长剪力键不均匀受力折减系数，建议取 0.8；

μ——混凝土与混凝土之间的摩擦系数，平键部分是光滑面时取 0.6；

θ——剪力键的斜面与水平面的夹角；

β——多键共同工作系数，见表 3-4。

胶接缝多键共同工作系数 β　　　　　表 3-4

键齿个数	1~2	3~4	≥5
多键共同工作系数	1.00	0.90	0.80

（2）大剪力键接缝短暂状况抗剪计算

大剪力键受力图如图 3-20 所示。

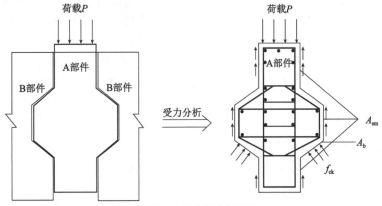

图 3-20　大剪力键受力图示

抗剪承载力由截面中的平键部分、大剪力键混凝土部分和大剪力键中的钢筋贡献组成，其中大剪力键的剪力中考虑了多键共同工作系数。计算公式如下：

$$P = \alpha(\mu \cdot \sigma_n \cdot A_{sm} + \beta \cdot n \cdot f_{ck} \cdot A_b \cdot \cos\theta + f_v \cdot A_s) \tag{3-2}$$

式中：n——剪力键个数；

σ_n——接缝面压应力；

f_{ck}——混凝土强度标准值；

A_{sm}——破坏面上平整部分摩擦接触面积；

A_b——破坏面键齿支撑面积；

f_v——钢筋抗剪强度；

A_s——箍筋截面面积;

α——长剪力键不均匀受力折减系数,建议取0.8;

β——多键共同工作系数,见表3-4;

其他符号意义同前。

3.2.3.5 立柱接缝计算

立柱钢筋穿过了接缝,因此立柱的接缝受力状态要好于盖梁接缝,承载能力验算可等同于现浇桥墩。但是预制拼装桥墩接缝之间多采用砂浆垫层或环氧树脂胶,砂浆垫层自身抗拉强度低且存在砂浆与混凝土构件之间的接缝界面,考虑到后期运营耐久性要求,应通过氯离子侵蚀试验、冻融试验等接缝耐久性试验确定接缝砂浆的抗压强度、抗折强度、抗拉强度、界面黏结强度、收缩、压力沁水率、碳化系数等参数,目前这方面试验数据还很少,一般不允许在持久状况正常使用极限状态接缝位置出现裂缝。

环氧树脂胶自身的黏结性能较强,在钢对混凝土正拉黏结强度试验中要求大于3MPa,且为混凝土内聚破坏,在耐久性控制方面,应适当考虑放松要求,但考虑到立柱接缝位置通常比较难匹配预制,接缝面匹配度不够高,且出现破损时补胶难度较高。因此,一般也采用和砂浆垫层接缝同样的控制标准,即不允许在持久状况正常使用极限状态接缝位置出现裂缝。

围绕上述立柱接缝设计原则,开展立柱接缝验算时,可按以下顺序验算接缝截面:

(1)验算矩形、T形和I形截面偏心受压立柱构件满足$e_0/h \leq 0.55$,或圆形截面偏心受压构件满足$e_0/r \leq 0.55$时,可认为不会在持久状况正常使用极限状态接缝位置出现裂缝。

(2)当立柱受力状态不满足第(1)条要求时,验算作用(荷载)的频遇组合和荷载准永久组合下接缝处正截面受拉边缘出现拉应力,如果拉应力小于预制构件材料和接缝界面材料的允许设计拉应力,可认为不会在持久状况正常使用极限状态接缝位置出现裂缝。

(3)当立柱受力状态不满足第(1)、(2)条的要求时,可采用增设预应力等方式优化立柱内部受力,避免在持久状况正常使用极限状态接缝位置出现裂缝;或将接缝层埋入承台结构内部5cm以上,让立柱接缝面不暴露在结构外部,避免接缝层耐久性控制的问题。

3.2.3.6 抗震设计

桥梁结构的合理抗震体系一般有两种:一种是延性抗震体系,另一种是减隔震体系。

对于减隔震体系,弹塑性耗能部位一般位于支座上,桥墩在地震作用下保持弹性,预制拼装桥墩与现浇桥墩在承载能力上并没有本质区别,因此可以完全参照现浇桥墩开展设计验算。

对于延性抗震体系,主要通过选定合适的弹塑性变形、耗能部位,延长结构周期、耗散地震能量,进而减小结构地震反应。弹塑性耗能部位一般位于桥墩上,既能形成减隔震耗能机制,最大限度地减小地震作用,同时还有利于对损伤部位进行检查和修复。

在预制拼装桥墩中,按预制构件划分部位,即拼装连接部位可以分为两类,一类是拼接部位位于或临近塑性铰区,另一类是拼接部位远离塑性铰区。这导致预制拼装桥墩建造技术在用于地震危险区时,对这两类拼接部位连接构造的抗震性能要求显著不同。鉴于预制构件制作、运输和拼装的便利性,节段划分部位往往位于不同构件之间,如墩身与盖梁之间、墩身与承台之间等,而这些部位可能是弯矩最大的部位且位于塑性铰区域,其抗震性能要求通常很高(图3-21)。

图3-22为墩与盖梁拼接部位包含的各连接构件和灌浆套筒连接构造示意图。因拼接部位位于塑性铰区域,抗震设计时,必须对这些构件和连接构造进行评估,考察其抗震性能是否满足预期抗震设计的要求。对于拼接部位两相邻构件的接触面,连接钢筋必须能提供连续的力流来满足抗震和正常使用要求。这意味着连接钢筋两端均需要延伸足够的长度并远离损伤区域,以确保具有足够的锚固长度来发挥其传力作用,这需要通过连接构造设计来实现。

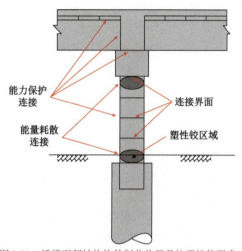

图3-21 桥梁下部结构构件划分位置及抗震性能要求

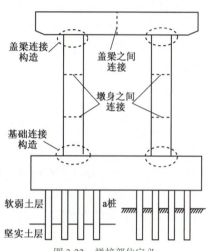

图3-22 拼接部位定义

拼接部位位于或临近塑性铰区的,其连接构造细节必须能够满足预期的非弹性变形和耗能能力。当前针对位于塑性铰区拼接部位的连接构造,还有一种抗震设计理念是功能可恢复设计,即桥墩在地震作用下拼接界面可张开、闭合并摇摆,具有较大的转动变形能力和较小的抗力,结构震后残余位移小;可以通过附加阻尼器来增强其耗能能力,避免桥墩位移过大而严重受损,可实现震后快速恢复运营功能。远离塑性铰区的拼接部位,其连接构造通常依据能力保护原理进行设计,拼接部位不允许发生非弹性变形。

预制拼装桥墩抗震计算基本沿用《城市桥梁抗震设计规范》(CJJ 166—2011)和《公路桥梁抗震设计规范》(JTG/T 2231-01—2020)中桥梁抗震设计规范的相关公式,主要差别在于延性计算方面。

塑性铰区域的最大容许转角应根据极限破坏状态的曲率能力,按下式计算:

$$\theta_u = \frac{L_p(\phi_u - \phi_y)}{K} \tag{3-3}$$

式中:ϕ_y——截面的等效屈服曲率(1/cm),与现浇桥墩相同;

ϕ_u——极限破坏状态的曲率能力(1/cm),与现浇桥墩相同;

K——延性安全系数,与现浇桥墩不同,灌浆套筒位于墩身潜在塑性铰区域时取2.5,灌浆套筒或灌浆金属波纹管位于承台或盖梁内时取2.2;

L_p——等效塑性铰长度(cm),与现浇桥墩相同。

3.2.3.7 构造措施

从目前收集到的国内外采用预制拼装技术建造下部桥梁结构的工程案例看,大多数位于低危险性地区,尚未经历地震的考验。在高地震危险区应用预制拼装建造技术,必须对其构造细节设计给予足够的重视。对可能遭受车辆撞击力作用的预制墩柱,为避免拼接缝是薄弱部位,拼接面应设置剪力键齿等构造。

预制拼装墩柱、拼接缝和节点区域等的抗震构造细节在满足国内相关桥梁抗震设计规范要求的基础上,还应结合预制拼装连接构造具体类型的特殊性,满足某些特殊构造细节的要求。近年来国内外科研人员和工程人员对预制拼装下部结构的抗震性能开展了大量的试验、理论研究和工程应用实践,在此基础上,针对不同类型的连接构造,对其特殊抗震构造细节给出了相应的要求和建议。由于预制拼装下部结构连接构造细节仍在不断发展中,因此,相关抗震构造细节的规定和建议也在发展和不断完善中。下面就目前国内常用的几种连接构造的抗震构造细节要求进行简要的介绍。

(1)灌浆套筒连接抗震构造细节

灌浆套筒可分为全灌浆套筒和半灌浆套筒,其可用于预制立柱与承台、立柱与盖梁和立柱墩身节段之间的连接,并可布置在同一断面,但高地震危险区域,墩柱塑性铰区域不应使用半灌浆套筒连接构造。为了确保连接可靠性,需要考虑砂浆拼接缝厚度的影响,确保预留伸出钢筋的长度满足拼装后伸入套筒内的长度不小于 $10d_s$(d_s 为连接钢筋的直径)的要求。

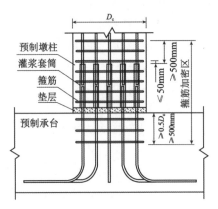

图 3-23 灌浆套筒在预制拼装墩柱内时箍筋加密区示意图

采用灌浆套筒连接建造的预制桥墩,应在灌浆连接套筒压浆口下缘处设一道箍筋,连接套筒设置在墩身且其位于潜在塑性铰区域内时,箍筋的配置还应符合下列要求(图 3-23):①箍筋加密区的长度不应小于连接套筒的高度加 $5d_g$(d_g 为连接套筒外径)范围;②连接套筒高度加 $5d_g$ 范围外箍筋量应逐渐减少。当连接套筒位于盖梁或承台内时,在满足现行抗震设计规范构造要求的情况下,箍筋延伸到盖梁和承台的距离还不应小于连接套筒或波纹管的高度(图 3-24)。灌浆连接套筒与箍筋连接应采用绑扎,不应采用焊接。对桥址处地震基本烈度为 8 度或 9 度的地区,当桥梁抗震体系采用延性抗震设计方案时,应将灌浆套筒设置在承台内或盖梁中。

(2)灌浆金属波纹管连接抗震构造细节

灌浆金属波纹管连接用于预制立柱与承台、立柱与盖梁、台帽之间的连接,波纹管通常位于承台、台帽或盖梁内。波纹管位于盖梁、台帽内,采用 HRB400 级热轧钢筋连接时,钢筋伸入波纹管内长度不应小于 $24d_s$(d_s 为钢筋直径),即盖梁内波纹管全长不应小于 $24d_s$,且波纹管不得拼接,连接钢筋级别高于 HRB400 级时,波纹管长度应适当加长;位于承台内的波纹管全长不应小于 $29d_s$,且不得拼接。金属波纹管管道直径(d_n)不宜小于 $d_s + 40\text{mm}$ 和 $4d_s$。波纹管在盖梁、台帽内,净保护层不宜小于 150mm,波纹管净距不应小于 50mm,且不宜小于波纹管直径的 1 倍。金属波纹管管道直径(d_n)不宜小于 $d_s + 40\text{mm}$ 和 $4d_s$。

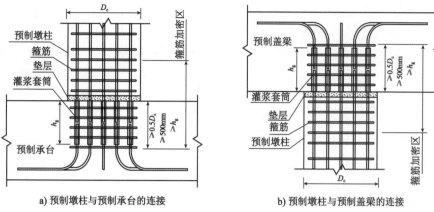

a) 预制墩柱与预制承台的连接　　b) 预制墩柱与预制盖梁的连接

图 3-24　灌浆套筒在预制承台或盖梁内时箍筋加密区示意图

当灌浆金属波纹管预埋在预制承台、盖梁或台帽内时，墩柱箍筋加密区应延伸到承台、盖梁或台帽内，延伸长度不得小于波纹管的高度（图 3-25）。

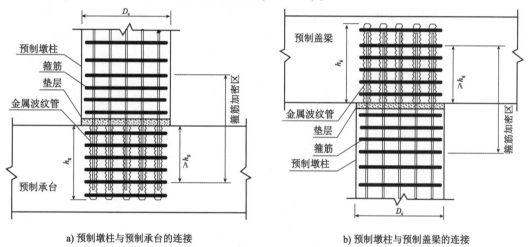

a) 预制墩柱与预制承台的连接　　b) 预制墩柱与预制盖梁的连接

图 3-25　金属波纹管在预制承台、盖梁或台帽内时箍筋加密区示意图

3.2.4　设计实例

3.2.4.1　项目概况

某工程新建城市快速路，按照总体规划，主线采用高架桥，桥梁结构主要以预制装配式桥为主，新建主线高架桥总长约 5.4km，双向六车道布置。本节研究对象为该工程的第二标段，标段总长约 1.8km，标段道路平曲线位于 S 弯上，主线高架除上下匝道连接段为变宽段，其余均为等宽段。等宽段主线高架除了跨路、跨河节点，上部结构均采用小箱梁，下部结构采用双柱墩连接大挑臂盖梁，经过初步分析，这些盖梁采用预应力混凝土结构总重量将超过 2600kN，超出了道路运输能力以及现场吊装能力。

控制装配式桥梁造价主要是通过合理规划总体方案，减少装配式预制结构类型，减少工程中模板投入量。按照装配式建筑结构建造的规律，通常认为模板重复利用率达到 50 次以上，基本能够实现装配式建筑建造成本与现浇建筑建造成本基本持平。

根据工程总体方案,在本标段范围内,共需要标准双柱盖梁37个,考虑到本标段平曲线位于S弯上,导致盖梁横坡先后从单向2.5%变化为双向2%,最终变化为单向2%。为提高盖梁模板的通用性,让所有盖梁通过一套模板完成制作,并降低盖梁预制运输吊装难度,提出以下几项原则:

(1)盖梁单节预制控制重量为1700kN。盖梁宽度应同时满足抗震、预设立柱偏心的需求。

(2)盖梁底部外挑臂保持通用的斜率,共用底模板。

(3)盖梁侧面保持垂直,共用垂直的侧模板,对于横坡不同的盖梁,盖梁高程应使混凝土浇筑面达到施工要求。

(4)盖梁拼接面保持统一的位置,并保持同样的齿块,共用齿块模板。

(5)盖梁预应力锚固点位置基本统一,能够统一在模板上开孔。

通过对以上因素进行综合考虑,从外形和预应力布置上将桥墩盖梁归纳为图3-26所示五种典型形态,桥墩立柱统一为1.5m×2m的断面形式。桥墩盖梁拼接面中齿块位置和形状保持统一。所有盖梁中N1钢束随着盖梁横坡做上下调整,N2、N3预应力钢束保持不变(图3-27)。因此N1钢束对应的端部模板以及拼接面模板应在N1钢束位置开椭圆形孔,方便调整位置。在盖梁构造中,将拼接面设置为斜面,这样可以将一部分剪力化解为轴向压力。

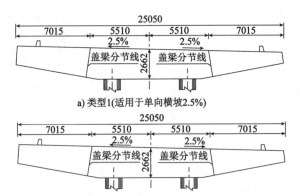

a) 类型1(适用于单向横坡2.5%)

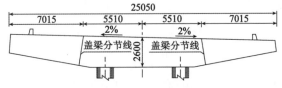

b) 类型2(适用于横坡从单向2.5%变为双向2%的变化段,i值为变化值)

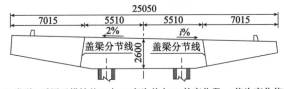

c) 类型3(适用于双向横坡2%)

d) 类型4(适用于横坡从双向2%变为单向2%的变化段,i值为变化值)

图 3-26

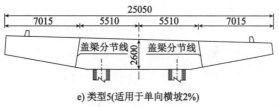

e) 类型5(适用于单向横坡2%)

图 3-26　盖梁典型形态(尺寸单位:mm)

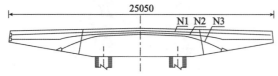

图 3-27　预应力布置立面(尺寸单位:mm)

3.2.4.2　主要设计荷载

桥墩主要考虑的作用见表 3-5。

桥 墩 荷 载　　　　　　　　表 3-5

作用类别	作用内容	计算方法
自重	桥墩自重	混凝土重度 $\gamma = 26 kN/m^3$
一期恒载	上部小箱梁自重	根据上部结构计算结果提取支反力
二期恒载	铺装层+防撞墙	根据上部结构计算结果提取支反力
预应力	预加力一次力、预应力二次力	①预应力钢筋张拉控制应力:$\sigma_{con} = 1395 MPa$; ②塑料波纹管:$\mu = 0.15$,$k = 0.0015$; ③单端锚具变形、回缩值:$\Delta L = 6mm$; ④钢绞线松弛系数按Ⅱ级松弛(低松弛)计:$\xi = 0.3$
收缩徐变	混凝土的收缩徐变	年相对湿度按 60.4% 计
整体温度	整体升降温	根据《公路桥涵设计通用规范》(JTG D60—2015),按照桥址选择
风荷载	包括风对上部结构作用传递到桥墩的荷载和风对桥墩自身的荷载	按照《公路桥梁抗风设计规范》(JTG/T 3360-01—2018)计算确认
车辆荷载	车辆荷载	计算每一个车道车辆荷载,并按照横向移动荷载施加在虚拟横梁上
制动力	车辆产生的制动力	按照单向 3 个车道考虑
离心力	车辆在弯道处产生的离心力	半径 480m,车速 80km/h,按照 6 个车道计算,得到一个桥墩为 109kN
不均匀沉降	桥墩立柱下分离承台产生的不均匀沉降	按照 5mm 考虑

3.2.4.3　静力计算模型

盖梁的挑臂跨高比 $l/h > 5.0$,应按照梁式结构计算,利用 midas 软件建立分析模型(图 3-28)。

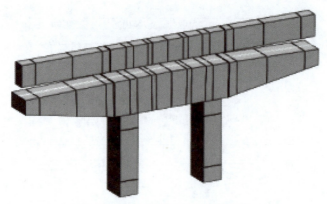

图 3-28 盖梁计算模型(以类型 3 为例)

模型中,盖梁上部设置虚拟横梁,立柱底设置刚度矩阵约束,立柱顶与盖梁刚性连接,立柱高度不同时,会影响到盖梁上弯矩的分布,因此,需要针对不同高度的桥墩建立分析模型,并取不利值进行分析。

3.2.4.4 设计静力验算

非接缝位置验算同现浇结构,因此重点介绍接缝位置的验算。

(1)持久状况承载能力极限状态验算

根据有限元计算结果,基本组合下盖梁内力如图 3-29 所示。

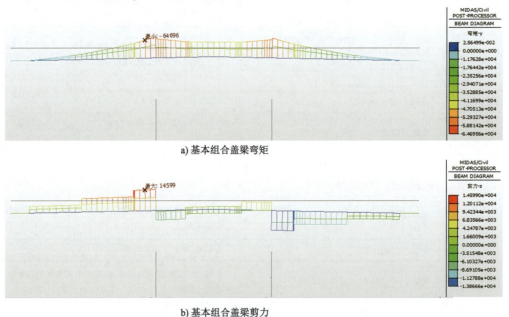

a) 基本组合盖梁弯矩

b) 基本组合盖梁剪力

图 3-29 基本组合盖梁内力(以类型 3 为例)

读取 midas 中数据,盖梁接缝位置基本组合剪力数值为 9902kN,弯矩为 45289kN·m,考虑到接缝位置有 10°的斜坡,实际剪力为 8575kN。表 3-6 中钢束偏安全只考虑弯起角度 2°,验算结果表明,满足规范要求,且安全系数在 1.5 以上。

斜截面抗剪计算表格　　　　　　表3-6

参　数	取　值	参　数	取　值
γ_0	1.1	$M_d(kN \cdot m)$	45289
$V_d(kN)$	8575	C_1	0.72
α_1	0.9	λ	1
Φ	1	$f_{cu,k}(MPa)$	50
C_2	0.11	P	0.59
$b(mm)$	2200	$h_0(mm)$	1772
m	2.98	$C(mm)$	3168.91
$s_v(mm)$	150.00	$f_{sv}(MPa)$	330
$A_{sv}(mm^2)$	2032	$f_{pd,i}(MPa)$	1209
$A_{pb,i}(mm^2)$	25200	$\theta_i(°)$	2
$\sigma_{pd,e}(MPa)$	1209	$A_{pd,e}(mm^2)$	0
$\theta_e(°)$	0	$\gamma_0 V_d(kN)$	9432.5
抗剪承载能力设计值(kN)	14158.97		

(2) 盖梁接缝剪压区抗剪承载能力验算

根据总体计算的结果可知,盖梁在验算时不满足 $M_d/V_d > V_{pd}/M_{um}$ 的条件,这样根据规范相关公式计算时会出现计算结果无法求解的情况,也就是 2.3.3 节中的接缝发生弯曲破坏而并非弯剪耦合破坏,因此,不需要针对接缝剪压区抗剪进行规范公式验算。

(3) 立柱接缝横桥向应力验算

提取 midas 模型中最不利的立柱荷载,通过初步验算表明(表3-7、图3-30),墩顶接缝会开裂,因此在墩顶施加了预应力,在验算墩顶截面时,在垂直力中加入预应力等效荷载。

桥墩横桥向应力验算　　　　　　表3-7

验算位置	墩顶		墩底	
	垂直力 $N(kN)$	弯矩 $M(kN \cdot m)$	垂直力 $N(kN)$	弯矩 $M(kN \cdot m)$
基本组合	12694	5780	8428	4510
频遇效应组合	14110	4065	9844	3355
准永久效应组合	14474	3670	10208	3076

进一步验算桥墩配筋表明:承载能力满足要求,且截面不开裂。

(4) 立柱接缝顺桥向应力验算

立柱顺桥向受力需要充分考虑整联桥在温度、制动力等作用下分配的水平力,本工程中,中墩采用 HDR(Ⅱ)-d345×118-G0.8 支座,边墩采用 LNR(H)-d320×118-e±100 支座,边墩支座为活动支座,承受的荷载不会超过滑动摩擦力。

由于不同的跨数和墩高均会影响立柱的顺桥向反力,经过试算简支梁、2跨连续梁、3跨连续梁、4跨连续梁,选择最不利的荷载作为验算荷载。同时,顺桥向验算时,墩顶弯矩总是小于墩底弯矩,因此只对立柱底部进行顺桥向验算。

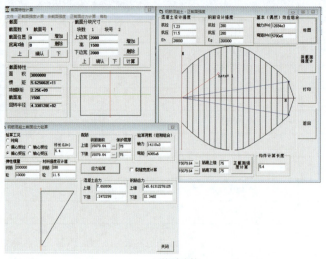

a) 墩顶验算

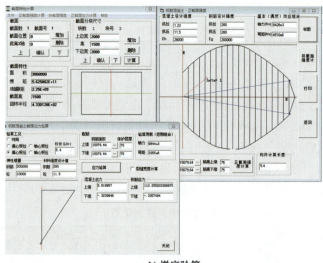

b) 墩底验算

图 3-30 桥墩接缝横桥向应力验算

经过分配荷载,按照最大弯矩、最小轴力取设计荷载,单个立柱底部应力验算见表 3-8、图 3-31。

桥墩顺桥向应力验算　　　　　　　表 3-8

验算位置	墩 底	
	垂直力 N(kN)	弯矩 M(kN·m)
基本组合	8428	2988
频遇效应组合	9844	2587
准永久效应组合	10208	3003

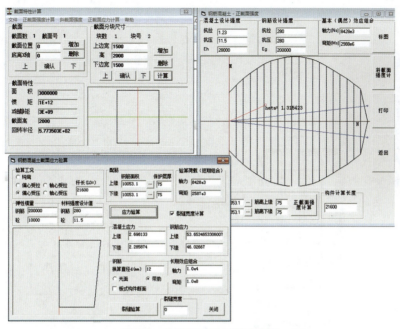

图 3-31 桥墩接缝顺桥向应力验算

进一步验算桥墩配筋表明:承载能力满足要求,且截面不开裂。

3.2.4.5 抗震验算

由于采用了减隔震抗震体系,桥墩在地震作用下保持弹性,验算方式与静力计算相同。

3.2.4.6 关键构造

盖梁接缝采用斜接缝(图 3-32),可以将截面中一部分剪力转化为轴力,改善结构受力状态,盖梁接缝上设置的横缝不通长,这样便于施工时利用剪力键对位,剪力键设置时,充分考虑了波纹管位置,避免了波纹管位于斜面,难以对位。

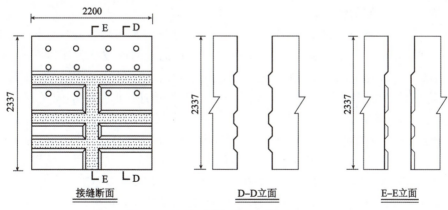

图 3-32 盖梁接缝关键构造(尺寸单位:mm)

立柱墩顶由于接缝应力控制要求,需要增设预应力,采用了预埋精轧螺纹钢筋,在立柱吊装时,作为吊具的锚固件使用(图 3-33)。

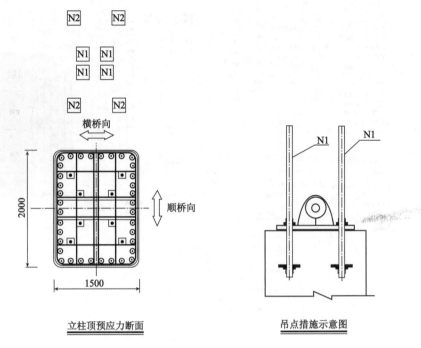

图 3-33　立柱顶预应力筋平面布置(尺寸单位:mm)

3.3 桥台

3.3.1 发展背景

桥台是桥梁与两端道路接坡的过渡,一座桥梁无论多长,桥台只有两个,因此桥台占整座桥梁的施工工程量比例很小。在少数施工条件恶劣或者桥台施工的路权控制严格的情况下,采用预制桥台具有一定的现实意义。

上海 S7 公路 I-4 标首次在国内开展了预制桥台应用(图 3-34),主线桥台长约 14m,高约 3.5m,重达 200 余吨。不同于桥墩盖梁与立柱之间采用的套筒或波纹管连接方式,预制桥台台帽与桩基之间采用型钢插槽式连接。桥台内预留插槽由内径 600mm、壁厚 3mm 的镀锌波纹钢板加工而成,波纹管插槽周围设置螺旋加固筋,顶部设置抗冲切加强筋,这种连接形式具有较大的安装容许误差,解决了构件与桩基连接偏差大的问题,保证了构件连接强度和安装精度。

桥台预制时,将耳墙先行单独水平预制,再作为端模与构件主体二次浇筑连成整体。为加强管桩桩头与预制桥台(盖梁)插槽式连接的接头强度,在对预应力高强度混凝土管桩(PHC 管桩)填芯时,插入打有剪力栓钉的工字形钢梁取代传统的桩头八字筋。

桥台不仅承受上部结构传递的竖直力、水平力,还需承受台后填土及填土上荷载产生的侧向土压力。在地震动荷载作用下,桥台发生破坏的概率比桥墩小得多。按现有规范,不允许桥台上出现塑性铰,因此也不需要考虑桥台与桩基接头的延性问题。在桥台上采用类似桥墩结构的连接构造,从性能需求方面而言是可行的。

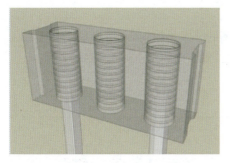
a) 桩与桥台（盖梁）的插槽式构造

b) 预制桥台钢筋模块

c) 耳墙单独预制并作为桥台端模使用

d) 预制桥台装配

图 3-34　上海 S7 公路预制桥台应用

3.3.2　设计方法

预制桥台可与预制桥墩采用的连接形式通用，但桥台结构体量大，采用灌浆套筒、金属波纹管连接方式，因安装精度高而带来的成本提高，不利于预制桥台的推广。在预制桥台中，采用承插式连接，安装容许误差较大，具有较高的使用价值。目前国内关于承插式连接方式的设计规范主要有公路学会团体标准《公路装配式混凝土桥梁技术指南》和广东省标准《装配式市政桥梁工程技术规范》（DBJ/T 15-169—2019）。在满足一定的构造要求的情况下，可以认为承插式连接的结构基本等效于现浇构件。

3.3.2.1　插槽式连接桥台构造要求

在桥台内预留插槽孔，槽孔直径大小应有足够的安装容许误差。采用波纹钢板成孔。在桩基顶部设置外露钢筋或者型钢，预留锚固长度。对于锚固钢筋锚固长度不应小于 $40d_m$（不设弯钩，d_m 为锚固钢筋直径），有抗震要求时，锚固长度应增加 $10d_m$。对于钢管桩顶伸入桥台的深度不小于 2 倍桩径，H 型钢桩伸入桥台的深度不小于 H 型钢高度，有抗震要求时，应增加 0.3 倍桩径或 H 型钢桩高度。插槽式连接大样如图 3-35 所示。

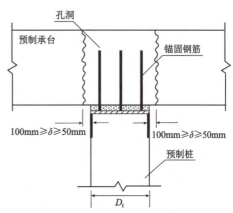

图 3-35　插槽式连接大样
D_t-预制桩直径；δ-桩边缘与预制承台预留孔边缘的间距

3.3.2.2 预制桥台分段连接的构造要求

桥台长度较长时,需要考虑桥台与挡土墙的分段预制,由于桥台单个节段也具备一定单独受力的条件,可以采用铰缝的形式实现桥台之间的连接如图 3-36、图 3-37 所示。

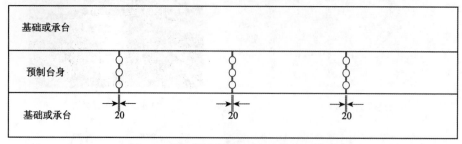

图 3-36 桥台分段平面布置图(尺寸单位:mm)

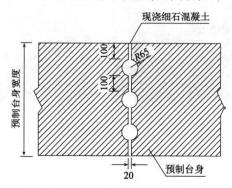

图 3-37 台身接缝大样图(尺寸单位:mm)

第 4 章
CHAPTER 4

附属结构

4.1 概述

目前,预制拼装桥梁技术已由主体结构推广至附属结构。国内外已在预制防撞墙、挡土墙等桥梁附属结构上进行了尝试。防撞墙是设置于桥面两侧或中央用于阻挡车辆的碰撞、防止车辆驶出桥面等起安全保障作用的构件。挡土墙是指支承路基填土,稳定土体的构件。本章分别介绍预制防撞墙、挡土墙等桥梁附属结构的发展背景、力学性能及设计方法。

4.2 防撞墙

4.2.1 发展背景

防撞墙由于预埋件多,空间尺寸狭长,线形复杂,现场施工质量往往不尽如人意。将防撞墙放到施工条件可以严格控制的预制厂中进行预制,既保证了防撞墙的质量和外观,又加快了施工进度,更直接提升了桥梁的整体美观。预制防撞墙通常有整体预制、分段预制和部分预制三种类型。

整体预制防撞墙省去了现场烦琐的接缝构造,形成流畅的道路边线,但预制主梁与防撞墙连成整体的构件重量增大,使构件运输、吊装的成本相应增加,因而适用于跨径较小的预制梁。整体预制防撞墙在上海嘉闵高架桥、S3 公路、S7 公路工程中已得到应用,如图 4-1a)所示。

分段预制防撞墙即将防撞墙与主梁分别预制后运输至现场完成拼接。预制防撞墙的节段长度通常为 4~6m。现场常用螺栓、超高性能混凝土(UHPC)连接等连接方式。防撞墙分段预制,构件尺寸较小,施工操作灵活方便,与传统的现浇施工相比可加快施工进度。分段预制防撞墙现场施工拼装要求的精度较高。分段预制防撞墙在上海 S7 公路、S6 公路、北横通道工程中已得到应用,如图 4-1b)所示。

部分预制防撞墙即将预制防撞墙外侧挂板在工厂中预制后运输至现场安装,再在内侧现浇钢筋混凝土,连接成整体。预制防撞墙外侧挂板的尺寸较小,施工操作灵活方便。防撞墙外侧省去了模板,外表面美观,但现场工作量与现浇防撞墙差别不大。部分预制防撞墙在上海长江大桥、南昌洪都大道高架桥等工程中已得到应用。

a) 整体预制防撞墙（嘉闵高架）　　　b) 分段预制防撞墙（S6公路）

图 4-1　预制防撞墙

4.2.2　力学性能

4.2.2.1　试件方案设计和试验内容

上海 S6 公路新建工程桥梁结构设计范围为主线 9.6km，加上沈海立交和外环立交，工程总投资 56 亿元，为上海市重大工程建设项目。该项目按照高效、低碳、环保的建造要求进行建设，确定采用预制防撞墙代替现浇防撞墙。设计中，防撞墙与主梁的连接拟采用合金钢锚栓并填充高强砂浆。预制防撞墙节段间采用弯螺栓连接，用发泡橡胶填充，并在外部用聚氨酯嵌缝胶进行封闭。针对这一构造进行了试验研究。试验试件共 4 个，其中两个为现浇防撞墙，另外两个为预制防撞墙，4 个试件长度均为 4m，试件加载位置示意如图 4-2 所示。

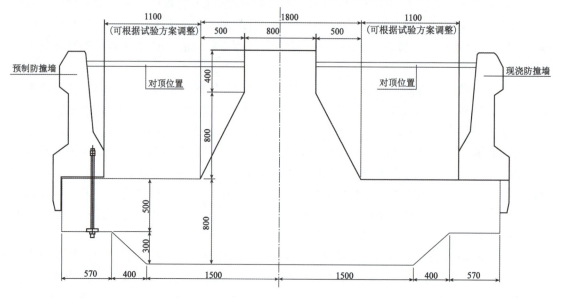

图 4-2　试件加载位置示意图（尺寸单位：mm）

试件 1 和 2：传统现浇防撞墙和预制防撞墙对称均布加载试验，用于探讨两类防撞墙在均布加载条件下的损伤部位、破坏机理和防撞能力等方面的差异。

试件 3 和 4：传统现浇防撞墙和预制防撞墙偏载加载试验，用于探讨两类防撞墙在偏载加载条件下的损伤部位、破坏机理和防撞能力等方面的差异。

4.2.2.2 试验加载工况、数据采集和测试内容

加载方法采用千斤顶向外顶推防撞墙，分级加载加大顶推力，直至防撞墙严重破坏，保证千斤顶与墙面接触位置不发生局部受压破坏。加载点根据试件不同，分别作用于一片预制防撞墙中心位置，随后单点偏载加载，直至防撞墙严重破坏。另一种加载方式是采用四点加载（模拟均布加载），直至破坏。集中加载的规范设计荷载为 430kN。

加载方式的分级情况如下：
（1）预压紧至 10kN。
（2）加载至规范设计撞击力的 1/4。
（3）加载至规范设计撞击力的 1/2。
（4）加载至规范设计撞击力的 3/4。
（5）加载至规范设计撞击力。
（6）加载至规范设计撞击力的 1.5 倍。
（7）加载至规范设计撞击力的 2 倍。
（8）加载至规范设计撞击力的 2.5 倍。
（9）每次累加 0.5 倍的规范设计撞击力，直至破坏。

每级加载后稳定 5min，记录所有测试数据后，继续加载，并全程记载加载的力-位移曲线，直至破坏，破坏情况包括如下 3 种：
（1）防撞墙墙背侧混凝土受压破碎。
（2）防撞墙墙前侧连接锚栓受拉断裂或底座破坏。
（3）千斤顶无法继续施加荷载，但相对位移不断加大。

千斤顶施加的荷载值以测力传感器量测为准，采用千斤顶油表读数进行校核。在预制防撞墙的全部锚栓上布置钢筋应变片，在防撞墙竖向和横向受力主筋上布置钢筋应变片，在防撞墙根部、截面突变部和二者之间的部位，贴竖向混凝土应变片。采用应变测量系统采集混凝土应变，对应变进行温度补偿。测量千斤顶作用位置处的变形，两侧防撞墙分别独立进行测试。

4.2.2.3 试验测试结果

图 4-3 和图 4-4 为现浇防撞墙和预制防撞墙在四点均布加载条件下的破坏现象图。现浇防撞护栏破坏顶推力为 999kN，预制防撞护栏破坏顶推力为 1236kN。比较两图发现，两墙最终破坏均由底座破坏控制，墙身损伤轻微，但具体破坏细节存在一定差异。现浇防撞墙与底座间没有发生相对位移，防撞墙裂缝主要集中在底座，以水平向和斜向裂缝为主，墙身有轻微裂缝。预制防撞墙与底座间发生平动滑移，底座破坏集中在后侧受压面，以竖向和斜向裂缝破坏为主，墙身前面螺栓锚固位置混凝土损伤严重，墙身背部也有裂缝出现，拼装交接面裂缝出现较早。

图 4-3 现浇防撞墙四点均布加载破坏现象

图 4-4 预制防撞墙四点均布加载破坏现象

图4-5和图4-6为现浇防撞墙和预制防撞墙在单点偏载加载条件下的破坏现象图。现浇防撞护栏破坏顶推力为591kN,预制防撞护栏破坏顶推力为613kN。比较两图发现,两墙最终破坏均由墙身破坏控制,并伴随底座损伤。具体破坏细节存在一定差异。现浇防撞墙墙身破坏主要集中在加载点附近,墙身破坏面呈现一个曲线面,底座损伤相对轻微,裂缝以竖向和水平向为主,伴有斜向裂缝。而预制防撞墙底座损伤严重,底座底面已破坏。底座锚固螺栓处墙面混凝土表面发生损伤,锚固螺栓处没有明显破坏现象。预制防撞墙墙身与底座之间发生相对位移,且是不对称的。

图4-5 现浇防撞墙单点偏载加载破坏现象

图 4-6

 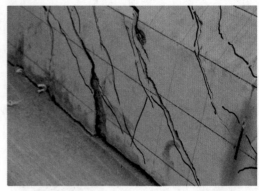

图4-6 预制防撞墙单点偏载加载破坏现象

4.2.2.4 结论与分析

通过对试验数据分析表明,在不同加载条件下,预制防撞墙在承载力方面优于现浇防撞墙或与其相同,试验中没有发现锚固螺栓损伤。相同荷载作用下,预制防撞墙的变形大于现浇防撞墙,两者损伤和破坏模式存在差异,详细结论分述如下:

(1)试验结果表明,在四点均布加载下,预制防撞墙水平承载力大于现浇防撞墙,底座破坏成为防撞墙体系最终的破坏控制因素。

(2)从变形看,四点均布加载条件下,预制防撞墙变形大于现浇防撞墙,预制防撞墙相对于底座产生位移;此外,预制防撞墙在荷载很小的情况下,拼装交接面处就出现裂缝。

(3)单点偏载加载情况下,现浇防撞墙和预制防撞墙水平承载力基本相同,最终破坏模式为墙身破坏,并伴有底座损伤。

(4)从变形看,单点偏载加载条件下,预制防撞墙变形大于现浇防撞墙,预制防撞墙相对于底座产生位移,且相对底座产生扭转。预制防撞墙在荷载很小的情况下,拼装交接面处出现裂缝。

4.2.3 设计方法

本节结合《成都市公路工程预制拼装桥墩及防撞墙施工与质量验收技术导则》(报批稿)、《成都市公路工程预制拼装桥墩及防撞墙设计导则》(试行)、广东省标准《装配式市政桥梁工程技术规范》(DBJ/T 15-169—2019)介绍预制防撞墙的设计方法。

4.2.3.1 设计验算

预制防撞墙可按《公路桥涵设计通用规范》(JTG D60—2015)、《公路钢筋混凝土及预应力混凝土桥涵设计规范》(JTG 3362—2018)、《公路交通安全设施设计规范》(JTG D81—2017)和《公路交通安全设施设计细则》(JTG/T D81—2017)进行设计和验算。

4.2.3.2 构造规定

采用现浇湿接缝、螺栓或灌浆套筒与主梁连接的预制防撞墙,节段长度应根据梁长的分布确定,单个节段长度宜取 4~6m。节段间分缝宽度可根据现场施工精度进行调整,采用 10~20mm。在墩顶处必须设缝,在伸缩缝处的缝宽应同结构缝宽一致,分缝应与水平面垂直。防撞墙与主梁顶面之间的拼缝宜采用厚度约 10mm 的砂浆垫层。

采用现浇湿接缝与主梁连接的预制防撞墙,现浇湿接缝部位的钢筋分别为主梁的预埋钢筋和预制防撞墙的预留钢筋,在施工安装时应按规范规定的钢筋焊接要求进行焊接。采用灌浆套筒连接时,灌浆套筒应埋置在防撞墙内。

采用整体预制防撞墙,设计需提供成桥后防撞墙线形坐标参数,满足工厂预制生产时的放样要求,并提供防撞墙与梁连成整体后的重心位置及偏心力矩,要求生产和施工单位在生产、运输和安装时对带有防撞墙的主梁采取抗倾覆措施。防撞墙在纵向应分成多个节段,避免防撞墙参与梁体受力。

设计时应考虑桥梁竖曲线、砂浆拼缝厚度对预制防撞墙高度的影响。

预制防撞墙节段之间的纵向连接可按《公路交通安全设施设计细则》(JTG/T D81—2017)第 6.2.8 条第 9 款的规定根据防撞墙等级选用纵向企口连接方式、纵向连接栓方式或纵向连接钢筋方式。

4.3 挡土墙

4.3.1 发展背景

重力式挡土墙适用于山区,块石就地取材较经济。远离山区采用钢筋混凝土挡土墙较经济,断面采用 L 形较多。L 形断面的钢筋混凝土挡土墙,采用现浇施工受气候影响质量不易保证,景观效果较差,工期长,经济性较差。近年来,随着施工工艺水平的提高,混凝土预制块的大型化、拼装化得以实现,为挡土墙的预制化、装配化施工提供了条件。装配式挡土墙不仅施工快捷,施工质量和效率也得到保证,现场施工人员劳动强度降低,减少了现场的环境污染。目前,已在公路、铁路、水利、市政等工程领域得到了广泛应用。

L 形断面的悬臂式挡土墙和扶壁式挡土墙结构较轻,施工现场无需对土层进行特殊加固,适合预制装配施工。L 形断面的悬臂式、扶壁式挡土墙的装配化即先沿挡土墙长度方向划分为标准长度的挡土墙单元,并将其拆分为立臂、底板、扶壁分别预制,然后进行现场拼装。因此,L 形挡土墙实现预制装配化施工的关键是,构件间应有可靠的连接形式。

4.3.2 力学性能

为了探究预制装配挡土墙在不同接头处的受力性能,设计了 UHPC 填充缝、承插式、牛腿式三种接头形式的挡土墙模型,拟通过试验来分析它们的极限承载力以及破坏形态,并从试验数据来分析其受力机理,得到一些有益的结论,从而进一步指导工程实践。

4.3.2.1 试件方案设计和试验内容

根据最初图纸,挡土墙立板高度为 4.5m,在纵向取 1.6m 宽度作为计算单元,将其作为一悬臂梁近似计算其根部弯矩。经过进行配筋计算,挡土墙立板的受拉侧的配筋情况为:

Φ16mm,间距70mm;受压侧的配筋情况为:Φ16mm,间距140mm,底板的配筋布置按照构造措施进行相应的配筋。

试验采用的挡土墙立板的高度为2.0m,纵向取0.74m为一节段,厚度为0.45m,挡土墙立板受拉侧的配筋为:Φ16mm,间距70mm;受压侧的配筋为:Φ16mm,间距140mm,底板厚度为0.45m,按照构造措施进行配筋。

整体式与UHPC式试件底板宽度为1.6m。牛腿式与承插式试件的底板宽度为2.5m。牛腿式底板预留孔纵向尺寸为500mm(长)×450mm(宽),供立板插入底板,其余240mm为立板与底板断开的长度。

图4-7为装配式挡土墙构造配筋图。

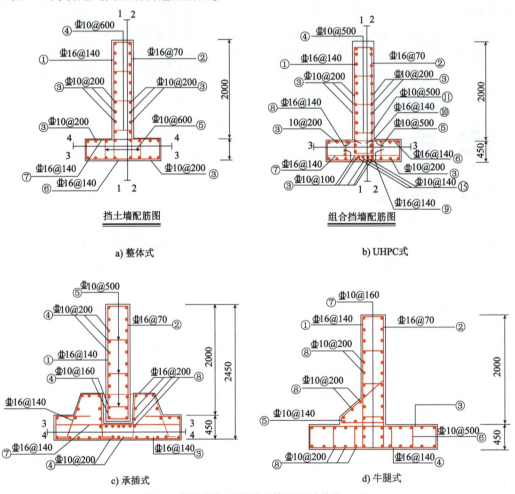

图4-7 装配式挡土墙构造配筋图(尺寸单位:mm)

4.3.2.2 试验加载工况、数据采集和测试内容

进行整体式、UHPC式挡土墙试验时,距底板高度为1785mm处施加水平力模拟土压力作用;为了防止挡土墙在受力过程中发生转动与水平滑移,在左侧底板位置采用竖向千斤顶压重,在右侧底板位置采用水平千斤顶防止水平移动。进行承插式、牛腿式挡土墙试验时,采用

在顶部施加集中水平荷载的方式进行加载。试验中,采用一根和反力架连接的型钢及千斤顶将混凝土挡土墙试件的底板固定。在试件顶部以下位置处施加集中水平荷载,直至试件破坏。为避免局部应力集中,在加载处加设一块钢板,分散应力。为保证压力始终与挡土墙顶板垂直,在加载位置上安装球铰。试验采用100t液压千斤顶,加载采用智能液压加载机加载。

试验前期采用位移控制加载模式,后期采用力控制加载模式。各试件加载方案如图4-8所示。

a) 承插式、牛腿式挡土墙加载方案　　　　b) 整体式、UHPC式挡土墙加载方案

图4-8　装配式挡土墙加载方案

测试各挡土墙试件顶部、中部、底部位移,采用DataTaker动态测试仪测试底板及近底板处挡土墙混凝土及钢筋应变。

4.3.2.3　试验测试结果

对于整体式挡土墙,最大加载位移为70mm,试验加载的最大荷载约为280kN;在加载至120kN之前,曲线的斜率变化不大;120kN之后由于裂缝的开裂使得截面的刚度被削弱,斜率逐渐变缓。加载至230kN时斜率进一步变缓,试验已经接近极限荷载。整体来说该挡土墙的受力模式类似于悬臂梁受力,其最终破坏形态是受压区混凝土压溃,受拉区钢筋屈服。对于承插式挡土墙,在加载至160kN时钢筋屈服,结构刚度大大减弱,在很小的荷载增量下,立板即产生很大的位移,在破坏时,立板根部受压区混凝土压溃,立板与底板接头处受拉区拉脱,此时立板顶端位移达到60mm,立板呈现整体倾斜。对于牛腿式挡土墙,因牛腿对立板根部截面的放大作用,随着力的增大,位移在缓慢增加,同时立板和底板裂缝不断开展,结构刚度逐渐下降,曲线整体斜率趋向平缓。但并未出现类似承插式挡土墙明显的强筋屈服台阶。破坏时,由于底板预留孔削弱了底板的断面使底板连接处撕裂,受压牛腿根部混凝土压溃,立板顶端位移达到62mm,底板受压侧出现明显上挠,立板整体倾斜严重。对于UHPC式挡土墙,最大加载位移为81mm,试验的最大荷载约为182kN;在加载至25kN之前,曲线的斜率较大,整个挡土墙处于弹性状态;加载至140kN、170kN时分别出现了巨响,可能是UHPC内部的钢筋被相继拔出,削弱了UHPC结构与立板之间的联系,进而导致荷载出现了短暂的下降,荷载位移曲线的斜率也变得趋于平缓。其最终破坏形态是受拉区钢筋屈服,立板根部混凝土压溃;底板混凝土大量开裂且立板混凝土底部的角隅部分出现开裂脱落。各试件的破坏形态如图4-9所示。

a) 整体式挡土墙破坏形态

b) 承插式挡土墙破坏形态

c) 牛腿式挡土墙破坏形态

d) UHPC式挡土墙破坏形态

图 4-9　装配式挡土墙破坏形态

4.3.2.4　结论与分析

（1）以上四类挡土墙的极限承载力都高于计算值，在实际应用中具有一定的安全储备。

（2）相对而言，对于承插式，与整体式相比相当于减少了悬臂端的力臂，相应的极限荷载较整体式增大，但相对于牛腿式和 UHPC 式，其改善性能并不明显。

（3）牛腿式破坏主要因为底板预留孔削弱了底板的断面，使底板连接处撕裂，如果在底板卡槽处加大板厚或加强孔口钢筋，承载力还能进一步提高。在实际工程中，牛腿式连接处受力与试验模型不完全相同。

（4）UHPC 式的承载力虽然和整体式相当，但考虑到其预制装配施工带来的便利，证明了尽管截面有一定削弱，但性能不变，值得推广应用。

4.3.3　设计方法

本节结合《四川省城市道路预制拼装挡土墙技术标准》（DBJ51/T 180—2021）介绍预制挡土墙的设计方法。

4.3.3.1 一般规定

预制挡土墙设计,在满足功能的前提下宜充分考虑道路与自然环境、道路景观、其他构造物及植被防护相协调,营造景观的多样性;在具有地域文化特色的路段,挡土墙设计宜传承文脉、彰显地区特性。

预制挡土墙结构应具有良好的预制条件和施工条件,能够承受正常施工和使用过程中可出现的作用及荷载;预制挡土墙设计使用年限为30年,其耐久性设计应能满足相关规定;在地震发生时或发生后,仍能保持必要的稳定性,挡土墙地震力作用应符合《公路工程抗震规范》(JTG B02—2013)的有关规定。

4.3.3.2 设计验算

预制挡土墙应结合预制、运输及安装等施工方案进行短暂状况施工过程的设计复核,并应满足《公路钢筋混凝土及预应力混凝土桥涵设计规范》(JTG 3362—2018)中的有关规定。

(1)作用效应

施加于挡土墙的作用(或荷载),按性质可分为永久作用(或荷载)、可变作用(或荷载)、偶然作用(或荷载),各类作用或荷载分类及名称见表4-1。各荷载计算方法应符合《公路路基设计规范》(JTG D30—2015)附录H的有关规定。

挡土墙各类作用或荷载分类及名称　　　　表4-1

作用(或荷载)分类		作用(或荷载)名称
—		挡土墙结构重力
		填土(包括基础襟边以上土)重力
		填土侧压力
		墙顶上的有效永久荷载
		墙顶与第二破裂面之间的有效荷载
		计算水位的浮力及静水压力
		预加力
		混凝土收缩及徐变
		基础变位影响力
可变作用(或荷载)	基本可变作用(或荷载)	车辆荷载引起的土侧压力
		人群荷载引起的土侧压力
		车辆荷载
	其他可变荷载	与各类型挡土墙施工有关的临时荷载
偶然作用(或荷载)		地震作用力
		滑坡、泥石流作用力
		作用于墙顶护栏上的车辆碰撞力

将表4-1所列作用力按如下要求进行组合:各荷载效应组合方法参照《公路基设计规范》(JTG D30—2015)附录H的有关规定;作用在一般地区挡土墙上的力,可只计算永久作用(或荷载)和基本可变作用(或荷载);浸水地区、地震动峰值加速度为$0.2g$及以上的地区、产生冻胀力的地区等,尚应计算其他可变作用(或荷载)和偶然作用(或荷载)。常用作用(或荷载)组合可按表4-2确定。

挡土墙常用作用(或荷载)组合　　　　　　　　表4-2

组　合	作用(或荷载)名称
Ⅰ	挡土墙结构重力、墙顶上的有效永久荷载、填土重力、填土侧压力及其他永久荷载组合
Ⅱ	组合Ⅰ与基本可变荷载组合
Ⅲ	组合Ⅱ与其他可变荷载、偶然荷载组合

注:1.洪水和地震力不同时考虑。
　　2.冻胀力、冰压力与流水压力或波浪压力不同时考虑。
　　3.车辆荷载与地震力不同时考虑。

(2)整体设计计算

预制挡土墙设计时应进行挡土墙强度、抗滑动稳定性、抗倾覆稳定性等方面的验算,并应符合《公路路基设计规范》(JTG D30—2015)和《公路钢筋混凝土及预应力混凝土桥涵设计规范》(JTG 3362—2018)中的相关规定。

结构构件应根据其受力特点进行配筋设计,其配筋率、钢筋的连接和锚固等应符合《公路钢筋混凝土及预应力混凝土桥涵设计规范》(JTG 3362—2018)的有关规定。

①悬臂式预制挡土墙

悬臂式预制挡土墙应符合以下规定:承插式连接挡土墙立壁、底板配筋应根据开孔情况对受力钢筋进行等效加强;栓接式的锚栓强度及构造要求应满足《混凝土结构设计规范》(GB 50010—2010)的相关规定。当受滑动稳定控制时,应采取措施提高抗滑能力。宜在墙底下设凸榫,其高度应保证凸榫前土体不被挤出。凸榫厚度应根据抗剪强度计算确定,且不小于300mm。

②扶壁式预制挡土墙

扶壁式预制挡土墙根据其受力特点,计算挡土墙实际墙背和墙踵板的土压力时,可不计填料与板的摩擦力。构件内力计算参照《公路路基设计规范》(JTG D30—2015)的相关规定,以结构力学方法进行计算:扶壁按悬臂T梁或固结在底板上的悬臂计算,但应加强斜面钢筋布置,并应按中心受拉构件分段计算扶壁与立壁的水平连接强度、扶壁与底板的垂直水平连接强度。立壁顺路线方向的弯矩按以扶壁为支点的连续梁板计算,立壁的竖向内力参照《公路基设计规范》(JTG D30—2015)的规定计算;基础的前趾板按立壁缘为支点悬臂计算;基础的后踵板按立壁、扶壁与底板交线以内部分可简化为三边固结、一边自由的弹性板,按双向板计算,其余部分按单向板计算。

③U形预制挡土墙

U形挡土墙设置对拉锚杆时,相应的构造及计算可参照《公路路基设计规范》(JTG D30—2015)附录H锚定板挡土墙相关条目执行。

(3)构造规定

①悬臂式预制挡土墙

悬臂式预制挡土墙由立壁及底板(包括前趾板和后踵板)组成。立壁的顶宽不应小于0.4m,立壁外侧和内侧面坡度均为竖直。前趾板和后踵板的端部厚度不应小于0.4m。有防撞需求的预制拼装挡土墙,墙顶高度应考虑与防撞墙的结合要求,并预留钢筋。

悬臂式预制挡土墙根据立壁与底板连接方式可分为UHPC式、承插式、牛腿式、栓接式、灌浆套筒连接。墙高不大于3m时,宜采用牛腿式挡土墙;墙高3~5m时宜采用栓接式或灌浆套筒连接挡土墙。

牛腿式悬臂预制挡土墙的立壁由立壁墙身、加腋和承插凸榫组成,断面示意图如图4-10所示。立壁内设置排水孔,便于墙背排水。底板每隔一定间距预留承插孔洞,孔洞与立壁承插凸榫配合使用,孔洞尺寸应不小于承插凸榫尺寸+20mm,预留孔四周宜设置尺寸为20mm×20mm的倒角,便于立板的吊装。底板预留孔与承插凸榫之间的空隙采用高强度无收缩砂浆灌注填实。孔口钢筋应加强。

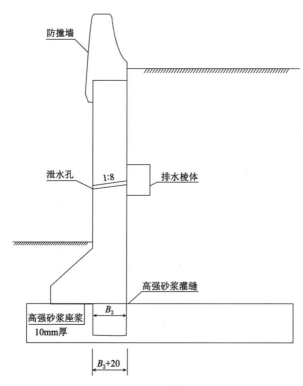

图4-10 牛腿式悬臂预制挡土墙断面构造示意图(单位尺寸:mm)
B_2-凸榫宽度(同墙身宽度)

栓接式挡土墙主要由立壁、底板(包括前趾板和后踵板)和预埋螺栓组成,立壁与底板通过钢套筒、底板预留螺栓连接。断面示意图如图4-11所示。底板顶面应在立壁前设置高度不小于10cm的板面凸榫,底板与立壁之间设置20~30mm厚的高强度无收缩砂浆垫层。

灌浆套筒连接挡土墙主要由立壁、底板(包括前趾板和后踵板)组成,如图4-12所示,并应满足以下要求:立壁背部设置通长的加腋,灌浆套筒设置于腋角中;立壁和底板之间设置厚度为20~30mm的高强无收缩砂浆垫层。

②扶壁式预制挡土墙

扶壁式预制挡土墙基础宽度宜取墙高的1/3~1/2,扶壁间距取墙高的1/4~1/2,扶壁厚度一般为扶壁间距的1/10~1/4,且不小于300mm,扶壁顶宽不小于300mm。墙趾板宜为墙高的1/20~1/5,且应不小于200mm;墙踵板宽一般为墙高的1/4~1/2,且应不小于250mm。立壁顶部厚度宜不小于200mm,立壁底部厚度由计算确定,并应不小于300mm。扶壁式挡土墙各组成构件可独立预制。预制构件节段长度宜综合材料规格、运输条件、起吊能力、现场条件等确定。预制节段纵向长度不宜小于3m,不宜大于4.5m,且不小于一个扶壁间距。

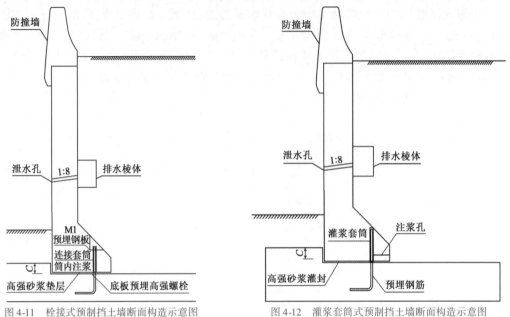

图 4-11 栓接式预制挡土墙断面构造示意图
C-板面凸榫宽度

图 4-12 灌浆套筒式预制挡土墙断面构造示意图
C-板面凸榫宽度

立壁与趾板/踵板以及扶壁与踵板的预制拼装可采用灌浆套筒、灌浆金属波纹管或湿接缝连接等方式;扶壁与立壁宜采用湿接缝连接。预制拼装方案如图 4-13 所示。

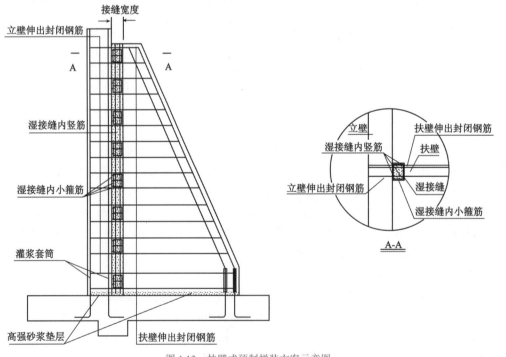

图 4-13 扶臂式预制拼装方案示意图

③U形预制挡土墙

U形预制挡土墙由L形组合段(立壁+底板)及现浇底板构成。当墙体高度较大时,可采用立壁分段预制的方式构成;底板现浇段可结合凸榫设置,如图4-14所示。当挡土墙立壁刚度不足时,还可采用半高隔板、对拉锚杆等措施。U形预制挡土墙各截面尺寸应根据计算确定,底板厚度不应小于0.5m。立壁的顶宽不宜小于0.35m,立壁宜为竖直。一般情况可不设墙趾。

立壁的竖向连接应采用灌浆套筒、灌浆金属波纹管连接,底板的横向连接一般采用湿接缝连接,对应具体要求同扶壁式预制挡土墙相关要求。

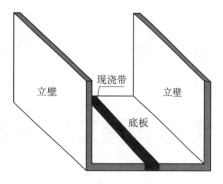

图4-14 U形预制拼装方案示意图

第 5 章
CHAPTER 5

连接构造及检测方法

5.1 概述

装配式桥梁接头可以分为两大类。一类是结构性接头,需要根据功能需求传递轴力、剪力、弯矩等荷载;第二类是非结构性接头,可以用于一些可以分离的部件,如桥台接头等,这些非结构性接头通常具备防水功能。在接头布置方面,设计人员应该充分理解接头的性能需求,同时考虑接头的可施工性,避免设计特别烦琐的接头结构,也可以借鉴各种类型的接头,掌握接头的传力原理,设计出新的接头类型。

5.2 上部结构连接构造

5.2.1 空心板梁铰接缝

装配式空心板桥通过浇筑纵向的企口缝将各板梁连接为一个整体,共同承受荷载。企口接缝传递荷载能力较弱,主要传递竖向剪力而不传递弯矩。在预制时,相邻两片空心板梁需要预留接缝钢筋,浇筑前,用 M15 砂浆填底缝,防止漏浆,然后浇筑铰接缝和混凝土铺装。空心板铰接缝如图 5-1 所示。

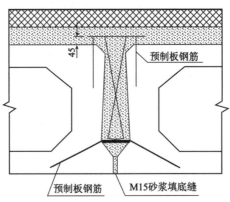

图 5-1 空心板梁铰接缝(尺寸单位:mm)

5.2.2 桥面板湿接缝连接

小箱梁、T梁等结构的横向连接通过现浇钢筋混凝土湿接缝实现。传统的湿接缝宽度一般在0.5~1.0m之间。预制小箱梁时,在接缝位置预留U形钢筋,小箱梁架设完成后,在现场再焊接安装一道环状钢筋和纵筋,并浇筑混凝土。传统的湿接缝现场工序比较多,钢筋避让、钢筋焊接以及绑扎工作量大。上海城建设计集团针对传统接缝构造进行了优化,提出了窄接缝连接结构,并在多个高架桥梁中开展了应用。窄接缝连接构造可将接缝宽度缩短到0.3m左右,相邻小箱梁接缝位置错位预留U形钢筋,小箱梁架设完成后,布置一定数量的纵筋并浇筑接缝混凝土。桥面板湿接缝构造如图5-2所示。

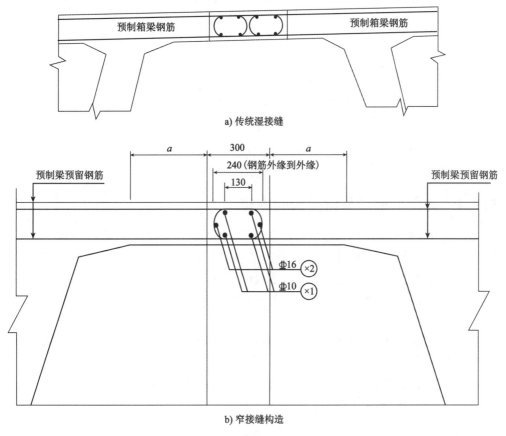

图5-2 桥面板湿接缝构造(尺寸单位:mm)

a-翼缘板悬臂长度

5.2.3 节段梁的连接

节段梁接缝形式有干接缝、环氧胶接缝和现浇混凝土接缝。干接缝由于耐久性问题,目前已不使用。

节段梁接缝由于没有钢筋贯穿连接,需要通过预应力钢束施加预应力,实现接缝两侧结构的荷载传递。接缝上应设置剪力键(图5-3、图5-4),主要用于承受与传递接缝截面在受力情况下的剪力,同时也可以在施工时协助定位。

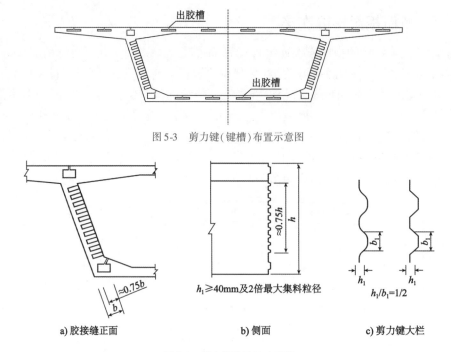

图 5-3 剪力键(键槽)布置示意图

图 5-4 剪力键构造尺寸示意

5.2.4 叠合梁钢梁与桥面板的连接

叠合梁钢与混凝土连接形式多种多样,各细部构造也不相同,但大致可分为黏结型、胶接型、摩擦型以及连接件型。目前国内应用最广泛的是连接件型,即使用连接件把两者接合在一起,最常见的是圆柱头焊钉。圆柱头焊钉连接件使用的是专用焊接机,不需要很高的操作技术,焊接方便,质量容易保证。叠合梁可以将焊钉沿着翼缘长度方向近乎等间距设置,但这样的构造在对负弯矩区混凝土桥面板施加预应力时,会产生一部分预应力作用到钢梁上,使预应力不能有效地施加给桥面板的问题。为解决这个问题,可先在焊钉处混凝土板预留孔,把几个焊钉以较小的间距集中设置形成群体,再以较大的间距把这个焊钉群设置在翼缘长度方向上,施加预应力后再用无收缩砂浆填充焊钉群的预留孔,使钢梁与混凝土桥面板的共同工作滞后发挥。叠合梁连接构造示意如图 5-5 所示。

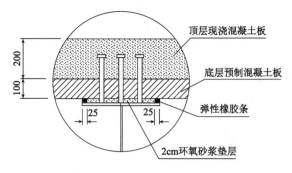

图 5-5 叠合梁连接构造示意(尺寸单位:mm)

5.3 下部结构连接构造

5.3.1 灌浆套筒连接

灌浆套筒连接在连接构件中预留连接用灌浆套筒以及伸出钢筋,拼装时,在接缝面上采用砂浆垫层或环氧胶,构件拼装后,通过高强无收缩水泥灌浆料填充在钢筋与连接套筒间隙,硬化后形成接头,如图5-6、图5-7所示。

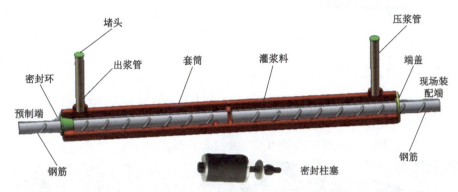

图5-6 灌浆套筒构造示意

图5-7 灌浆套筒剖面

5.3.2 灌浆金属波纹管连接

灌浆金属波纹管连接构造的力学机理是通过高强无收缩水泥灌浆料填充在钢筋与金属波纹管间隙中,硬化后形成对钢筋的锚固构造(图5-8)。预制时,将金属波纹管预埋在接缝处,用以连接拼接构件的伸出钢筋。拼装时,在接缝面上采用砂浆垫层或环氧胶,构件拼装后,通过高强无收缩水泥灌浆料填充在钢筋与连接套筒间隙,硬化后形成接头。

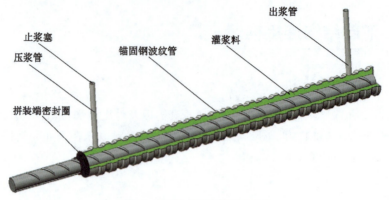

图 5-8 灌浆金属波纹管构造示意

5.3.3 插槽式连接

插槽式连接构造是先在桥梁构件中预留带有剪力键的插槽口孔洞,然后将拼接件插入槽口,在槽口与拼接件的空隙中浇筑混凝土完成拼接(图 5-9),可应用于桩基与承台或立柱与盖梁的连接。带有剪力键的插槽口,可采用大型波纹管预留。

图 5-9 插槽式连接构造示意

5.3.4 承插式连接

承插式连接构造(图 5-10)类似于建筑上采用的杯形基础,主要应用于桥梁立柱与承台的快速连接,可采用两种方式:一是承台浇筑时预留比立柱稍大的孔洞,待承台浇筑完成后将立柱安放在孔洞中,并填充高强度混凝土;二是立柱临时搁置在地坪上,待承台钢筋绑扎完成后一次性浇筑完成。

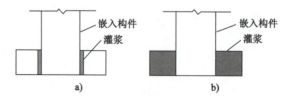

图 5-10 承插式连接构造示意

5.3.5 预应力连接

通过后张预应力筋连接构造实现节段预制桥墩的建造,方案中的预应力筋可采用钢绞线或精轧螺纹钢等高强钢筋,桥墩节段之间可设置钢筋连接,也可不设置钢筋连接。

国外案例中多采用 U 形预应力钢绞线,预应力钢绞线锚固在墩顶,这样的构造预应力筋在承台里的弯曲半径小,穿束难度大。考虑到施工的便利性,国内相关厂家针对桥墩这样的竖向安装结构开发了自锁式预应力锚固体系(图 5-11),主要工艺流程包括:预埋件安装、索体穿束、锚具安装与张拉、灌浆与封锚。

a) 锚固体系构造　　b) 预埋锚具　　c) 后穿锁体

图 5-11　自锁式预应力锚固体系

(1)预埋件安装

锚具组件在预制件制作以及承台浇筑时预埋安装在墩体和承台中。

(2)索体穿束

桥墩运至施工现场进行拼装,拼装到位后将索体穿入孔道,固定端实现自锁。

(3)锚具安装与张拉

在桥墩上端安装锚具和设备进行张拉锚固。

(4)灌浆与封锚

由下往上灌浆,灌浆后在上端的凹槽内用浆体封锚。

5.3.6 湿接头连接

相邻的构件预留钢筋连接,现浇段长度需要预留足够钢筋锚固的空间,根据构造要求,可能需要现场绑扎连接钢筋。采用普通混凝土后浇段时,通常采用连接断面上整截面现浇;采用超高性能混凝土后浇段时,由于超高性能混凝土锚固性能好,断面上可以大幅度缩小浇筑范围,甚至可使预制桥墩在架设时不需要额外的临时支撑。东海大桥湿接头连接桥墩如图 5-12 所示。

图 5-12 东海大桥湿接头连接桥墩

5.4 连接构造检测方法

5.4.1 发展背景

从连接构造检测的角度,可以将连接构造主要分为三大类。第一类是开放式浇筑的连接构造,就如同现场浇筑构件,以有大面积外露表面的现浇缝的形式呈现,通常需要具备完整的传力能力,如小箱梁、刚接板梁现浇缝以及叠合梁钢梁和桥面板之间的接缝等。第二类是填充在两种构件之间,主要承受压力,并改善接缝耐久性的构造,如砂浆垫层、环氧黏结剂接缝材料等。第三类是完全密闭灌注的连接构造,通常也要求有足够的传力能力,如灌浆套筒连接、灌浆金属波纹管连接等。对于第一类构造,可参考现浇混凝土结构的检测要求,并额外重点检测后浇段与混凝土构件之间是否会产生收缩裂缝;对于第二类构造,需要重点检测接缝材料与混凝土构件之间是否填充密实,避免产生脱空、裂缝;对于第三类构造,无法采用视觉观察来判断连接构造质量,但注浆质量又直接关系到连接传力可靠性,因此针对第三类构造检测的研究是连接构造检测研究的重点和难点。本节内容围绕第三类连接构造的检测展开介绍,尤其是灌浆套筒的检测,其他完全密闭灌注的连接构造检测可参考灌浆套筒检测。

灌浆套筒检测可以分为有损检测和无损检测两大类;有损检测结果直观,但会对连接构造产生损伤,并需要对结构进行修补,因此重点需要发展无损检测技术;无损检测技术在其他领域有丰富的应用经验,但在灌浆套筒检测方面在近几年才开展了相关研究。

2017 年,高润东等采用工业 CT 技术检测素混凝土、钢筋混凝土试件内的套筒灌浆饱满度。其研究结果中 X 射线能够穿透钢筋混凝土、套筒的筒壁对套筒内腔清晰成像,可以直观分辨灌浆区和空腔区,X 射线工业 CT 技术穿透能力强且能达到检测要求。2018 年,李向民等对 X 射线法不同成像技术检测套筒灌浆饱满度的效果进行了试验。其结果表明:DR 成像技术基本可满足套筒饱满度检测要求,其检测效率高,可用于现场的实时检测,更加适用于工程应用。综上所述,X 射线法受限于便携式 X 射线机的穿透能力,目前只适用于套筒居中或梅花形布置的 200mm 厚预制剪力墙。由于 X 射线具有放射性,该方法在工地现场使用具有一定限制,且检测效率低下,成本较高。

2017 年,王卓琳等采用冲击回波法分别对波纹管浆锚搭接连接和改进型浆锚搭接连接节点灌浆饱满度检测情况进行了试验研究。其研究结果表明:冲击回波法可以检测出灌浆不饱满的情况,对于波纹管浆锚搭接连接,灌浆饱满区和灌浆缺陷区的判断误差较大,对于改进型浆锚搭接连接,灌浆饱满区和灌浆缺陷区的判断误差较小。刘辉等对冲击回波法检测套筒灌浆饱满度进行了试验研究。冲击回波法能够克服预制构件中分布筋的影响,可定性地判断套筒内灌浆饱满区和灌浆缺陷区,且误差较大;对于双排布置的套筒,冲击回波法无法准确判断其饱满度。

预埋传感器法是基于阻尼振动幅值衰减原理,通过检测灌浆前后出浆口处传感器在初始激励作用下振动幅值的衰减变化情况,确定套筒内部灌浆的饱满程度。

2018 年,崔士起等对预埋传感器检测套筒灌浆质量进行了试验。研究发现:当阻尼振动传感器周围有灌浆料时,信号振幅会衰减,试验中对套筒灌浆饱满度的判断基本可靠。2018 年,崔珑等使用预埋阻尼振动传感器对套筒灌浆质量进行了现场检测。研究发现:阻尼振动传感器法不仅能实现套筒灌浆质量的事后检测,也可以在灌浆过程中对灌浆质量的控制起到一定的作用。预埋传感器法能对套筒灌浆饱满度进行判断,但是,预埋传感器法检测成本高,且回浆后,传感器核心元件上残留浆体的硬化可能导致误判。

2020 年,上海城建设计集团联合上海同济检测有限公司开展了钢丝拉拔法、芯片法、超声成像法、射线法、冲击弹性波法以及压力法等各种方法的研究和检测。除了冲击弹性波法,各种检测方法均能够在一定条件下完成相应的检测指标。

依托研究成果以及相关工程实践,近几年,国内发布了多项关于装配式结构灌浆套筒检测的标准,见表 5-1。考虑到目前灌浆套筒的检测还在快速发展,这些标准普遍对检测内容以及检测方法提出了建议,并未限制检测方法。

国内涉及灌浆套筒检测的标准现状　　　　　表 5-1

序号	标准名称	标准编号	发布单位
1	《装配整体式混凝土建筑检测技术标准》	DG/TJ 08-2252—2018	上海市住房和城乡建设委员会
2	《装配式混凝土结构套筒灌浆质量检测技术规程》	T/CECS 683—2020	中国工程建设标准化协会
3	《装配式混凝土结构钢筋套筒灌浆连接技术规程》	DB33/T 1198—2020	浙江省住房和城乡建设厅
4	《装配整体式混凝土结构检测技术规程》	DB32/T 3754—2020	江苏省市场监督管理局
5	《装配式混凝土结构检测技术标准》	DBJ/T 15-199-2020	广东省住房和城乡建设厅
6	《装配式混凝土结构套筒灌浆饱满度检测技术规程》	DBJ52/T 105—2021	贵州省住房和城乡建设厅
7	《预制拼装桥梁技术标准》(报批稿)		上海市住房和城乡建设委员会

5.4.2　检测内容与方法

5.4.2.1　检测内容与符合性判定

对于灌浆套筒,需要检测的主要内容包括腔内异物、浆料质量、灌浆饱满度等。目前可采用的方法包括内窥镜法、预埋钢丝拉拔法、芯片法、压力传感器法、阵列超声成像法、局部破损法等。这些方法能够实现的检测内容见表 5-2。

灌浆套筒检测内容和检测方法 表 5-2

检测内容	检测方法
套筒异物,坐浆料倒灌	内窥镜法
浆料质量	预埋钢丝拉拔法、局部破损法
灌浆饱满度	芯片法、压力传感器法、阵列超声成像法、预埋钢丝拉拔法、局部破损法

灌浆套筒灌浆质量检测按批抽样检测时,符合下列条件的灌浆套筒可作为同批灌浆套筒:①灌浆套筒规格形式相同;②灌浆料材料、配合比、灌浆设备、养护条件相同;③灌浆工艺等施工方法相同;④构件种类相同;⑤同一个台班灌注。

灌浆套筒灌浆质量批量检测评定方法见表 5-3。

批量检测符合性判定 表 5-3

抽样数量	合格判定数	不合格判定数	抽样数量	合格判定数	不合格判定数
2~5	0	1	80	7	8
8~13	1	2	125	10	11
20	2	3	200	14	15
32	3	4	315	21	22
50	5	6	500	33	34

注:1. 当灌浆套筒一个检测批中不合格数量为合格判定数及以下时,该批可判为合格;当灌浆套筒一个检测批中不合格数量为不合格判定数及以上时,该批判为不合格。

2. 当灌浆套筒同一检验批抽检数量非上表中的数值时,"合格判定数"按差入值计算,其中"合格判定数"小数点后的数字略去不计,不合格判定数 = 合格判定数 +1。

5.4.2.2 预埋钢丝拉拔法检测技术

借鉴混凝土后置预埋件拉拔力检测的思路,由于套筒内灌浆从下侧的注浆孔灌入,在重力作用下浆料自然回流,出浆口高度高于进浆口,因此出浆口处的质量最容易出现问题。套筒内灌浆料在凝固后,预埋件与灌浆料的黏结性可以反映套筒出浆口灌浆料质量和灌浆饱满度。拉拔法需灌浆前在出浆口处预埋好钢丝,预埋钢丝的直径和预埋的深度通过灌浆块的若干试验得到,试验得出的数据应保证预埋杆极限强度大于黏结力,且离散性较小。

考虑到现场实际操作的简便性,可将预埋钢丝与出浆口的橡胶塞一体化,在灌满完成后,塞孔时同时植入预埋件,减少施工的工序及困难程度。

拉拔法可以得到以下几个参数指标:①灌浆料在腔内高度是否达标,如果灌浆料未达标,预埋钢丝在出浆口未能充分接触到灌浆料,黏结力存在大幅度的减小。②灌浆料的强度是否达标,若强度未达标,黏结力也存在一定范围的减小。钢丝拉拔法检测示意图如图 5-13 所示。

5.4.2.3 预埋芯片射频识别法检测技术

预埋芯片射频识别法的基本原理是将装好的封装芯片球(封装芯片球密度小于灌浆浆料密度)竖直放置在灌浆套筒内,灌浆浆液上升过程中,封装芯片球随液面上升至出浆口区域,待浆液凝固后,利用射频识别技术,通过阅读器读取芯片所处的位置,从而获取套筒内灌浆的饱满度(图 5-14)。

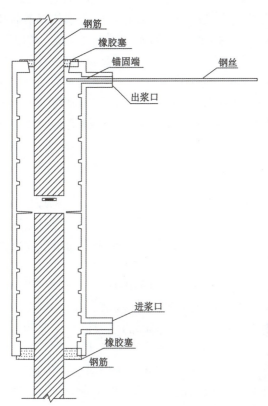

a) 芯片球大样（封装球直径15mm）

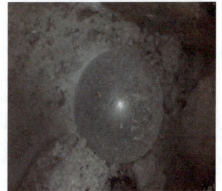

b) 套筒内芯片球上浮情况（内窥镜法观测）

图 5-13　预埋钢丝拉拔示意图　　　　　图 5-14　芯片封装球

根据测试结果，灌浆饱满的情况下，PCB 芯片上浮后可在距顶部出口 10cm 范围内被检测设备识别，工程中大部分立柱盖梁连接接头构造能够支持采用芯片法检测套筒灌浆饱满度。

5.4.2.4　阵列超声成像法检测技术

混凝土的超声波检测技术为利用超声波对混凝土性能进行探测的一种无损检测技术。因混凝土介质的不均匀性，超声波通过混凝土材料后，其波速、频率等一系列声学参数均会发生相应改变，应用数据信号处理手段分析波形前后的变化，可提取混凝土内部的各种信息，进而对其性能进行评估。超声成像原理如图 5-15 所示。

图 5-15　超声成像原理示意图

常用的超声波形式有横波和纵波两种。介质中质点的振动方向与波传播方向垂直的波为横波,介质中质点的振动方向与波传播方向平行的波为纵波。反射式超声的干耦传感器频率采用25~60kHz的横波,混凝土结构中横波传播速度约为纵波传播速度的60%。常用的混凝土中横波速度位于2000~3000m/s范围内,依据物理学中波传播的衍射理论,横波反射式超声法在混凝土结构中可识别最小缺陷尺寸约为30mm的灌浆料缺陷。超声检测对套筒埋置深度有一定要求。目前测试结果表明,套筒保护层厚度在300mm以内时,能够得到可靠的检测结果,因此工程中大部分立柱盖梁连接接头构造能够支持采用超声成像法检测套筒灌浆饱满度。

5.4.2.5 压力传感器法检测技术

套筒的内部浇筑过程类似于流体状态的灌浆料在套筒内的流动,流体的输送、物理性质的变化均与压力直接相关。流体压强产生的原因是液体的重力与流体的流动性。流体压强的特点是流体内部向各个方向都有压强,其大小与流体的密度及深度有关。

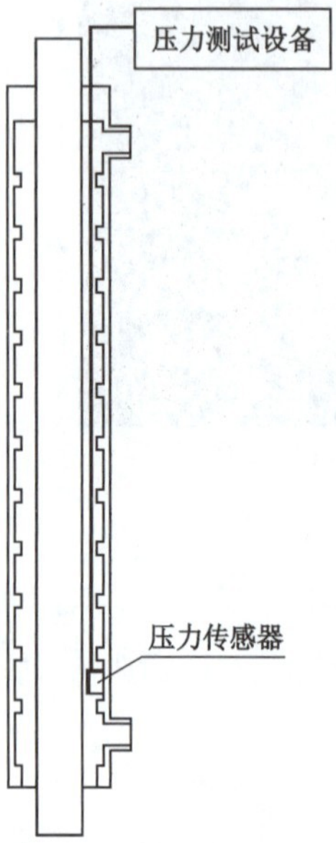

依据对应的试验可获取不同灌浆材料中预埋深度与压力值的正相关系数,实际监测过程中可设置不同的位置,根据实际节点的重要性及现场可布置性、最终多个通道内的压力值变化监测节点内部的密实度情况。

在压力传感器法的实际应用中,需要先预埋对应的传感器,对实际节点的内部结构划分区域和位置。然后根据预先计算的理论值,进行现场内部浇筑。在实际浇筑过程中监测值是否符合理论预期值,可根据实际监测数据判断其内部的密实度,并结合其他现场手段进行验证,遇到问题及时采取补救措施,确保重要节点内部的浇筑符合密实度要求。压力法检测的原理如图5-16所示。压力传感器在压力传感器以及软管埋置到位的情况下,可对达到预埋深度的套筒进行灌浆饱满度检测。现场测试结果显示,当灌浆饱满度满足设计要求时,测试的压力值基本稳定在18kPa,且在压力机的冲击状态下,峰值可能达到40kPa。压力传感器法现场检测照片如图5-17所示。

图5-16 压力传感器法检测原理示意图

图5-17 压力传感器法现场检测照片

第 6 章
CHAPTER 6
工业化智能建造基地规划

6.1 发展背景

工业化装配式桥梁建设需要开展工厂化生产,装配化、机械化施工。装配式桥梁为工业化生产方式的一种重要的生产手段。发展装配式桥梁是桥梁从粗放型施工向集约型施工的根本转变,是产业现代化的必然途径和发展方向。

21世纪以来,我国基础设施建设逐步扩大,高速公路、高速铁路、城市道路建设都得到了空前发展。桥梁工程作为基础设施重要的组成部分,近年来对施工现场的文明施工、建设工期等方面提出越来越高的要求,市政和交通基础设施建设也是推进建筑工业化的重要领域。例如大型跨江跨海大桥、公路跨越铁路以及城市立交桥等都采用了预制混凝土构件,此类构件的一大特点就是采用工业化制造基地进行预制施工,然后运输到施工现场进行吊装就位,预制构件的质量与生产进度直接影响到整个工程的质量与工期进度。

工业化制造基地的规划设计在整个建设工程中是一项非常重要的工作。我国现阶段对于制造基地的规划设计重视度不够,究其原因有二:一是预制梁的生产技术比较成熟,把生产线搭建起来就能够生产,所以建场成本相对整个桥梁工程来说偏低,在工程建设中处于附属地位。二是预制梁属于大型构件,对运输条件要求比较高,每个预制工厂的辐射半径大约为100km,这就导致工业化制造基地的选址被桥梁工程建设的地理位置所限制。不同地方的场地大小、地质地貌、气候条件、设备、材料等因素都将很大程度影响制造基地的规划设计。

现阶段,很多制造基地的选址建设都是根据桥梁工程施工人员多年的从业经验,以满足当下工程建设工期为主要目标进行设计的,在建设过程中对设计考虑不周全会出现各种问题。例如:办公车辆与运输车辆流线交叉,影响运输效率;产能规划与产能需求不匹配等。

基于此,本章将结合实际工程经验,对工业化制造基地选址和设计相关影响因素进行系统分析,归纳和总结制造基地的规划设计规律,以便更合理地组织施工提高管理水平,为后期施工生产提质增效提供条件。

6.2 规划设计基础

6.2.1 规划原则

工业化制造基地的规划设计始终以安全性、经济性、可靠性为总原则,同时因制造基地生产功能及产品的特殊性,还需从以下几点对总图进行整体设计。

(1) 总体设计

在满足先进生产工艺流程和最佳物流路线的前提下,结合场地特点,做到各功能分区明确、总体交通流线清晰合理、生产管理方便,并符合国家和当地政府有关城市规划、环境保护、安全卫生、消防、节能、绿化等规范条例要求。

(2) 各功能布局

总平面布置应做到布局合理、物流线路通畅、经济,尽量减少物流运输交叉作业,以生产集中专业化、资源共享最大化、公共服务一体化、组织管理扁平化为目标,强调合理、实用。

(3) 以人为本

整体基地规划应强调"以人为本",注重环境设计,创造一个舒适宜人的生产、生活空间,并使基地内建筑与周围环境融合协调,展示现代化企业形象和企业的文化理念,创建最佳的企业形象和厂区环境。

6.2.2 规划应考虑的因素

工业化制造基地的建设一般都伴随着实体工程(例如大型跨海大桥、城市高架道路、立交桥等大型桥梁工程)共同建设。兵马未动,粮草先行。装配式桥梁构件作为桥梁工程的基础构件,基地建设通常是放在第一位。所以工业化制造基地规划应结合桥梁工程施工进度、装配式桥梁构件施工工艺流程以及场地自然条件,在满足总工程工期的情况下,保证预制构件的质量以及控制制造基地的建设成本。因此,在制造基地开始规划设计前,需事先考虑以下几个因素。

6.2.2.1 规划设计产能

设计产能是衡量一个工业化基地生产能力的重要指标。建设初期,对基地构件生产能力的把控是规划设计中关键一步,将直接影响整个基地的建设规模。

通常基地建设的初衷来源于大量的预制构件需求,大致可分为两种情况:第一种情况是直接面对市场,满足城市升级对构件的需求;第二种情况是直接满足某一高架道路项目的构件需求。

第一种情况首先应根据国家政策、城市规划分析市场情况,调查分析工程预制构件的品种、数量的市场需求。

以成都市为例,根据《成都市国民经济和社会发展第十三个五年规划纲要》《成都市城建攻坚 2025 规划》等相关文件,成都市区将完善市域快速交通网络,建设市区半小时交通网,至 2025 年末,继续加快建设沙西线快速化改造、三岔湖旅游快速路、成新蒲快速路、成赵快速路,启动建设成彭快速路等市域快速通道重点项目,规划研究都江堰至天府新区快速通道、大邑至天府新区快速通道、龙泉驿至天府新区快速通道等项目。市域内新建或提档升级改造快速路通车里程约 225km,市域快速路总里程达到 1040km。同时还需为解决成都中心城区交通拥堵的问题,至 2025 年末,重点建设 21km 快速路,扩能改造中心城区核心区"井"字形骨干道路,解决核心区交通拥堵问题,全面建成中心城区快速路网及快速公交体系,实现中心城区半小时快速交通圈;完成"3.5 环"、商贸大道等主干道新(改)建工程共计 120km,新建约 495km、改造约130km城市次干路及支路,全面形成330km的环放结构主干路网体系,基本消除重要节点交通障碍,中心城区路网密度达到6.6km/km^2;全面建成中心城区已规划客运枢纽及公交场站,同时按双向六车道以上道路公交专用道满覆盖的原则加快公交专用道建设,实现公共交通占机动化出行比例达到80%。为全面推进综合管廊建设,按照成都市"双核共兴、独立成市"的战略要求构建国内示范先行、引领西部发展、多层次网络化的现代新型城镇化综合管廊体系,提高城市地下管网的建设和管理水平。至2025年末,中心城区、天府新区及周边区域中心城市结合旧城改造和新区建设同步实施综合管廊,规划建设各自独立成网的综合管廊系统。

综合以上政策和需求因素考虑,整个成都市区基建潜在市场规模汇总见表6-1。

潜在市场规模汇总表   表6-1

分　　项	2018年目标	2021年目标	2026年目标	合　　计
市域快速路新建里程(km)	85	180	225	490
中心城区快速路升级里程(km)	508	547	745	1800
天府新区新建路网里程(km)	56	57	54	167
综合管廊	规划中,预计数量巨大			

根据相关数据分析,快速路提升参照成都市三环改造工程,每50km 28座立交,每座立交按3000m^{3}预制构件需求量进行计算。综上,可得到表6-2所示数据。

构件需求表   表6-2

名　　称	构件需求量(万 m^3)					
	2021	2022	2023	2024	2025	2026
新建市域快速路	58	61	61	61	61	61
快速路提升	31	25	25	25	25	25
天府新区快速路	18	15	15	15	15	15
年度汇总	107	101	101	101	101	101
总计	612					

因此,未来6年内,成都市场可提供大约612万 m^{3}桥梁预制构件需求量。综合管廊的市场容量,预计自2021年起每年可提供至少20万 m^{3}的需求量。在成都市建设一家预制构件厂,按260亩用地面积考虑,可布置4条生产线,产能为:预制立柱,年产1320根(4根/d);预制盖梁,年产能660榀(2榀/d);预制小箱梁,年产能1980榀(6榀/d)。其中箱梁线可转换为综合生产线,后期可生产综合管片或桥面板、防撞墙等,大约每年可提供20万 m^{3}的桥梁预制构件,可满足市场需求。

第二种情况是生产基地具体为某个高架桥梁项目服务,则需首先明确该段路所需要的预制构件量,进而反推基地规模及产能。

以西安市场上西沣高架为例,西沣高架预制构件需求见表6-3。

预制构件统计表　　　　　　　　　　　　　　　表6-3

部位		类型	个数	备注
南段	主线	预制箱梁	5380	35m 小箱梁,吊装质量约 130t
		预制墩柱	628	2m×2m 高度不超过 15m,整段吊装,吊装质量不超过 150t
		预制盖梁	314	分两个小节段预制,吊装质量约 240t
		预制桥面板	5760	纵向尺寸 2.8m,宽度 16.85 半幅整块预制
	匝道	预制箱梁	195	35m,30m 小箱梁,吊装质量约 130t
		预制桥面板	1030	纵向尺寸 2.8m,宽度 10m,整块预制
北段	主线	预制墩柱	200	1.6m×1.8m,1.8m×2.0m,高度不超过 15m,整段吊装,吊装质量不超过 150t
		预制盖梁	73	26m 断面整块预制、吊装重量约 230t,33m 断面分两段预制,吊装质量约 190t
		预制桥面板	1430	纵向尺寸 28m,宽度 13~16.5m 左右幅分幅分块吊装
	匝道	预制墩柱	115	1.6m×1.8m,1.6m×2.6m,高度不超过 15m,整段吊装,吊装质量不超 150t
		预制盖梁	229	整块吊装质量约 70t
		预制桥面板	374	纵向尺寸 2.8m,宽度 8.5m,整块预制

根据工艺需求反推基地规模及设计产能:每年按 330 生产天算,则基地产能应满足:预制立柱,3 根/d;预制盖梁,2 榀/d;预制箱梁,16 榀/d。需设置立柱生产线一条,盖梁生产线一条,箱梁生产线 4 条,生产线长度盖梁立柱 300m,箱梁 400~500m。同时,因桥梁上部结构与下部结构生产时间可错开,因此在立柱及盖梁生产完成后,生产线可直接用来做箱梁或者桥面板等构件的生产,从而可大致推算出基地整体规模。

6.2.2.2　建设费

工业化制造基地的工程建设费用主要集中在基地的征地费用、基地基础建设费用、整体设备采购费用等方面。所以在规划初期,应根据需求或具体桥梁工程推算基地每年具体的产能,从而推算制梁生产线最优方案。在满足产能的情况下,使生产线区域占地最小、设备使用最合理是规划初期的一个重要目标。

6.2.2.3　选址

工业化制造基地场地选择应遵循安全性、经济性、环保性、方便管理的原则。应该选择在交通便利、地质条件好、施工用水用电接通便利、基础处理费用低的区域。周边环境、场地形状、面积大小需满足生产工艺布置的需求。

(1) 永临结合

尽量选用当地工业园区内永久性建设用地,园区内一般水电接通较为便利,可节省大部分外水外电接入费用,同时还可节省租地及临时工程费用。永久场地周边考虑后续部分可临时征地空间,为后期产能扩大库存增加储备存梁用地。

(2)征地拆迁量少

基地尽量选择工业园区用地,或者园区外用地性质少的地块,尽量避免征地内有大量坟地、耕地、电缆等不确定因素的用地,以减少后期处理这些事宜产生的各种费用。

(3)宜在桥梁集中地段选择工业化制造基地

因桥梁预制构件较大,所以每个预制工厂的辐射半径大概在100km范围内,将基地选择在桥梁集中地段,既可以缩短运输距离,同时又可以保证工业化制造基地的后续发展。

(4)交通便利

不管是预制原材料的运进(钢材、大型设备、砂石集料)还是成品构件(箱梁、盖梁、立柱、综合管廊等)的运出,整个基地车辆的运输量都大且多,所以制造基地需与规划区既有公路相毗邻,从而能保证大型施工车辆及大型制、提、运梁设备的运输车辆通行需求。

(5)地质状况好,地基处理工程量小

较好的地质可以减少地基处理工程量,降低工程费用,容易满足制梁过程中对制、存梁台座等结构物提出的沉降、变形等要求,尤其针对大吨位箱梁效果更为明显。

6.2.2.4 工艺要求

工业化制造基地最大的功能区就是预制构件生产流线,包含钢筋绑扎区、混凝土浇筑区以及预制构件存放区,办公生活区及混凝土拌和区都是为其服务,所以合理规划好构件生产、运输流程是进行基地整体规划的重要一步。

6.3 规划设计

6.3.1 生产功能区规划

桥梁制造基地功能区分为三大块:构件生产区(钢筋加工区及制梁、存梁区),混凝土拌和区及办公生活区。

6.3.1.1 构件生产区

构件生产流线作为工业化基地的重要组成部分,包含钢筋原材料加工区,钢筋绑扎区,构件预制区以及构件存放区(图6-1)。

(1)钢筋加工区

钢筋加工区域用来对采购进来的钢筋进行存储、拉直、切割、弯曲、绑扎成目标桥梁构件所需的形状和尺寸。同时该区域还具有钢筋成品、半成品堆放功能(图6-2)。

(2)桥梁生产线

制梁区作为制造基地生产线的重要组成部分,预制梁的生产及各种关键性机械设备都集中布置在这个区域(图6-3)。该区域的主要功能是实现混凝土梁的预制和预应力张拉,制梁区主要包括预应力张拉台座、钢筋绑扎台座、模板系统、混凝土输送浇筑机械、蒸汽养护以及门式起重机轨道基础等。

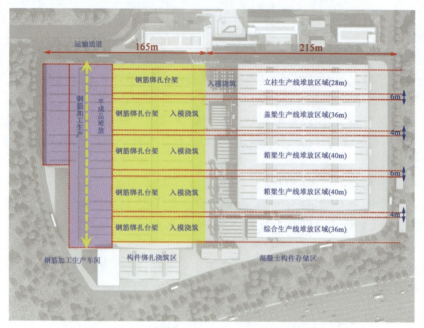

图 6-1　构件生产区功能分布

图 6-2　钢筋加工示意图

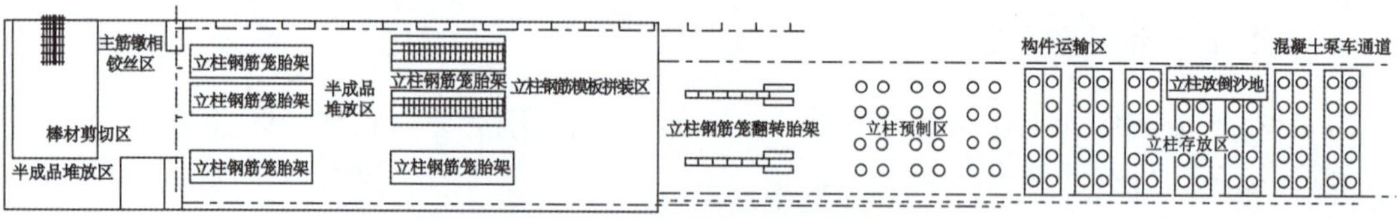

图 6-3　制梁区平面布置示意图

制梁区是整个构件生产流线的核心部分,一般根据基地承担的预制任务量、工期要求等因素,算出基地的产能需求,进而推算出每条生产线具体大小,生产线的布局最终决定预制工厂的具体规模,最终影响基地的整体布局及总建设投资,因此,做好制梁区规模及布局的策划工作,是科学合理确定工业化制造基地建设规模的第一步。

制梁台座的布置方式,一般取决于搬、移梁方式,梁体预制工艺以及设备布局,主要有"一"字形布置(图6-4)、"并列式"布置(图6-5)及错位式布局,因错位式布局比较凌乱影响生产效率且不节地,所以一般用得最多的是"一字形"布置和"并列式"布置。

图6-4 "一"字形布置

图6-5 并列式布置

"一"字形布置:优点是提高门式起重机设备使用效率,两台门式起重机即可完成浇筑吊装及存梁区运输吊出需求,同时方便浇筑区拆模,节省门式起重机移动距离,从而更高效地提高生产效率;缺点是每条生产线的门式起重机轨道间距需大于构件尺寸,从而增加厂房区钢柱跨度,增加造价。

"并列式"布置:优点是门式起重机轨道间距不受限,可根据构件排布数量灵活布置,从而也方便厂房钢柱布局;缺点是每个构件吊装都必须采用两台门式起重机共同作业,极大地降低了设备使用频率,影响生产效率。

制梁台座数量的确定:假设需求是均衡的,则整个工期内总生产梁的数量 D 除以总工期天数 T,得出制梁生产线每天需生产梁数量 Q。

以箱梁为例,每条生产线最少制梁台座数量(个):

$$N = QT_1$$

式中:Q——按计划确定的生产线一天预制梁的数量(榀/d);

T_1——预制每榀箱梁占用单个制梁台座时间(d/榀)(箱梁可按照5d/榀计算,因每个台座从预制到吊装需要5d)。

例如:基地箱梁生产线每天产能是2榀/d,则生产线上因布置台座数 $N = 2 \times 5 = 10$(个)。

存梁区:存梁区域大小与桥梁工程整体施工计划密切相关,因存梁区域占地面积较大,在初期将左右征地面积大小,所以规划设计的时候一般根据桥梁施工工期最高峰期间所需梁数量来确定最大存梁量,若总工程施工周期未明确,则考虑生产线上一个月的存梁量为准。存梁方式的不同则决定了存梁区域面积的大小。目前现场主要采用单层存梁和双层存梁两种方式。

①单层存梁(图6-6):成品梁按照生产顺序放置,运输过程中配合移梁小车,此种存梁方式占地较大,且梁体移动过程中工序较为烦琐。

②双层存梁(图6-7):成品梁双层叠放,一般在预制板梁、箱梁、T梁中使用较多,此存梁方式能节省存梁区域面积,但是对基础承载力要求比较高,同时需要大型搬运设备辅助。

桥梁构件生产工艺流线内部布置时,应充分考虑以上各部分工艺需求,确保满足产能需求的同时,布置力求紧凑,尽量缩短工艺之间的流水路线,节省用地。

图 6-6　单层存梁　　　　　　　　　图 6-7　双层存梁

6.3.1.2　混凝土拌和区

混凝土预拌车间是用来集中拌和混凝土的联合装置(图 6-8)。由于它的机械化、自动化程度较高,所以生产率也很高,并能保证混凝土的质量和节省水泥,常用于混凝土工程量大、工期长、工地集中的大、中型水利、电力、桥梁等工程。随着市政建设的发展,采用集中拌和的混凝土预拌车间具有很大的优越性,因而得到迅速发展,并为推广混凝土泵送施工,实现拌和、输送、浇筑机械联合作业创造条件。

图 6-8　混凝土预拌车间

(1)混凝土预拌车间组成

混凝土预拌车间主要由物料(粉料、集料)储存系统、物料称量系统、物料输送系统、拌和系统、水及外加剂计量系统和控制系统六大系统以及其他附属设施组成。

根据项目功能要求,需满足预制构件生产供给,同时依据厂区规划及场地布局,选择合理的混凝土拌和站类型。

环保型混凝土预拌车间,主要包含混凝土拌和主站、上站斜皮带机、后台地垄式混凝土结构料仓。拌和主站并联布置两台拌和设备,粉料罐采用定制结构,两台拌和设备共配置若干个粉料罐;上站斜皮带机廊道封闭,配置环保布帘,满足构件用混凝土生产;预拌车间主站粉料罐有两种布局方式,分别为粉料罐置顶式(图 6-9)和粉料罐地上式(图 6-10)。

图 6-9　粉料罐置顶式主站

图 6-10　传统地上式粉料罐主站

其中粉料罐置顶式主站,占地面积约为传统粉料罐地上式主站的 40%,可以使土地合理利用,符合场地布置节地的要求。

(2)后台集料存储料场部分

后台集料存储分为传统地面料仓、地下方仓、筒仓三种储料形式。

传统地面料仓(图 6-11):此种储料方式为常规地面存储集料方式,分格按品种堆放集料,中间用混凝土挡墙分割,使用铲车为混凝土预拌车间的地垄集料仓上料,该料场需要整体封闭,为保证满足预制构件生产,该料场应尽量预留足够大的堆料空间。此种方式优点为造价低廉、运输方便;缺点是不环保,占地面积过大。

地下方仓(图 6-12、图 6-13):采用方形群仓的形式,方仓上部需要另设轻型维护结构,覆盖封闭储料场,采用自动化皮带运输机将集料往搅拌站运输,优点是较传统地上料仓封闭性

图 6-11　传统地面料仓

更好、更环保,实现自动化生产流线储存等量砂石集料占地更少;缺点是带地仓的方仓为混凝土墙板的框架结构,施工复杂,模板工程量大,施工周期长,造价明显高于传统地面料仓。运营时材料堆积过多。

筒仓(图 6-14):在地下方仓基础上进一步封闭储料空间,采用筒仓式全封闭结构。相较于地面料仓和地下方仓,筒仓的优点是:更节省用地;从结构受力性能来看,筒仓具有空间薄壁构件的性能,体型合理;筒仓可以采用滑模系统施工,有效降低模板和脚手架用量,降低造价,大大加快施工进度;筒仓上部需要另设轻型维护结构直接加盖,密封性能好,更环保;缺点是造价更高。

综上所述,在进行混凝土预拌车间设计时,应结合工程造价、生产效率、场地大小等综合考虑。

图 6-12　地下方仓

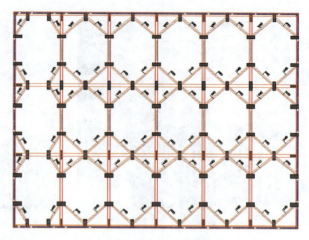
图 6-13　地下方仓结构图

图 6-14　筒仓

6.3.1.3　办公生活区

办公生活区(图 6-15)主要为工作人员提供生活、办公场所,一般具有自己独立的水电保障体系。

图 6-15　办公生活区效果图

办公场所:主要管理用房包括工作人员办公室、会议室、职工厨房、餐厅、宿舍。一般会在基地主入口室内首层显要位置布置生产线展示区,主要用于业务接待、参观展示宣传。

职工宿舍楼:主要是供住房远离基地的职工日常住宿用,满足基地内职工基本生活配套功能。

劳务工宿舍楼:包含公共浴室、宿舍等,主要满足劳务人员日常生活基本配套功能。

规划设计时,通常在办公生活区内把住宿功能区和办公功能区分开(图6-16),办公楼独立成一个组团,职工宿舍楼与劳务工宿舍楼合成一个组团,两个组团之间根据场地空间布置集散广场,办公生活区主入口毗邻集散广场,在住宿区组团内布置员工阅览室、乒乓房等室内活动场所及篮球场、羽毛球场等室外运动场。

图6-16 办公生活区功能分布图

6.3.2 功能区空间关系分析

根据规划设计布置原则,对工业化制造基地的功能区进行如下空间关系分析。

(1)制梁区是基地的重要组成部分,也是最繁忙的活动场地,通常情况下,钢筋加工生产车间加工好的钢筋成品需要最高效地搬运至制梁钢筋绑扎区,所以钢筋加工生产车间一般与制梁生产线紧贴布置。制梁区与钢筋加工区关系示意如图6-1所示。

(2)混凝土预拌车间为生产线浇筑区生产混凝土用,在生产高峰期,生产线对混凝土量要求多且快,因此,混凝土预拌车间一般也靠近制梁区设置,如因场地原因不能毗邻建设,需保证拌和区到浇筑区有能快速到达的道路,如图6-17所示。

(3)办公生活区为职工办公生活兼对外接待、展示场所,对整体形象要求比较高,混凝土预拌车间及制梁生产线生产时噪声大,且因运输车辆多,区域脏乱,对职工办公及住宿影响比较大,所以规划设计时一般办公生活区选择远离生产区,且须设有独立的出入口如图6-18所示。

图 6-17 混凝土拌和区与生产区关系示意图

图 6-18 办公生活区与生产区关系示意图

在工业化基地实际设计布置时,每个制造基地的设计和布置条件都是不一样的,有些制造基地浇筑所需混凝土可通过外购或者有其他的备置混凝土来源,则功能区布置中可不考虑混凝土预拌加工区。若生产的梁可以存放在基地以外的临时场地,则在布局生产线的时候,只需考虑钢筋绑扎及混凝土浇筑,而不用考虑存梁区,或者只设置小面积的临时存梁区。有些基地内部职工办公住宿可以安排在场地外现有住房及办公用房内,则场地功能区布置中也可不设置办公生活区,但在通常情况下,正常完整的工业化制造基地布局可按本章所论述的方法进行规划设计,把所有功能区都考虑在内。

6.3.3 交通流线

在工业化制造基地的生产过程中,各作业区由于存在大量的物料需要运输,比如原材料(沙石料、水泥、钢筋等)、商品混凝土、半成品、成品、各种设备等,因此预制工厂内交通运输量大、强度高。同时,办公生活区还有职工办公生活通勤车辆,合理安排场地的交通流线,对于确保场地顺利生产有重要的意义。

(1)制梁生产线及拌和区运输车辆具有以下特点:场地内运输一般为单向运输,如将沙石料运输到混凝土搅拌站,再将混凝土运输到生产线浇筑区;将桥梁预制成品构件运输到桥梁施工场地。运输车辆一般采用与预制桥梁构件相匹配的吨位及尺寸较大的特种运输车辆。

(2)办公生活区车流:办公生活区车流自成体系,应与生产线运输车辆流线明确区分开,需设置一个单独的出入口。

预制工厂交通流线示意如图 6-19 所示。场外运输应考虑预制桥梁成品构件的大小,运输路线出入口道路需满足大型车辆转弯半径的要求。同时,场地内道路应与公路或市政道路良好衔接。

6.3.4 规划用水及用电

6.3.4.1 用水

设计范围包含基地用地范围内的单体和总体的给排水设计,主要内容为基地内的生产用水及排水、生活给排水、雨水排水及消防系统的给水、排水以及局部的热水供水系统,设计进出水管网。

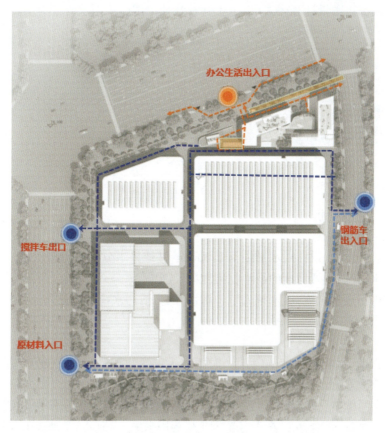

图 6-19　预制工厂交通流线示意

(1) 给水

总用水量估计需根据生产日用水量进行统计,向供水单位申请用水。生产用水量主要包含备置混凝土用水、混凝土养护用水、职工生活用水量(根据实际人数每人 0.25m³ 计算)及道路、绿化冲洗用水。

基地用水应从周边的市政管网上接入,用地面积在 200 亩左右规模的生产基地从市政管网引入一根管径为 DN150 的给水管,接入口设水表计量,厂区的进水水压不小于 0.25MPa。

有热水需要的建筑单体采用集中供应热水,采用燃气热水或电热水器加热制备热水,并配置到相应的设备。

(2) 排水

工业化制造基地排水采用分流制,即设雨水及污水两套排水管网。厂区雨水排入市政管网。

雨水排水,单体建筑一般采用重力流排水,排水系统设计重现期 P = 10 年。大屋面雨水排水采用压力流雨水排水方式,屋面雨水经压力流雨水斗及雨水立管后排入厂区雨水管,排水系统设计重现期 P = 10 年,排水系统与溢流系统总排水能力不小于重现期 P = 50 年的设计雨水量。

设计采用成都市雨量计算公式(以成都邛崃基地单位面积雨水流量为例):

$$q = \frac{2806 \times (1 + 0.803\lg P)}{(t + 12.3P^{0.231})^{0.768}} \quad (\text{L/s} \cdot \text{ha})$$

式中:P——设计重现期,室外地面 $P = 3$ 年;

t——降雨历时。

雨水排水设计流量计算公式为:

$$Q = \Psi q F$$

式中:Ψ——径流系数;

F——雨水汇水面积;

q——设计暴雨强度。

经计算,基地的雨水设计排水量约为 $2.5\text{m}^3/\text{s}$,基地排水分多出口排放。根据基地的雨水排水和实际用水情况,设置适量的雨水收集池(约 580m^3)。

单体的室内污废水合流,废水排入室外污水井,生活污水均须经化粪池处理后才就近排入厂区污水管。

(3)消防

预制工厂占地面积小于 100hm^2,同一时间内火灾次数按一次考虑,消防用水量按厂区需水量最大的一座建筑物(办公楼)的消防考虑。

预制生产车间单体设消火栓灭火系统,采用临时高压制,设计用水量为 10L/s,室外 20L/s,一次灭火持续时间 2h;综合办公楼、劳务工倒班楼等用水量为 15L/s,室外 30L/s,一次灭火持续时间 2h,由预制工厂集中设置的消防泵房提供。

基地室外消防给水由从市政不同道路引入的 DN150 给水管直接供给。给水管道相互连通,布置成环状,主要管道的管径为 DN150。给水管道一般沿厂区道路布置,采用开槽埋管法;地下式室外消火栓的布置间距小于 120m,保护半径小于 150m。

单体建筑分别从厂区室内加压消防给水管上引入 2 根 DN100 给水管进入厂房,消防出水在整个车间内形成环状。室内消防箱的布置满足规范要求,箱内设 DN65 消火栓 1 只、长 25m DN65 衬胶水带 1 根、DN19 水枪 1 只。系统在基地最高处设置不锈钢消防水箱,水箱的有效容量大于 18.0m^3。

室内消火栓系统均采取临时高压制给水系统,厂区集中设置一套消防泵组,泵组根据各区域的消防用水量统一考虑,室内消火栓供水设备从市政直接吸水。整个系统分别与屋顶消防水箱连通,并于屋顶稳压设备机房设置消火栓系统局部稳压泵。消火栓供水设备采取自动巡检,定时启泵试运行。各功能区消火栓栓口压力大于 0.5MPa 处采用减压稳压消火栓,控制各层消火栓处动压不大于 0.5MPa。

6.3.4.2 用电

设计范围:办公生活区、预制构件生产区、钢筋加工中心、配套设施区、搅拌站区、10/0.4kV 用户变电站、智能化系统的设计。

(1) 供电及照明

基地内用户变电站用电、消防设备用电、应急照明、通信机房用电等按二级负荷供电,其他设备按三级负荷供电。场内用电设备电压等级均为~220/380V。

供电方案:基地内所需二路 10kV 电源由电业开关站引来,主设一个主变电站,其他区域设置区域变电所,均为独立式土建变电所。主变电所供电体、办公、生活区用电,预制构件生产区设置 1 座 10/0.4kV 变电站。供预制构件生产区、钢筋加工中心内设备用电,混凝土预拌站设置 1 座 10/0.4kV 变电站。

变电站的设置尽可能靠近负荷中心,合理选择设置各单体建筑物内配电柜(箱)的位置,以缩短线缆敷设路径,并采用电阻率较小的电线电缆。

(2) 智能化系统

智能化系统包括安全技术防范系统、通信网络系统、可燃气体报警系统等。

①安全技术防范系统。本工程设置安全技术防范系统,在办公楼、车间内及主要出入口设置视频监控系统,重要站房设置出入口管理系统。车间内设分线箱,信号采用光缆接至基地内监控室。

②通信网络系统。本工程设置网络通信系统,由基地内通信机房接入。通信系统主干线路采用光缆,办公楼、宿舍楼、车间弱电桥架内敷设。

③可燃气体报警系统。本工程设有可燃气体的场所配置可燃气体报警系统,设可燃气体报警控制器。钢结构联合车间可燃气体报警控制器设置于预处理线配电间,涂装车间可燃气体报警控制器设置于涂装车间后机房。可燃气体报警系统线路采用耐火阻燃型铜芯导线穿金属管明敷。可燃气体报警系统信号送至消防控制室。

6.3.5 工程实例

邛崃预制构件生产基地总建筑面积 47965.58m²,建筑占地面积 35426.8m²,其鸟瞰图如图 6-20 所示。

图 6-20 邛崃预制构件生产基地鸟瞰图

厂区分三期规划。一期建设包括为西北角的商品混凝土拌和站、东北角的办公生活区、东南地块的预制构件加工生产区以及附属的场内道路等工程,还包含场地的土方平整工程和整个基地围墙。二期建设包括西南角钢结构构件生产厂房和附属的生产设施用房及附属工程。三期建设为室外堆场构件堆放区顶盖,其目的是为预制构件室外堆放遮风挡雨,可视情况建设。基地分期示意图如图 6-21 所示。

图 6-21　基地分期示意图

基地共设置 4 个出入口。厂区办公生活区出入口和构件大车出口布置于新蒲路,靠近加油站且位于大车出口东面;商品混凝土拌和站出入口位于基地西面;钢筋原料进口位于基地西南面。基地交通流线示意图如图 6-22 所示。

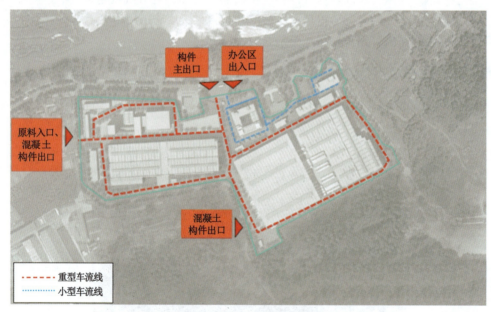

图 6-22　基地交通流线示意图

场内道路按人车分流布置,保障职工的人身安全。骑自行车的职工进入厂区后可将车停放在主入口道路西侧的自行车停车区域,职工步行进入厂区后,可直接通过入口广场,向西侧引导,进入各车间。厂区内部设置一条消防环道直通北侧和东侧出入口。食堂后勤及垃圾房设后勤出入口,方便后勤货物运输。

竖向设计高程确定的依据是周边城市道路设计高程,基地周边道路新蒲路高程463m左右,基地内部地形经过土方平衡后高程约462.5m,故基地内地坪整体高程设为462.5m,基地雨水排水由基地内保留的斜穿新蒲路到达南河的水渠和基地东北边界外边的水渠解决。

基地主要功能分区主要由办公生活展示区、钢筋加工和预制构件生产区、混凝土拌和区、钢结构构件加工生产区等主要部分构成(图6-23)。

图6-23 基地功能布局示意图

办公区位于基地东南侧,生活区位于基地南侧中部,室外活动区紧邻生活区。整体规划结构为六区。

六区分别为钢结构加工及仓储区、钢筋加工及仓储区、预制构件制作堆放区、混凝土搅拌区、生活区、办公区。布置紧凑,方便各功能区之间的联系。在基地东南侧布置办公主楼,在主入口处留出足够空间的入口广场,可供小型机动车停放。

预制构件生产基地规划的关键影响因素就是生产线的工艺形式和工艺流程,生产线布局必须根据构件形式进行单独设计,采用不同的工艺形式,在工厂投资、生产效率、成本摊销方面的差异很大。

(1)搅拌站工艺对总图布局的影响:混凝土搅拌站主要由物料储存系统、物料称量系统、物料输送系统、搅拌系统、粉料储存系统、粉料输送系统、粉料计量系统、水及外加剂计量系统及控制系统9大系统以及其他附属设施组成。按基地的产能要求,需满足预制构件及商品混凝土生产供给,同时依据厂区规划及场地布置,搅拌设备配置为2HZS240-1Q4000型顶置式环保搅拌站(一套两台)及HZS120-1Q2000型顶置式环保搅拌站(一台),年产量为120万m^3商品混凝土及40万m^3构件混凝土。搅拌站料仓采用地仓布局,建筑高度为10m,主楼因为包含10个粉料灌,建筑高度为34m,且因为主楼周围需要行走罐车,因此搅拌站区域主楼前必须预留40m宽的广场。搅拌站布局示意如图6-24所示。

(2)钢筋生产加工工艺对总图布局的影响:钢筋集中加工主要位于钢筋加工车间,配合厂内构件生产,钢筋加工车间设备配置:钢筋剪切机、剪切机自动上料系统、钢筋锯切机、钢筋弯曲中心的数控钢筋弯箍机等。钢筋施工的工艺流程为：钢筋材料进场复检—钢筋下料—弯制成型—绑扎骨架—吊装就位—预留孔道成型—隐蔽工程检查—模板施工。

图6-24 搅拌站布局示意图

钢筋加工生产车间高度应该满足车辆行驶高度的要求，且必须与室外堆场紧密相连。

(3)预制构件生产工艺：以预制梁生产为例，其他预制市政构件的生产工艺与预制梁生产工艺类似。

桥梁工程所用梁一般为简支梁，简支梁主要分为板式梁、T形梁及箱梁。按照是否张拉和张拉工序在施工阶段所处次序，可以将预制梁施工分为：普通钢筋混凝土梁、后张法预应力梁、先张法预应力梁。

普通钢筋混凝土梁生产工序，包括：台座整平—安装支座预埋板—安装梁体钢筋，安装外模—内模—端头模板—安装桥面钢筋以及预埋件—浇筑混凝土—混凝土养护—移梁至存梁区或工程施工区。

后张法预应力梁生产工序，包括：台座整平—安装支座预埋板—安装梁体钢筋—安装制孔器—安装外模—内模—端头模板—安装桥面钢筋以及预埋件—浇筑混凝土—抽拔制孔器—清理孔道—混凝土养护—穿预应力束—张拉预应力束—孔道压浆—封锚—浇筑端混凝土—移梁至存梁区或工程施工区；后张法预应力混凝土简支梁预制生产工序，包括台座整平、安装支座预埋板，安装梁体钢筋，安装制孔器，安装外模、内模、端头模板，安装桥面钢筋以及预埋件，浇筑混凝土，抽拔制孔器，清理孔道，混凝土养护，穿预应力束，张拉预应力束，孔道压浆、封锚，浇筑端混凝土，移梁至存梁区或工程施工区。

预制构件生产线对总图布局影响最大，工艺流线要求其室外堆场必须是平整场地，且门式起重机轨道间距及数量需根据基地生产构件类型及产能需求确定，邛崃厂区设置立柱盖梁线各一条，箱梁线两条。

(4)立柱盖梁生产线：设置立柱与盖梁生产线各一条，总长约365m，立柱生产线行车轨距36m，盖梁生产线行车轨距设置为36m。

①立柱生产线设置立柱钢筋笼绑扎胎架设置8个，生产效率为每天4个钢筋笼，布置于车间两侧，中间留通道4m，厂房覆盖，35t桥吊2台。

②立柱预制区设置预制底座5组，根据立柱大小尺寸每组可放置4~5个，设置200t门式起重机两台。立柱存放区暂考虑存放立柱180个，此区域与盖梁存放区都采用同等地基加固标准，根据立柱与盖梁生产状况，可灵活调节存放场地。

③盖梁生产线可生产30m长度以下盖梁(以下都以30m盖梁为例,如有长度小于14m的盖梁,则产能可翻倍),设置钢筋绑扎车间,设置盖梁钢筋笼绑扎胎架8个。

④盖梁预制台座设置10个,设置150t门式起重机两台,可达到每天生产两根盖梁,盖梁区按30m梁堆放,可放置48榀盖梁,盖梁存放场地根据产能与立柱存放区协调存放,如确实在此场地内无法存放,可短驳至小箱梁存放场地。

(5)小箱梁生产线(35m以下小箱梁中梁):小箱梁生产车间设置2条40m以下小箱梁中梁生产线(以梁体顶宽3.0m,底宽1.0m的梁为例)。

生产线采用台座与行车轨道平行方向布置,设置120t门式起重机四部,采用四台门式起重机抬吊方式移梁,行车轨道宽度设置40m,长度360m。布置25t门式起重机两部,用于轻量作业及箱梁钢筋笼入模,从左到右依次设置钢筋笼绑扎区,每条线设置3个小箱梁钢筋笼胎架,单钢筋笼产能1个/天,预制区及存放区相邻布置,预制区设置15个预制台座,单车间小箱梁产能45榀/月,每条线存放区可存放$35 \times 2 = 70$榀,端头设置小箱梁出梁区。制梁生产线鸟瞰图如图6-25所示。

图6-25 制梁生产线鸟瞰图

第 7 章
CHAPTER 7

预制与施工技术

7.1 概述

相比现浇桥梁,装配式桥梁的预制与施工有较大的区别,装配式桥梁的模板对进度以及周转率的要求更高,工厂预制的质量和精度要求更高,需要充分考虑现场运输吊装的场地条件等。

7.2 混凝土配合比与模板设计

7.2.1 混凝土配合比

混凝土配合比,指的是混凝土中胶凝材料、砂石集料、水、减水剂等组成材料之间的比例关系。混凝土配合比设计是混凝土工程中很重要的一项工作,将直接影响到混凝土工程的顺利施工、质量和成本。

混凝土设计的原则一般有:①混凝土的强度满足设计的要求;②混凝土拌和物的和易性满足现场施工要求;③混凝土要具备良好的耐久性;④在满足以上要求的基础上,应尽量进行配合比优化试验,以减少成本、增加效益。

混凝土配合比设计过程一般分为四个阶段,即初步配合比计算、基准配合比的确定、试验配合比确定和施工配合比的确定。通过这一系列的工作,从而选择混凝土各组分的最佳配合比例。

7.2.2 模板设计

预制构件的模板作为预制构件生产过程中必不可少的一部分,应充分考虑构件预制厂内的模板堆放和模板投入成本。在构件设计阶段,设计应考虑将构件外形及尺寸进行通用化设计,确保后续模板制作时可采用通用的模板数量越多越好,合理地减少模板数量,减少模板投入成本。

预制构件的工厂化生产,对模板周转效率和周转次数提出了更高的要求,在模板设计及制作时,为了提升模板的周转使用次数,需增加钢模板厚度;根据构件型号和尺寸,将模板进行节段、分块拼装设计,以满足不同长度、不同断面尺寸的构件进行组合使用;同时,需要将底模与侧模分开匹配,用一套侧模搭配多套底模的方式,在保证满足现场生产的情况下,减少模板数量,节约模板堆放场地,降低模板投入成本。立柱模板如图 7-1 所示。

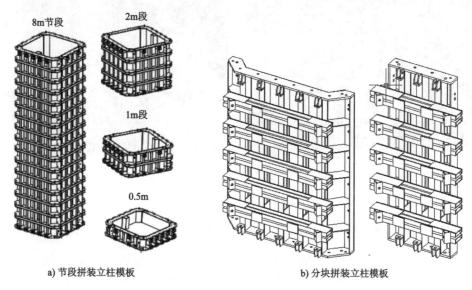

图 7-1 立柱模板

7.3 工厂预制

7.3.1 小箱梁预制

小箱梁预制采用工厂化集中预制。工厂内需配备设备及工厂内生产线布置与立柱、盖梁相似,不再展开叙述。

预制小箱梁生产按照图 7-2 所示流程图进行。

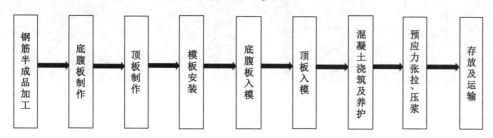

图 7-2 小箱梁生产流程图

7.3.1.1 钢筋半成品加工

小箱梁钢筋制作实行工厂化加工流水作业,主筋连接采用直螺纹套筒连接。机械接头采用锯切、镦粗、车丝、打磨一体机进行加工,完成后及时使用通规和止规检测丝头加工质量,合格后采用保护套进行保护,分类进行堆放。钢筋半成品加工如图 7-3 所示。

a) 小箱梁锚具　　　　　　　　　b) 小箱梁半成品货柜式管理

图 7-3　钢筋半成品加工

7.3.1.2　底腹板制作

箱梁钢筋绑扎前根据箱梁钢筋设计图纸,制作对应的底腹板胎架。按照钢筋胎架定位卡槽的位置将腹板钢筋一一放入,为保证无卡槽侧钢筋的间距,可采用活动式卡槽。为保证腹板钢筋竖直度及钢筋前后位置一致,在钢筋胎架增设一道双向卡槽。待底腹板钢筋绑扎完毕后,在波纹管定位筋上穿插预应力波纹管,并采用 U 形钢筋固定,保证波纹管预应力位置,减少预应力损失,如图 7-4 所示。

a)　　　　　　　　　　　　　b)

图 7-4　小箱梁底腹板安装

7.3.1.3　顶板制作

箱梁钢筋绑扎前,根据箱梁钢筋图纸制作对应的顶板胎架。根据顶板钢筋胎膜架卡槽位置,放入小箱梁顶板钢筋,钢筋接头位置应错开布置。采用剪力筋定位小推车进行剪力筋的定位和安装,保证钢筋位置准确,线形统一、美观,如图 7-5 所示。

7.3.1.4　模板安装

模板安装前及时对模板进行除锈和打磨,保证模板表面光滑无污染,并均匀涂刷脱模剂。

模板安装顺序为:安装侧模—底腹板钢筋入模—安装内芯模—安装端模。模板清理见图 7-6。

图 7-5　小箱梁顶板钢筋安装

图 7-6　模板清理

7.3.1.5　底腹板安装入模

底腹板在胎架上绑扎完成后采用门式起重机吊入制梁台座上入模就位,如图 7-7 所示。

a) 底腹板安装入模　　　　　　　　　　b) 顶板钢筋入模

图 7-7　底腹板安装入模

7.3.1.6 顶板入模

顶板钢筋在胎架上绑扎完成后采用门式起重机吊入制梁台座上入模就位。

7.3.1.7 混凝土浇筑及养护

混凝土浇筑时采用"分层浇筑,逐级推进"的浇筑方法[图7-8a)],在距梁端4~5m处,从梁的另一端布料,防止水泥浆聚集到梁端造成梁体强度不均匀。按照先浇筑底板再浇筑腹板和顶板混凝土的顺序,即先浇筑底板混凝土,待底板混凝土充分振实后浇筑腹板混凝土,最后浇筑顶板混凝土。顶板、钢筋密集处,张拉槽口、横隔板等处采用插入式振捣棒,振捣棒选择30型或50型。振捣棒插入下层混凝土5~10cm,并与模板保持10cm左右的距离,避免振捣棒与钢筋接触。浇筑完成后及时对箱梁顶面进行收面和拉毛。

混凝土养护,箱梁二次收面完成后及时对顶板进行覆盖洒水养护[图7-8b)],防止出现收缩裂缝。侧模拆除完成后及时对腹板进行覆盖养护,养护宜采用智能养护控制系统,控制好箱梁养护间隔时间,保持梁体表面湿润。同时,养护时间不得少于设计要求。

a)混凝土浇筑

b)喷淋式养护

图7-8 混凝土浇筑与养护

7.3.1.8 预应力张拉及压浆

预应力张拉(图7-9)采用智能化的设备。当小箱梁的混凝土强度及混凝土龄期满足设计要求后方可进行正弯矩段钢绞线的张拉工作。预应力钢绞线采用张拉力与伸长量双向控制的方法进行张拉。

孔道应尽早压浆(图7-10),且在张拉完48h内进行,以免预应力钢绞线锈蚀。压浆前应清除管道内杂物,保证管道畅通。

7.3.1.9 存放及运输

箱梁吊离台座之前,在箱梁侧面喷涂编号及安装方向。箱梁起吊采用专用吊具连接箱梁四个吊点,根据箱梁重量采用不同的门式起重机吊装。箱梁采用2层存放,箱梁与存放台座之间支垫工字钢和橡胶板(图7-11)。上下层箱梁应对齐,且支垫不得出现脱空。箱梁混凝土强度达到设计值的100%后方可运出(图7-12),进行安装。

图7-9 预应力张拉

图7-10 压浆

图7-11 存放

图7-12 外运

7.3.2 节段预制

节段的预制可分为长线法、短线法及长短线法三种。

(1) 长线法

长线法是在足够长度的预制台座上,根据整跨梁底预制曲线进行一次性调整后,依次序逐块预制,再将节段逐块脱离移至存梁区的节段预制方法[图7-13a)]。该方法可较好地实现梁体线形控制,但对预制场地、台座地基基础等要求较高,所有的浇筑、养护设备都需是移动式的。

(2) 短线法

短线法是一侧采用固定端模,另一侧利用已浇筑完成的相邻节段作为端模,逐段进行预制的节段预制方法。后一梁段浇筑完并初步养护后,前一梁段即可移至存梁区,再把新浇筑完成的节段前移,如此循环往复地浇筑下去。以已完成的相邻节段为标准,依据相关测量结果及结构预拱度计算值控制节段的几何线形。短线预制法台座占地面积小,模板及浇筑等设备都是固定的。

(3) 长短线法

长短线法匹配预制的原理是:在预制厂内按照桥梁跨径组合要求,设置若干梁段预制长短线台座,将箱梁分成若干节段,每跨箱梁的墩顶节段在短线台座上预制,其他中间节段则在长线台座上依次预制。墩顶节段与中间节段间采用湿接头。该方法既克服了单独采用长线法施工时节段预制模板一次性投入大、预制速度慢、占地面积大等缺点,也克服了单独采用短线法施工时预制精度要求高,需用专用计算程序控制线形和误差等缺点。该技术于 2008 年在厦门的 BRT 工程中首次采用。

a) 长线法预制

b) 短线法预制

图 7-13　节段预制方法

7.3.3　桥墩预制

7.3.3.1　立柱预制

立柱预制采用工厂化集中预制。工厂内设置专用的立柱生产线,配备高精度钢筋加工设备、可调节式绑扎安装胎架、匹配的立柱钢模板等必需的立柱生产设备。立柱生产线布置分为原材料堆放区、钢筋加工区、钢筋骨架绑扎区、模板安装及浇筑区、成品堆放区、成品出厂区六区依次布置,形成流水作业且互不影响,在堆放区留有装车空间和运输通道。预制桥墩立柱生产流程按图 7-14 进行。

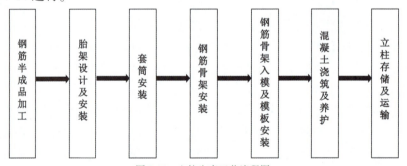

图 7-14　立柱生产工艺流程图

预制立柱生产按照上述流程图进行。

(1) 钢筋半成品加工

利用 BIM 软件对立柱截面尺寸进行数据优化,将优化后的数据录入数控钢筋加工设备对钢筋原材进行弯曲加工。将钢筋半成品堆放在存放区,根据 BIM 所提供的箍筋数据进行复核,保证箍筋误差小于 ±5mm,然后进行编码标识、整齐码放。钢筋半成品加工如图 7-15 所示。

图 7-15　钢筋半成品加工

(2) 胎架设计与安装

专为桥墩立柱钢筋骨架制作而设计的通用工具——胎架,由底座、可调节支架、挂片及定位板组成,并进行通用化设计。胎架的支架采用滑轮组合连接成可移动式底座,支架在底座上前后滑动调整距离;支架也可以左右调节,以匹配不同立柱的截面尺寸。胎架底座及支架的水平和竖直度偏差均小于 2mm,同时保证各支架在同一水平线上,防止主筋安装时扭转。最后安装底部定位板,保证定位板与立柱垂直。立柱钢筋胎架示意图如图 7-16 所示。

图 7-16　立柱钢筋胎架

(3) 套筒安装

灌浆套筒按照安装顺序依次安装,拧入底部的膨胀柱塞,并确保灌浆套筒轻微活动,主筋逐一插入套筒设计位置并精确调整后,拧紧底部螺钉,并安装套筒部位箍筋,箍筋应紧箍套筒并焊接固定,焊接时不得触焊套筒。检查套筒是否密实、紧固,保证所有套筒均垂直于定位板。

(4) 钢筋骨架安装

首先将主筋按照安装顺序依次插入灌浆套筒中,在主筋 40cm 位置设置止浆垫,保证所有主筋和止浆垫均插入到位,采用玻璃胶密封套筒与主筋连接处,保证连接处的密封性;然后按照箍筋间距安装所有箍筋和拉钩筋,将所有箍筋全部焊接到位,并且安装立柱顶部的主筋定位框。最后安装最外侧的防裂钢筋网片和其他预埋件。精确控制预埋件位置,保证位置偏差小于 5mm,如图 7-17 所示。

图 7-17　立柱钢筋骨架安装

(5) 钢筋骨架入模及模板安装

立柱钢筋骨架安装完成后，对立柱模板表面进行除锈、打磨抛光，涂抹脱模剂；将立柱钢筋骨架用专用吊具平放在模板中，吊具应进行通用化设计。模板安装顺序为：单侧模板平放→两侧面模板拼装→立柱钢筋骨架入模→第四块模板盖顶。待模板全部安装完成后，将立柱骨架和模板整体翻转吊装至浇筑台座上固定，最后安装可调节的浇筑操作平台。整体翻转时底部应采用软性垫物垫支或采用专用翻转平台进行翻转，防止底部定位盘扰动导致套筒定位出现偏差，如图 7-18 所示。

a) 立柱模板拼装　　　　　　　　　b) 钢筋骨架入模

c) 立柱侧模安装　　　　　　　　　d) 浇筑操作平台

图 7-18　钢筋骨架入模及模板安装

（6）混凝土浇筑及养护

预制立柱采用泵送混凝土浇筑,浇筑过程中保持浇筑导管高度高于混凝土面 1.5m 左右,避免因混凝土下落距离过高造成混凝土离析。混凝土浇筑完成并达到一定的强度后,按顺序依次拆除混凝土浇筑平台和钢模板。模板拆除后进行智能喷淋洒水养护,养护时间不少于 7d。混凝土强度不低于设计强度的 80% 时方可吊移,如图 7-19 所示。

a)立柱混凝土浇筑

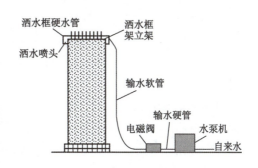
b)立柱养护示意图

图 7-19 混凝土浇筑及养护

（7）立柱存储及运输

立柱养护完成后存放到专门的存放区,待到需要运输时将立柱放倒,采用手持式凿毛器进行顶部、底部凿毛,凿毛要求露出粗集料。装车运输时采用平放运输,用一台大型门式起重机配合吊具,扣住两根吊带将立柱吊到运输车上。在运输车上设置两道枕木,将立柱缓慢平稳地平放在枕木上,然后将立柱捆绑固定,运输出厂,如图 7-20 所示。

a)立柱底部凿毛

b)立柱装车运输

图 7-20 立柱存储及运输

7.3.3.2 盖梁预制

盖梁预制采用工厂化集中预制。工厂内需配备设备及工厂内布置与立柱一致,在此不做过多的叙述。预制盖梁生产流程如图 7-21 所示。

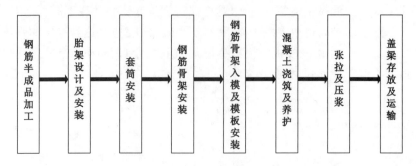

图 7-21　盖梁生产流程图

(1)钢筋半成品加工

采用 BIM 软件对盖梁进行三维建模及钢筋骨架截面数据优化,将优化后的数据录入数控加工设备对钢筋原材进行弯曲加工,然后利用箍筋定位盘焊接成钢筋骨架片"块体"。最后编码标识、整齐码放,防止箍筋截面安装顺序错乱。

(2)胎架设计及安装

可调节盖梁钢筋绑扎胎架由底座、导轨及移动支架组成(图 7-22),导轨与底座固定,移动支架与导轨滑动连接,移动支架可横向和纵向调节,胎架具有通用性,以实现多型号盖梁钢筋的制作。绑扎平台用于放置箍筋骨架片和主筋,方便穿插上排主筋、水平筋,方便人员站位。胎架拼装要求底座水平,竖杆安装要求位置精确状态垂直,精度控制在 ±2mm 内。胎架安装完成后对各竖杆进行整体测量,保证每个竖杆在同一条线上,防止主筋安装时产生弯扭。最后在胎架卡槽内及卡销上分别安装灌浆套筒定位板和湿接缝端头板。

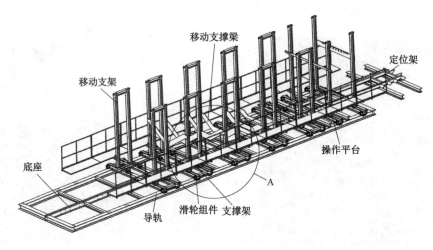

图 7-22　可调节盖梁钢筋笼绑扎平台示意图

(3)灌浆套筒安装

将灌浆套筒垂直安装在定位盘上,保证所有灌浆套筒均垂直于定位盘,垂直度允许偏差小于 1mm,套筒间距允许偏差 ±2mm。灌浆套筒底部用膨胀柱塞拧紧,防止浇筑时浆液流入灌浆套筒内(图 7-23)。

图 7-23 灌浆套筒安装图

（4）钢筋骨架安装

灌浆套筒安装完成后,从湿接缝位置向悬臂端按编号顺序依次安装钢筋骨架片,安装完成后,将主筋穿过箍筋骨架片和端头板的主筋预留口,将主筋和箍筋骨架片用点焊固定,随后安装水平筋和预应力波纹管道,管道用 U 形钢筋固定,保证波纹管位置的准确,减少预应力损失,如图 7-24 所示。

a) 箍筋安装

b) 预应力波纹管安装

c) 端头板安装

d) 挡板安装

图 7-24 钢筋骨架安装

随后安装端头锚具,用钢筋托起锚具,保证锚具安装定位正确,并在螺旋筋处安装三层加强钢筋网片加强保护。最后安装挡块、吊点、垫石预留钢筋及预埋件等,安装时保证预留钢筋焊接长度及锚固深度,同时用 BIM 软件进行吊点位置核算,保证吊点位置的准确和起吊过程的均衡性。

(5)钢筋骨架入模及模板安装

盖梁钢筋骨架成型后,将盖梁模板表面进行除锈、打磨抛光,涂抹脱模剂;钢筋骨架入模时,应缓慢匀速下放,确保盖梁套筒定位板四边倒角精确下放至底模预留的定位盘槽口内,保证套筒定位板位置偏差小于 2mm。入模完成后,安装侧面模板。待模板全部安装完成后,在模板顶部安装对拉螺杆,最后安装盖梁浇筑操作平台,如图 7-25 所示。

a) 盖梁钢筋骨架入模

b) 两端侧模安装对拉螺杆

图 7-25 钢筋骨架入模及模板安装

(6)混凝土浇筑及养护

预制盖梁浇筑采用 C60 混凝土泵送浇筑,混凝土浇筑完成并达到一定的强度后,按顺序依次拆除混凝土浇筑平台和钢模板。模板拆除后进行智能喷淋洒水养护,养护时间不少于 7d,如图 7-26 所示。

a) 盖梁混凝土浇筑

b) 盖梁智能洒水养护

图 7-26 混凝土浇筑及养护

(7)张拉及压浆

待强度满足要求后,将盖梁吊至存放区,采用智能张拉仪进行张拉,张拉时采用有挡板防护的张拉操作平台;张拉完成48h内,采用智能循环压浆仪完成盖梁压浆,并进行封锚,如图7-27所示。

a) 盖梁张拉

b) 盖梁压浆

图7-27 张拉及压浆

(8)盖梁存放及运输

采用厂内大型门式起重机配合吊架、钢丝绳、大型锁扣,将盖梁吊运到运输车上,盖梁运输采用多轴车运输。盖梁运输车上安装支撑运输装置托起盖梁挑臂段,保证盖梁运输的平稳性,并且盖梁用绳索捆绑,如图7-28所示。

a) 盖梁起吊

b) 盖梁装车

图7-28 盖梁存放及运输

7.3.4 附属结构预制

7.3.4.1 桥梁护栏

(1)预埋钢筋及端头垂直度实测

施工现场桥面板施工完成后,应对护栏位置预埋钢筋间距逐一进行实测,主要提供数据为:端头起点钢筋与伸缩缝(或连续缝)的距离、钢筋与钢筋的间距、预埋钢筋位置参数(过高或偏低)。同时,应根据端头已施工完成的防撞护栏顺桥向垂直度情况及连续缝(或伸缩缝)实际宽度提供相关参数(图 7-29)。

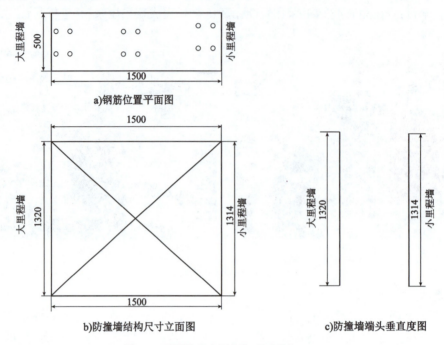

图 7-29 预制相关实测参数(尺寸单位:mm)

(2)防撞护栏平面位置放样

在施工现场,利用测量仪器放出护栏内边线的平面线性。直线段放出两端头位置,曲线段应提供曲线坐标。与实测预埋钢筋间距转换成统一坐标,提供给预制厂。

(3)防撞护栏预制

以现场拼装防撞护栏与梁板之间采用 UHPC 灌浆连接的防撞护栏为例,防撞护栏预制采用倒立式浇筑工艺,为钢筋绑扎、模板和浇筑提供了便利(图 7-30)。

图 7-30 防撞护栏倒立式浇筑

预制防撞护栏为 10m 一段,现场实测数据采集转至预制厂后,厂内根据所提供实测数据进行钢筋、模板匹配式施工。钢筋下料和绑扎时按照现场预埋钢筋间距错开布置,尤其是端头第一根钢筋预留位置必须精确,并对应现场桥面板预留钢筋高度匹配防撞护栏底部预留钢筋长度。模板安装时,端头模板应按照所提供的两端已施工完成护栏的现场实际姿态进行端头模板垂直度调整。

为了后续预制护栏运输、吊装及现场拼装的调整,在防撞墙预制时,两端头 50cm 和 1m 处分别预埋两个 M24 螺母。

完成钢筋骨架成型后,即可参考其他预制构件工艺开展模板安装、钢筋骨架入模、混凝土浇筑、拆模及养护、存放及运输。

7.3.4.2 挡土墙

预制挡土墙分为底板、斜撑、倾斜搁板进行预制,预制流程如图 7-31 所示。

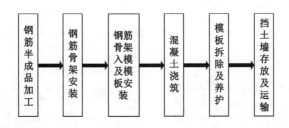

图 7-31 挡土墙预制流程图

(1) 钢筋半成品加工

采用 BIM 软件对盖梁进行三维建模及钢筋骨架截面数据优化,将优化后的数据录入数控加工设备对钢筋原材进行弯曲加工,将加工好后的钢筋进行编码标识、整齐码放,防止箍筋截面安装顺序错乱。

(2) 钢筋骨架安装

将加工好的挡土墙底座钢筋按照图纸绑扎完成,固定好挡土墙中心结构四个角主筋,主筋安放时注意避开预留孔洞位置。四个角主筋固定好后安装其余主筋,主筋间距满足图纸要求,沿主筋方向从下至上依次安装箍筋,箍筋与主筋用扎丝绑扎牢靠,扎丝绑扎方向统一朝内,箍筋间距为满足图纸要求,箍筋安装时注意避开预留孔洞位置。

倾斜搁板和斜撑钢筋骨架制作前定位好主筋和箍筋焊接位置,将主筋根据定位线位置摆放好后在主筋上点焊 $\phi 20mm$ 箍筋,主筋、箍筋间距根据设计图纸控制,允许偏差控制在 $\pm 2mm$、$\pm 10mm$,保护层垫块安装不少于 4 个/m^2。钢筋骨架安装如图 7-32 所示。

(3) 钢筋骨架入模及模板安装

挡土墙钢筋骨架安装完成后,将挡土墙模板表面进行除锈、打磨抛光,涂抹脱模剂;钢筋骨架入模时,要缓慢下放,钢筋骨架平稳放好后,将第一片侧面模板清理打磨后,用门式起重机吊起平稳放在底部模板上,拼接处孔洞对齐,用精轧螺纹钢螺母拧紧。第一片侧面模板和底部模板拼装完成后,对预埋件进行检查无误后,进行另三片侧面模板安装,精确调整模板孔洞位置,用精轧螺纹钢螺母拧紧侧模上预留孔中插入 $\phi 28mm$ 螺纹套筒,用匹配的车丝钢筋固定,螺纹套筒用泡沫胶打满,防止浇筑时漏浆堵塞套筒。芯模安装前,对表面进行除锈、打磨抛光,达到镜面效果为止。模板打磨完成后,起吊悬在空中,对芯模表面涂抹脱模剂,涂抹均匀后吊入模板中并固定。在焊接钢板中插入预埋 PVC 管并固定。

a) 箍筋安装

b) 钢筋骨架制作

c) 倾斜搁板钢筋骨架完成

d) 斜撑钢筋骨架完成

图 7-32　钢筋骨架安装

倾斜搁板和斜撑模板安装,模板拼接处用胶带贴密实,防止漏浆;倾斜搁板预埋 $\phi 28$ mm 螺纹套筒当作起吊点,并用 U 形筋固定,与模板紧贴,并用泡沫胶打满,防止浇筑时漏浆堵塞套筒,预留孔通过定位件精确定位,如图 7-33 所示。

a) 侧面模板安装(一)

b) 侧面模板安装(二)

图 7-33

c) ϕ28mm螺纹套筒

d) 芯模安装固定

e) 倾斜搁板入模

f) 斜撑入模

图 7-33　钢筋骨架入模及模板安装

（4）混凝土浇筑

模板自带操作平台。预制挡土墙底座混凝土等级 C30，混凝土一次性浇筑完成。预制挡土墙通过混凝土搅拌车和混凝土泵车进行浇筑，倾斜搁板混凝土浇筑采用灌送的方式，斜撑混凝土浇筑采用人工浇筑；振捣采用插入式振捣棒，振捣棒快插慢拔以保证振捣充分，如图 7-34 所示。

a) 挡土墙混凝土浇筑

图　7-34

b) 斜撑混凝土浇筑

c) 倾斜搁板混凝土浇筑

图 7-34　混凝土浇筑

(5) 模板拆除及养护

挡土墙混凝土浇筑完成,初凝后拔出芯模,达到规定强度后,拆除钢模板。先拆除车丝钢筋,再拆除侧面模板。拆模时将吊具挂在模板拆除孔洞上,一面模板精轧螺纹钢螺母拆除完毕后,缓慢匀速提起模板,将模板平放在模板堆放区。倾斜搁板和斜撑满足强度后拆除模板。模板全部拆除后完成进行人工洒水养护,养护时间为 7d,如图 7-35 所示。

a) 挡土墙内芯模拆除

b) 挡土墙侧模拆除

c) 洒水养护

图 7-35　模板拆除及养护

(6)挡土墙存储及运输

挡土墙养护达到强度后,用门式起重机吊装到存放区进行存放。采用厂内大型门式起重机配合吊架、钢丝绳、锁扣,将挡土墙吊运到运输车上运送施工现场进行装配式可绿化挡土墙拼装,如图7-36所示。

a) 挡土墙存放

b) 倾斜搁板存放

c) 斜撑存放

d) 挡土墙预拼

图7-36 挡土墙存储及运输

7.4 大型构件运输

构件运输前,需选择从基地至工地现场的运输路线,详细调查运输线路上的路况,道路上横跨道路的架空线、地下管线、通行净空高度、转弯半径等,道路上的桥梁设计荷载等级、限制标志牌上的限载标准,桥梁纵坡大小等。运输道路选择原则:运输路线短而顺直。避开通行净空不够的道路、承载能力不够的桥梁。对净空、转弯半径、承载能力不够的道路桥梁,需进行拓宽加固处理的应进行技术经济性比较,推荐采用技术经济性较好的线路。

大型桥梁构件运输前,按《超限运输车辆行驶公路管理规定》的要求办理大件运输手续,按选择好的运输路线,采取安全运输措施等编制申报文件,然后申报交警、路政部门审批。大型构件一般采用多轴运输车夜间运输,以免影响道路上正常通行的车辆,以保证运输过程中的安全。

7.4.1 运输构件的限制条件

7.4.1.1 大件运输政策法令

超限设备(货物)是指装载轮廓尺寸超过车辆限界标准;超重设备(货物)是指车辆总重量对桥梁的作用超过设计活载。交通运输部于2016年颁布第62号令《超限运输车辆行驶公路管理规定》,对大件运输进行了专项规定。按照规定,预制桥梁构件基本都属于超限构件。

载运不可解体物品的超限运输(以下称大件运输)车辆,应当依法办理有关许可手续,在采取有效措施后,按照指定的时间、路线、速度行驶。可参照图7-37所示流程办理。

7.4.1.2 道路路线的限制条件

道路线形要素主要包括道路纵坡、圆曲线及交叉口。运输构件的重量受道路纵坡影响,车辆爬坡动力以及下坡制动的能力应能适应道路的纵坡变化。运输构件的长度受道路转弯半径及道路交叉路口线形的影响,如图7-38所示,在道路宽度D、圆曲线半径R确定的情况下,只能允许长度为L、宽度为B的车辆通行。实际大型构件的运输还应考虑拖车与挂车之间,前后轮行驶轨迹的后轮内偏差影响(图7-38)。

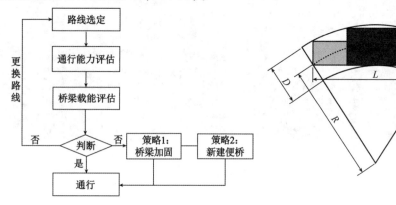

图7-37 超限车辆运输路线选择流程   图7-38 道路圆曲线对行车尺寸的最大限制
(极限情况)

7.4.1.3 道路通行净空限制

道路通行净空一般含净宽和净高。净宽指道路的每条车道的宽度限制、桥涵隧道的宽度对通行车辆的限制等。车道宽度通常在3~3.75m之间,大型构件的运输可按需要占用1~2条车道。敞开式路段一般对净高没有限制,横跨道路的架空线、隧道、立交桥梁及收费站等路段对通行车辆的总体高度有限制,根据《公路工程技术标准》(JTG B01—2014),高速公路、一级公路、二级公路的净高应不小于5m;三级公路、四级公路的净高应不小于4.5m。

7.4.1.4 桥梁载重限制

大件运输车的重量小于桥梁限载标志牌规定的,可以安全通过。大件运输车的重量大于限载标志牌规定的,需进行专项评估,以确定车辆是否可安全通过以及是否需要对桥梁采取加固措施。

目前,采用的评估方法主要有荷载效应比较法、等代荷载法、实际荷载验算法及荷载试验法。荷载效应比较法主要将大件运输车的轴重和车轴数与桥梁设计验算汽车的轴重和车轴数进行比较,如均小于设计值表示可以通过。等代荷载法是对某指定截面计算汽车荷载产生的最大弯矩/剪力,使用均布荷载产生相同的弯矩/剪力,再将此均布荷载与设计规定的均布荷载比较,小于设计均布荷载为允许通过。实际荷载验算法根据运输车辆实际轴重以及桥梁检测现状,建立桥梁有限元模型进行车辆加载计算分析。荷载试验法为在桥上直接用沙袋或车辆分级加载,记录结构的应变和变位,以此分析车辆通过的安全性。

7.4.1.5 运输设备的限制

国内有众多的运梁车生产商及销售商,其中规模较大的运梁车生产商有大方、徐工、同力重工、中昇及华中建机等。通过收集国内几家专业厂家运梁车的基本技术参数得出,运梁车的运载能力基本为 100~915t,最小转弯半径的范围为 37~180m,纵坡爬坡能力为 2.5%~6%,最大轴数为 16 轴,但在特殊需求情况下,轴数为可调整参数。

模块化平板车是从普通的平板车发展而来,具有所有普通平板车的功能及优点,其特点是可以自由拼接,容易实现模块与模块、车与车之间的组合。与普通平板车进行比较,模块化平板车的转弯角度最大可达到 115°,转弯半径为 16~20m,可满足城市道路转弯半径需求。爬坡能力为 9% 左右,高于一般平板车,车辆轴数可根据实际工程增加调整,但构件运输限制条件仍受运输构件长度控制。

7.4.2 运输路线选择

根据 7.4.1 节分析,有多项因素影响限制构件运输,在确定运输路线时,既要考虑可行性,也要考虑经济性,可参考以下步骤开展。

首先,复核设计方案中的预制构件分段的尺寸以及重量,初步选择运输路线。针对道路净空、净宽、转弯半径、交叉口尺寸以及桥梁技术状况进行调研,排查预选的路线方案中可能存在的节点问题。

其次,针对初步排查中的节点问题,开展运输能力分析,将节点运输问题反馈给设计单位,设计单位可通过细化节段、构件空心化等多种方式减小构件尺寸和重量,提高预制构件的通过能力。

最后,评估改造节点,如拓宽道路、加固桥梁等需要支出的成本。综合考虑改造节点成本以及不同路线的运输距离成本,选择最优的运输路线,从而实现运输经济效益的最大化提升。

7.5 现场施工

7.5.1 小箱梁施工

小箱梁经出厂验收合格后,运输至施工现场进行安装作业,应按《危险性较大的分部分项工程安全管理规定》的要求编制小箱梁现场安装专项施工方案。一般根据施工现场周边的环境条件和现有设备的情况,选择履带式起重机、汽车起重机或架桥机等吊装设备。吊机作业范围内的地基需进行硬化处理,使其承载力能够满足吊装作业要求。现场采用吊机进行小箱梁安装架设时,需对采用的吊机、吊索具、架设顺序、现场交通组织等进行分析论证,确保施工安全。

小箱梁的安装施工精度要求较高,施工时需要精细化管理。通常小箱梁架设在盖梁顶端的垫石上,小箱梁与小箱梁之间桥面板采用湿接缝连接。小箱梁安装分为垫石处理、吊装、湿接缝施工三个阶段。吊装前先在盖梁顶面划出小箱梁两端边沿线和梁板横向位置线,安装精度控制在 5mm 以内。在盖梁永久性支座位置,测量其高程,根据测量高程值与设计高程值的差值,进行支座垫石的混凝土浇筑。吊装阶段的工艺流程一般为:小箱梁试吊→提升起梁→安放支座→吊梁→千斤顶调节→移梁到位。按架设顺序,此跨小箱梁架设完成后,依次向前架设其他跨小箱梁。

待小箱梁架设完成后,进行小箱梁桥面板湿接缝浇筑(图 7-39),小箱梁预制时,湿接缝处横向预留钢筋相互均匀错开,匹配预埋。架设时横向钢筋相互不焊接,直接穿设纵向水平筋固定。湿接缝钢筋处理完毕后,安装湿接缝底板吊模,采用 C60 混凝土进行浇筑,并用振捣棒振捣(图 7-40)。浇筑完成 3d 后,拆除底板吊模,同时进行洒水养护,养护时间不得少于 7d。

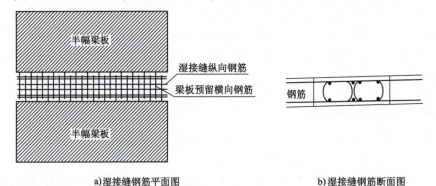

a) 湿接缝钢筋平面图　　　　　　　　　　b) 湿接缝钢筋断面图

图 7-39　湿接缝钢筋图

a) 湿接缝混凝土浇筑　　　　　　　　　　b) 湿接缝拆模后混凝土

图 7-40　湿接缝施工

7.5.2 钢-混凝土组合梁的施工

钢-混凝土组合梁的施工,通常采用钢梁与混凝土桥面板分步施工,较少采用整体式施工,具体采用何种方法进行预制、运输、安装,与具体的设计方案及建设条件有关。

当采用钢梁与混凝土桥面板分步施工时,可选择节段顶推、节段吊装及整体吊装等方案。采用钢梁与混凝土桥面板分步施工,由于在安装桥面板时需要利用钢梁承重,故钢材用量较高。当采用钢梁与混凝土桥面板整体完成后再安装的方法时,由于结构整体受力故钢材较为节省,但对施工场地、运输及设备的要求较高。桥面板参与结构受力的时机可根据建设条件及工程总体经济性综合确定。

7.5.2.1 钢梁顶推施工

当钢梁沿桥轴向的长度较长、连续布置、断面变化较小时,钢梁安装可根据建设条件选择顶推方法。此种方法在大型跨江桥、跨线桥、跨山谷桥中应用较多。钢梁顶推施工前需根据钢梁自身刚度及跨径选择合理的临时墩系统,按照节段长度及起重设备情况在起点处布置适宜的顶推拼装场地。顶推设备需采用可同步控制的液压顶推系统和监控系统(图7-41、图7-42)。

图7-41 钢梁顶推施工(哈尔滨阳明滩大桥)

图7-42 钢梁顶推施工(德国公路桥 Talbrucke Nuttlar, A46联邦高速,桥何名钦)

7.5.2.2 钢梁吊装施工

(1)钢梁分节段吊装施工

钢梁断面较宽、总长较长时,需根据运输方式及吊装方法划分节段。如采用汽车运输方式,构件宽度通常不应超过两车道,构件长度可按运输车辆长度确定。节段运输至现场后,为减少吊装次数,可先在地面将小构件拼装成大节段,再使用大吨位吊机安装。钢梁节段在地面拼接时,需预先对拼装场地做加固及硬化处理。也可以设置临时拼装支架,将钢梁节段吊装至支架上拼装,临时支架需进行计算分析。当地基条件较好且桥梁高度较小时,可搭设多点支架,以减小吊装重量,如图7-43、图7-44所示。

图 7-43 大箱式主梁 U 形钢梁分节段吊装施工
（湖南长沙洞株路跨线桥）

图 7-44 稀疏式工字形钢梁分节段安装施工
（上海军工路高架）

（2）钢梁整体吊装施工

当钢梁的运输及安装条件较好时，如运输途经大河、桥位处于河面开阔，可采用船舶运输及浮吊安装，此时钢梁可根据船舶装载能力进行节段划分。如有条件，可按整跨钢梁一次性运输到现场再安装桥面板，也可将钢梁与混凝土桥面板组合成整体后再整体运输至桥位完成吊装施工，如图 7-45～图 7-47 所示。

图 7-45 波形钢腹板组合小箱梁桥（河南省公路桥，河南省院拍摄）

图 7-46 钢梁节段与混凝土桥面板组合后整体吊装施工（南京长江五桥）

图 7-47 一跨内的钢梁与混凝土桥面板组合后整体吊装施工（上海长江大桥）

7.5.2.3 桥面板施工

混凝土桥面板施工可分为现浇和预制两大类,设计及施工时可根据建设条件及需求选择合理的方案。

(1)桥面板现浇施工

钢-混凝土组合梁的钢梁节段在现场安装完毕后,再搭设桥面板的底模板、绑扎钢筋、浇筑混凝土桥面板。桥面板底模板可采用常规的满堂支架模板系统,也可采用横向支撑结合自支承底模板的形式。

①满堂支架

当采用钢梁先架设、再浇筑桥面板混凝土时,对于常规市政桥梁来说,目前采用较多的是满堂支架底模板系统。对于槽形钢梁,在箱体内侧桥面板施工时可在钢梁内架设支架和底模板,箱体外侧悬臂桥面板施工时可设置落地支架系统,或设置与上翼板和腹板连接的临时横向支架和底模板;在梁格式工字梁中,需在钢梁下翼板及腹板之间设置支架及底模板;在全封闭钢箱梁结构中,可直接在钢顶板上浇筑混凝土。

②桥面板横向支撑

组合梁可设置永久或临时的横撑体系为桥面板底模板的安装提供支承,如图 7-48 所示。在箱梁内(或主梁之间)的横撑可按永久结构设计,在外挑臂处的横撑可根据桥面板横向悬挑跨径而选择设计类型。当采用永久横撑时,需注意结构外形与主体结构的统一及施工便利性,永久横撑在桥面板施工完毕后需检查外观。如采用临时横撑,在施工完毕后需切割并处理外观。永久横撑的现场工作量较小、结构刚度大,但材料指标较高且养护表面较大;临时横撑的现场工作量较大、结构刚度小,但在外挑臂处的桥梁外观较为整洁(图 7-49)。

图 7-48 永久横撑系统(德国公路桥 Talbrucke Nuttlar, A46 联邦高速公路,桥何名钦)

③自支承底模板

在桥面板横向支撑架之间设置自支承式的底模板系统,当横向支撑在桥轴向间距较大时,可将底模板设计为型钢骨架+底模板或钢筋骨架+底模板的形式。型钢骨架+面板常作为可周转的模板系统,面板可根据需要而采用钢板或木模板。当组合梁总长达到一定规模且现场工期可控时,还可将上述可周转的模板系统制成自行式,沿桥跨长分段浇筑桥面板混凝土(图 7-50)。

图 7-49　临时横撑系统（上海闸北区高架桥）　　图 7-50　型钢骨架＋面板作为底模板使用（德国公路桥 Talbrucke Nuttlar，A46 联邦高速公路，桥何名钦）

钢筋骨架＋底模板形式中，底模钢板一般较薄，钢板自身的刚度较小，不满足混凝土浇筑要求，利用桥面混凝土板中配的钢筋为骨架与底模钢板焊接后可提高底模钢板的刚度，满足混凝土浇筑要求（图 7-51），钢筋骨架埋置于混凝土桥面板内部，底模钢板成为桥面板的一部分，可作为配筋参与受力，外露钢板应做涂装防腐处理。此类模板系统施工较为方便，免去现场模板拆除工序，较经济。

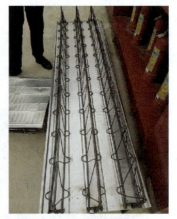

图 7-51　钢筋骨架＋面板作为底模板使用（浙江绍兴越东路高架桥）

（2）桥面板预制施工

钢-混凝土组合梁的桥面板可采用先分块预制、再在钢梁上拼装组合及整体（分层）预制与钢梁组合这两大类形式。

①桥面板分块预制拼装

桥面板分块预制时，钢梁上翼缘的连接件采用焊钉。钢梁上翼缘集群焊钉或满布焊钉，对应地需在预制桥面板上预留与焊钉布置形式匹配的槽口，待桥面板安装就位后再浇筑灌缝混凝土。分块预制桥面板需存放一定时间以消除混凝土大部分收缩，通常按 6 个月控制。桥面板采用分块预制，安装时，现场支模及槽口混凝土的浇筑需耗费一定的现场施工时间。桥面板分块预制的优点是构件尺寸小、重量轻、适宜标准化生产、易运输及安装，在大跨径组合梁中应用较多（图 7-52）。

②桥面板整体(分层)预制

当桥面板采用整体预制与钢梁组合时,钢梁上翼缘的连接件可根据桥面板厚度采用配筋、焊钉、开孔钢板等多种形式。当桥面板采用竖向分层时,底层混凝土通常在工厂浇筑完成并作为上层混凝土的底模,钢梁整体运输至现场安装后再浇筑上层混凝土桥面。桥面板整体预制形式的优点是混凝土与钢梁形成组合结构整体受力、施工期间刚度大,在中等跨径的组合工字梁中应用较多。由于混凝土桥面板在使用期存在一定程度的收缩,故在计算分析时应考虑收缩效应对组合截面正应力重分布及剪力键受力的影响,如图7-53所示。

图7-52 桥面板分块预制的钢-混凝土组合梁
(哈尔滨阳明滩大桥)

图7-53 桥面板整体预制的钢-混凝土组合梁
(湖南长沙湘府路高架)

7.5.3 预制节段梁的施工

节段拼装桥梁主要有三种施工方法:平衡悬臂法、逐跨施工法及顶推施工法。

7.5.3.1 节段梁的吊装和运输

节段梁在预制厂内的搬运一般采用门式起重机,此时应选择合理的吊点,以使节段梁的应力控制在允许范围内。对于单室箱梁,通常在腹板附近的上翼缘板内埋设吊环,用一根简单的分配梁起吊;对于双室三腹板箱梁,通常在中腹板与两道边腹板附近的上翼缘板内埋设吊环,在分配梁上设三根吊束,使荷载从三个吊点传到一个吊钩上;对于三室四腹板箱梁,在两侧箱室内设临时系杆,从而把外腹板的反力传到中间腹板上,这样用一根分配梁就足以起吊梁段。

节段梁运输可采用轮轨运输车,也可采用轮胎式运梁车运输,根据节段梁特点进行支撑点设置,避免节段梁翘曲和二次应力发生,节段梁存放支撑点尽量置于腹板下。

7.5.3.2 节段拼装施工

(1)逐跨拼装法

逐跨拼装法即将同一跨内所有预制节段由架桥机吊装至设计位置临时定位,节段之间的接缝采用干接缝或胶接缝,再张拉预应力筋使各节段形成整体后落架,在支座上就位,架桥机过孔进行下一跨施工。与平衡悬臂法相比,逐跨施工法省去了墩顶现浇段、临时支座、体系转换等工序,施工速度较快。如图7-54所示。

a) 逐跨拼装法

b) 平衡悬臂施工法

图 7-54　节段拼装的方法

①上承式架桥机

主梁节段位于架桥机支架之上拼装。节段梁在预制厂预制后由运梁台车运至架桥机旁，用吊机将节段逐段吊上架桥机支架上就位。节段梁之间用干接缝或胶接缝连接、整孔张拉、落架、架桥机过跨。实际工程中可采用支架（落地或非落地）形式。缺点是要求桥下净空较大，架桥机过跨较困难，使用范围受到限制。

②中承式架桥机

节段梁位于架桥机腹内拼装。节段梁在预制厂预制后由运梁台车运至架桥机尾部的桁吊之下，由起吊天车将节段起吊运至支梁腹内，节段梁之间用干接缝或胶接缝连接，整孔张拉、落架、架桥机过跨。由于节段梁置于架桥机腹内，限制了节段梁顶板宽度，限制了其使用范围。

③下承式架桥机

节段梁位于架桥机支架之下拼装，节段梁在预制厂预制后由运梁台车运至架桥机尾部的桁吊之下，由起吊天车通过吊杆将节段起吊运至支架下，节段梁之间用干接缝或胶接缝连接，整孔张拉、落架、架桥机过跨。节段吊在架桥机主梁下方完成拼装，对节段梁顶板宽度无限制。架桥机过跨时前方桥墩上需安装大型支架，后部支腿在刚完成的桥面上通过，较方便。下承式架桥机适用范围较广。

如图 7-55 所示为节段拼装的设备。

a) 上承式逐跨拼装造桥机用于上海中环线军工路高架

b) 中承式逐跨拼装造桥机用于呼准铁路

图 7-55

c) 下承式逐跨拼装造桥机用于上海沪闵高架二期　　　d) 悬臂拼装造桥机用于石长铁路

图 7-55　节段拼装的设备

（2）平衡悬臂拼装法施工

平衡悬臂法施工是以一个桥墩为中心，对称悬臂拼装节段的桥梁建造方法。该方法首先在桥墩上浇筑或拼装墩顶 0 号块，将 0 号块与墩顶固结并能承受施工中一个节段的不平衡弯矩，然后以 0 号块为中心对称悬臂拼装 1 号预制节段，0 号块与 1 号之间采用湿接缝，其余采用干接缝或胶接缝连接，逐段张拉预应力钢束，最后浇筑合龙段混凝土，完成结构体系转换。该法适用于较大跨径桥梁，尤其适合连续刚构、连续梁、斜拉桥等。

平衡悬臂拼装法设备一般称为悬臂拼装架桥机（挂篮）。将 0 号块与墩顶固结后，在 0 号块上拼装一对悬臂拼装架桥机（挂篮），节段梁在预制厂预制完成后运至架桥机（挂篮）下，左右两跨对称拼装，节段梁之间用干接缝或胶接缝连接，张拉预应力筋，两端对称悬臂拼装，原理与悬臂浇筑类似。

节段拼装的设备也有如逐跨拼装法施工采用跨在桥墩上的桁架式悬臂拼装架桥机，以一个悬臂拼装桥墩为中心，跨越左右两跨或多跨，起吊节段如图 7-55b）所示。

7.5.4　桥墩施工

7.5.4.1　承台施工

在装配式桥梁施工中，并非所有构件都适合采用工厂预制的方式，其中，由于承台体量较大，一般采用现浇方式施工。因上部墩柱是预制装配式，在承台现浇施工过程中，要确保预留的立柱钢筋定位精准。

对于单立柱承台，其立柱的预埋钢筋采用定位胎架加工成整体钢筋模块。在绑扎承台钢筋时，立柱预埋钢筋处的顶面纵横向钢筋暂不施工，通过测量放线，将立柱预埋钢筋骨架底部进行精确定位并安装定位销等装置，然后吊放立柱预埋钢筋骨架并进行高程及定位调整，使立柱预埋钢筋的各项偏差控制在 2mm 以内。最后，将其整体与承台围护结构连接成有效稳固的支撑体系，防止其在承台混凝土浇筑施工过程中移位或变形。

对于双立柱承台，将固定两根立柱的钢架定位胎架作为一个整体进行预埋安装，如同单立柱承台定位胎架采用定型化限位钢架，固定两根立柱的相对位置，将其整体与承台围护结构连接成有效稳固的支撑体系。

待立柱的钢架定位胎架安装完成后再将承台顶面纵横向钢筋绑扎完成，浇筑承台混凝土。其施工工况如图 7-56 所示。

a) 立柱预埋钢筋骨架（单立柱）

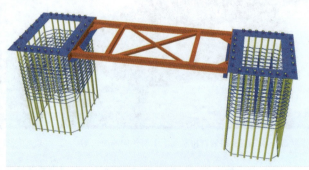
b) 定型化限位钢架（双立柱）

c) 基坑围护开挖

d) 承台钢筋绑扎

e) 定型化限位钢架安装

f) 承台浇筑完成

图 7-56　承台施工

7.5.4.2　预制立柱安装

预制立柱的安装，一般根据施工现场周边的环境条件和现有设备的情况，可选择采用履带式起重机、汽车式起重机或门式起重机等吊装设备进行现场安装。吊机的停车作业范围内的地基需进行硬化处理，使其承载力能够满足吊装作业要求。预制立柱经出厂验收合格后，运输至施工现场。运输预制立柱一般采用水平放置，至现场卸车后，需进行立柱翻身起吊，翻身时，需采用柔性材料（如打包的帆布卷等）垫放在立柱根部作为垫层，以防止翻身过程中立柱根部混凝土受损，如图 7-57 所示。

a) 预制立柱卸车工况

b) 预制立柱翻身工况

c) 承台砂浆垫层施工工况

d) 预制立柱安装工况

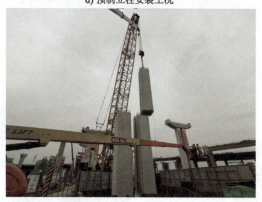
e) 分节立柱安装工况

图 7-57 预制立柱安装

预制立柱与承台的连接采用钢筋灌浆套筒的形式,承台预留钢筋,立柱预留套筒,要将所有钢筋插入套筒,安装施工精度要求非常高,立柱上面还要安装盖梁,故需要施工管理精细化。通常情况下,其安装分为施工准备、吊装、灌浆三个阶段。吊装前施工准备工作为:承台凿毛处理、承台预埋钢筋检查、承台高程复测、安放橡胶垫片和钢板、安装挡浆板和限位板、卸车堆放、安装牛腿、构件翻身等。

针对目前常见的钢筋套筒连接形式,其灌浆料一般采用 C100 高强无收缩水泥灌浆料,灌浆质量直接影响桥梁结构的安全性,故灌浆质量控制成为施工控制的重中之重,鉴于目前对灌浆质量的检测方法尚不成熟,更需要对灌浆施工过程进行严格控制。

7.5.5 预制盖梁安装

预制盖梁安装分两部分,一为预制盖梁与立柱的连接,二为预制盖梁分段预制在现场拼接。预制盖梁与立柱的连接形式一般采用钢筋套筒连接或金属波纹管连接,拼接面采用砂浆垫层的形式,施工安装过程和立柱与承台的安装工艺类似,在此不再赘述。

对于超大、超重的盖梁,采用分段预制安装,节段拼接面之间采用环氧黏结剂胶接缝连接或者采用湿接缝浇筑高强度混凝土拼接。

7.5.5.1 环氧黏结剂拼接

在安装过程中,采用环氧黏结剂拼接需设置临时预应力,将分节盖梁与主盖梁进行临时对接固定,通常可采用精轧螺纹钢进行临时预应力张拉,待盖梁永久预应力张拉完成后,方可将临时预应力卸载。

7.5.5.2 湿接缝混凝土拼接

预制盖梁分段预制在现场拼接过程中,采用高强度混凝土湿接缝,可设置支架支撑或者用精轧螺纹钢进行临时张拉,保证分节盖梁水平且主筋对齐,主筋对接安装完成后再将两侧的波纹管连接,安装湿接缝钢模板,进行混凝土浇筑。待盖梁永久预应力张拉完成后,方可落架或将精轧螺纹钢临时预应力卸载,如图 7-58 ~ 图 7-61 所示。

图 7-58 预制盖梁安装施工工况

大体量的盖梁采用分节段安装施工后可使施工变得简单便捷。工厂预制时采用匹配法施工,现场作业仅需涂抹环氧黏结剂和张拉少量临时预应力,实现了混凝土构件的小型化和定制化,克服了运输及起重吊装超重的影响;整个施工过程中无须支撑体系,有效减轻了对周边交通环境的影响,进一步推动建筑工业化,特别是对闹市区的桥梁施工具有很大的推广和借鉴作用。

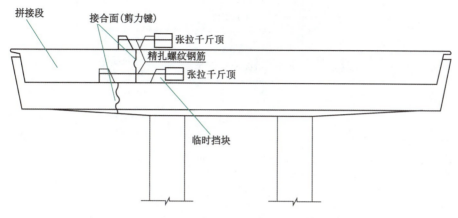

图 7-59　预制盖梁分节安装示意图

图 7-60　接合面清理和黏结剂涂装

图 7-61　预制盖梁分节安装工况

7.5.6　桩基施工

桩基施工按工艺不同,一般可以分为预制桩和灌注桩,作为工业化装配式桥梁的桩基施工,此处只介绍预制桩的沉桩工艺。其中,预制桩现场沉桩施工按工艺可细分为锤击沉桩、振动沉桩及静压沉桩等。

7.5.6.1　锤击沉桩施工

锤击沉桩是利用桩锤以冲击方式把预制桩打入土中。所需的主要设备是桩锤和桩架,常用的桩锤有落锤、单动或双动汽锤、柴油锤、液压锤等。桩锤的选择应根据地质条件、桩身结构强度、单桩承载力,结合试桩情况确定,锤型及规格性能选定后,其他辅助装备也应与之匹配。

锤击沉桩施工应根据桩的密集程度与周围建(构)筑物的关系,合理确定沉桩顺序。一般当桩较密集且距周围建(构)筑物较远、施工场地较开阔时,宜从中间向四周对称施打;若桩较密集、场地狭长、两端距建(构)筑物较近时,宜从毗邻建(构)筑物的一侧开始向另一侧施打。根据桩的入土深度,宜先深后浅;根据桩的规格尺寸,宜先大后小、先长后短。

锤击沉桩的施工工艺流程图如图 7-62 所示。

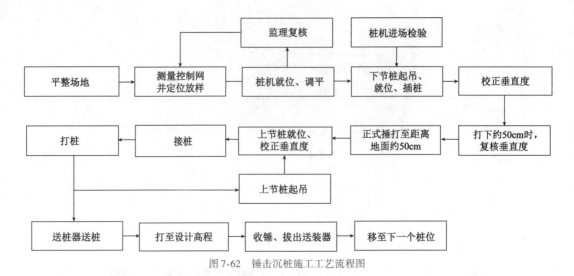

图 7-62 锤击沉桩施工工艺流程图

7.5.6.2 振动沉桩施工

振动法沉桩施工是在桩顶刚性连接一振动锤,与桩形成振动体系,由锤内几对轴上的偏心块旋转产生振动力,使振动体系振动,强迫与桩接触的土层随之振动,土壤颗粒振动后剪切强度下降,阻力减少,从而使桩在振动体系的重力作用下沉入土中。振动沉桩设备较简单,重量轻、体积小、搬运便捷、费用低、工效高,适用于在黏土、松散砂土、黄土和软土中沉桩,更适用于打钢板桩和钢管桩。

振动锤分为电动振动锤和液压振动锤,其中液压振动锤又分为常规频率型振动锤、高频液压振动锤、免共振振动锤三种类型。

7.5.6.3 静压沉桩桩施工

静压沉桩是通过静力压桩机的自重和机架上的配重提供反力而将预制桩压入土中的沉桩工艺。静压桩完全避免了锤击打桩所产生的振动、噪声污染,因此施工时具有对桩无破坏、施工无噪声、无振动、无冲击力、无污染等优点。静压沉桩通常适用于高压缩性黏土层或砂性较轻的软黏土层。

静压沉桩桩的施工采用分段压入、逐段接长的方法,其施工工艺为:测量定位—压桩机就位—吊装喂桩—桩身对中调直—压桩—接桩—再压桩—(送桩)—终止压桩—切割桩头。静压桩施工工艺流程如图 7-63 所示。

7.5.7 防撞护栏安装

预制防撞护栏为 10m 一块,从一端梁板位置为起点进行拼装,一端根据已安装好的防撞护栏高程、垂直度、线形为控制点,另一端在端头 10m 位置,以该位置的内边线和设计高程为控制点,进行防撞护栏安装,必须铅锤大地。

高程线形调整完成后即刻进行钢筋临时焊接固定,同时采用支撑杆进行防倾覆拉接。撑杆的两端设置螺杆接分叉耳板,撑杆的长度可以通过螺杆调节,在防撞墙顶部用预埋螺栓固定的钢板上伸出耳板,桥面板上用膨胀螺丝锚固的钢板上伸出向上的耳板,撑杆上分叉耳板与撞墙顶部及桥面板上的耳板孔中采用插销连接,如图7-64、图7-65所示。固定完成后可将防撞墙整体下放,并观察防撞墙整体线形是否变化,若有变化,可利用调节螺杆进行调整,螺杆拧紧或松动过程中应采用水平靠尺进行监测。下放后采用防倾覆撑杆进行线形、垂直度调整,调整合格后撑杆锁死,并对下口钢筋进行焊接固定。

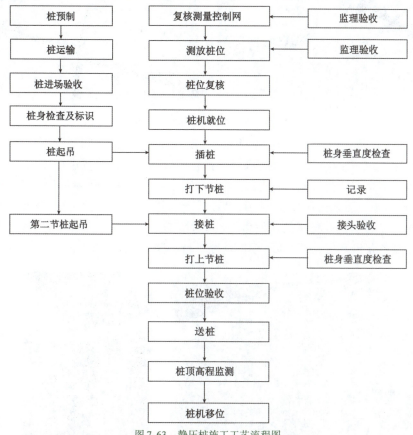

图 7-63　静压桩施工工艺流程图

图 7-64　防倾覆调节螺杆护栏顶及桥面锚板固定

图 7-65　现场拼装及防倾覆拉杆线形、垂直度调整及固定

防撞护栏与梁板之间采用 UHPC 灌浆连接,现场模板安装时,间隔预留一个 PVC 管直角弯灌浆口,见图 7-66、图 7-67。外口滴水沿位置先用双面胶或橡胶皮进行黏结,并用泡沫胶进行密封,然后将多余泡沫胶铲除,再利用玻璃胶进行密封。现场采用专用设备拌制 UHPC 灌浆料后进行灌浆作业。灌浆作业过程中,在 PVC 管上口设进料漏斗,严格控制浆料灌注速度及灌浆高度,同时注意是否有漏浆情况发生,及时封堵漏点。灌浆料灌至 PVC 管直角弯以上位置,然后依次观察浆液高度是否下降,根据情况进行补浆,至不下降为止。

图 7-66　模板及灌浆系统安装　　　　图 7-67　UHPC 超高性能灌浆料连接

防撞护栏连接处在灌浆完成后 3d 拆模,拆模时注意保护端头棱角,拆模后对防撞护栏连接节点进行修整,保证防撞墙根部线形直顺美观,同时进行洒水养护。

第 8 章
CHAPTER 8

预制拼装技术新进展

8.1 概述

近年来,工业化装配式桥梁的应用不断涌现出新的技术,使预制拼装技术能够在更多的场景开展应用。主要的研究热点包括预制构件轻量化、新型连接接头以及构件制造智能化等,本章主要针对一部分已经完成的试验研究成果进行介绍。

8.2 预制拼装盖梁轻型化技术研究

8.2.1 研究背景

桥梁工程中六车道上部结构常用的双柱墩加大悬臂盖梁,单个盖梁长度为24.9m,质量在250t以上,除了少数运输吊装条件特别好的地区,一般不具备整体预制、运输、吊装的条件。目前常用的建造方式有:①利用销棒支撑钢筋笼、钢筋笼整体吊装、现场浇筑混凝土;②采用分节预制拼装盖梁,节段之间可采用胶接缝或者后浇湿接缝连接段。这样的方法相比于整体吊装,需要更长的工期以及更多的施工措施,有必要针对这些问题,提出一些新型的盖梁轻型化方案。

8.2.2 试验方案

结合实际典型工程的大悬臂盖梁,提出了4种轻量化方案:盖梁分片预制方案、U形截面整体预制空心盖梁方案(C60混凝土)、U形截面整体预制空心盖梁方案(C80混凝土)、倒U形截面整体预制空心盖梁方案(C80混凝土),主要构造如图8-1~图8-4所示。

8.2.2.1 试件设计

在试验中增加一组传统的实心截面盖梁作为对比方案,同时,由于预应力钢绞线对盖梁受力性能影响显著,为了保证缩尺后钢绞线数量保持整数,确定各试件的缩尺比,见表8-1。

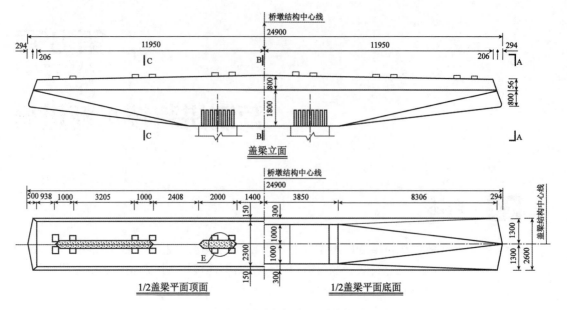

图 8-1 分片盖梁构造方案(尺寸单位:mm)

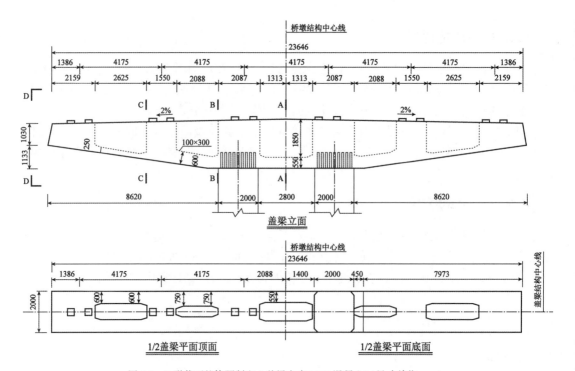

图 8-2 U 形截面整体预制空心盖梁方案(C60 混凝土)(尺寸单位:mm)

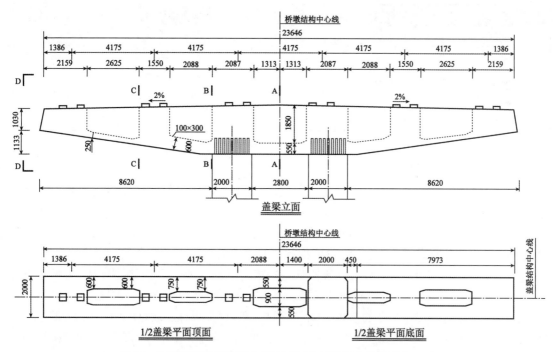

图 8-3　U 形截面整体预制空心盖梁方案（C80 混凝土）（尺寸单位：mm）

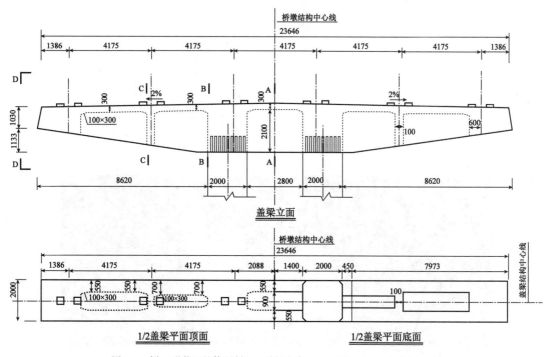

图 8-4　倒 U 形截面整体预制空心盖梁方案（C80 混凝土）（尺寸单位：mm）

轻量化盖梁试验参数统计表　　　　　　　　　表 8-1

试件编号	缩尺比	混凝土强度/用量	预应力数量	试件特征
PB-1	1∶3.08	C60/3.96m³	24 根 $\phi_S15.2$	实心截面
PB-2	1∶3.08	C60/3.96m³	24 根 $\phi_S15.2$	分两片
PB-3	1∶3.24	C60/2.35m³	24 根 $\phi_S15.2$	开口朝上 U 形
PB-4	1∶3.24	C80/2.20m³	20 根 $\phi_S15.2$	开口朝上 U 形
PB-5	1∶2.92	C80/3.20m³	20 根 $\phi_S15.2$	开口朝下倒 U 形

8.2.2.2 加载装置和加载方案

在上部结构支座位置处设置 6 个加载点，通过 6 个高精密液压千斤顶竖向加载。所有千斤顶均顶在钢梁上，每个钢梁通过两个直径 50mm 的精轧螺纹钢筋锚固于地槽内。加载分三阶段进行：第一阶段即模拟盖梁的施工阶段，此阶段依次施加模拟架梁荷载、二期铺装荷载；第二阶段即模拟盖梁的运营阶段，此阶段依次模拟准永久组合、频遇组合及标准组合等荷载工况；第三阶段模拟盖梁的破坏过程，此阶段从基本组合开始一直加载至最终破坏，为了防止地槽受力过大，将中间两个支座处的加载设备拆除，将其精轧螺纹钢用于加固最外侧加载点钢梁。为了考虑盖梁中实际存在的扭矩可能造成的不利影响，所有加载点均偏心布置，偏心距根据上部结构支座可能布置的最大偏心距缩尺后得到。试验过程中千斤顶布置及油泵接线图如图 8-5 所示，实际的加载装置如图 8-6 所示。

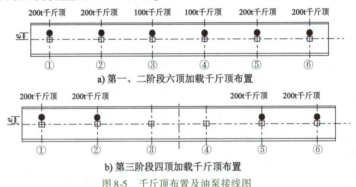

a) 第一、二阶段六顶加载千斤顶布置

b) 第三阶段四顶加载千斤顶布置

图 8-5　千斤顶布置及油泵接线图

图 8-6　加载装置示意图

8.2.3 试验结果分析

8.2.3.1 荷载-位移曲线及极限承载力

荷载采用千斤顶分级施加,每级加载后,测试梁的挠度和应变值。当荷载较小时,挠度随着荷载的增加而不断增长,两者基本上呈比例关系。当梁的受拉区出现裂缝后,试件刚度降低,荷载-位移曲线斜率不断减小。当钢筋屈服后,试件刚度进一步减小,挠度急剧增大,梁截面受压区边缘混凝土压碎,梁不能继续负担荷载而破坏。开裂荷载和屈服荷载两个特征点把梁的受力和变形全过程分为三个阶段。这三个阶段是:第Ⅰ阶段,梁没有混凝土裂缝的阶段;第Ⅱ阶段,梁混凝土裂缝出现和开展阶段;第Ⅲ阶段,裂缝急剧开展,预应力筋、纵向受力钢筋应力维持在屈服强度不变,受压区混凝土压碎剥落,为梁破坏阶段。

为了对比各试件的荷载位移曲线,考虑相似比还原后各试件的荷载位移曲线,如图 8-7 所示。

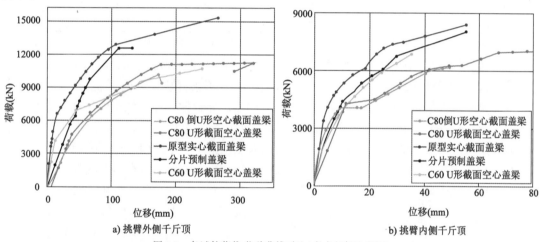

图 8-7 各试件荷载-位移曲线对比(考虑相似比还原)

从图 8-7 中可以看出,整体预制盖梁的承载力比较高,分片盖梁在材料相同的情况下,承载力较整体式盖梁降低约 14%,这可能是由于盖梁分片处纵向开裂后,两片盖梁之间不再满足平截面假定,荷载偏心一侧分担了更多荷载,导致偏心另一侧预应力筋应力增量较小,从而使得承载能力弱于整体式盖梁。C60 混凝土 U 形截面空心盖梁、C80 混凝土 U 形截面空心盖梁、C80 混凝土倒 U 形截面空心盖梁承载力与整体式实心截面相比均有所降低。这一方面是因为 C60 混凝土 U 形截面空心盖梁底面钢束锚固处预留的齿块对构件削弱太多,导致外侧空腔先于悬臂根部发生剪扭破坏;另一方面,C80 混凝土 U 形截面和倒 U 形截面空心盖梁为防止再次出现这种脆性破坏模态减少了底排钢束数量。实际尺寸的原型盖梁中,底面应有足够空间锚固底排预应力。整体现浇盖梁的截面近似矩形,在破坏时受拉区混凝土早已开裂。在开裂截面处,受拉区的混凝土对截面的抗弯承载力已不起作用,因此可将受拉区混凝土挖去一部分,将受拉钢筋集中布置在剩余受拉区混凝土内,形成钢筋混凝土 U 形梁截面,其抗弯承载力可以与原矩形截面梁相近,且节约了混凝土,减轻了盖梁自重。但是在弯剪扭复杂受力状态下,U 形盖梁属于开口截面,抗扭承载力降低,导致空心盖梁的整体承载能力有所降低。比较

U形盖梁和倒U形盖梁,U形盖梁极限承载力较高,延性更好,这是因为盖梁以承受负弯矩为主,U形截面较倒U形截面受力更为合理。由于倒U形截面在受压区挖空混凝土,导致混凝土受压区高度较大,延性较差。

8.2.3.2 试验结果与规范计算值比较

按照《公路钢筋混凝土及预应力混凝土桥涵设计规范》(JTG 3362—2018),采用材料标准值分别计算得到各试件的抗弯、抗剪扭承载力,如表8-2所示。

盖梁试件的承载力 表8-2

盖梁类型	弯曲承载力(kN·m)			剪(扭)承载力(kN)		
	试验值	计算值	试验值/计算值	试验值	计算值	试验值/计算值
整体实心	4174	4014	1.04	2489	2332	1.04
分片预制	3585	4014	0.89	2210	2692	0.89
C60 U形*	1001	1146	0.87	954	1182	0.81
C80 U形	3039	3009	1.01	1820	1646	1.11
C80 倒U形	3417	3353	1.02	1829	1871	0.98

注:* C60混凝土U形截面试件验算最外侧空腔处U形截面,其余均验算悬臂根部截面。

从表8-2中可以看出,对于分片预制盖梁和C60混凝土U形截面盖梁,弯曲承载力试验值均未达到计算值试件即破坏。这是因为,对于前者,由于盖梁分片处纵向开裂后,两片盖梁之间不再满足平截面假定,荷载偏心一侧分担了更多荷载,导致偏心另一侧预应力筋应力增量较小,从而使得承载能力弱于整体式盖梁;对于后者,由于试件发生剪扭型破坏而未能达到弯曲承载力极限。表中给出的剪扭承载力未考虑齿块预留对底板截面的削弱,考虑后可知该位置抗剪扭承载力较为薄弱。整体实心截面盖梁、C80混凝土U形截面盖梁、C80混凝土倒U形截面盖梁弯曲承载力试验值均与计算值非常接近,结合试验数据可知,试件确实发生了弯曲破坏。各类轻量化盖梁方案弯曲承载力均小于整体实心截面盖梁(不能直接比较,仍需考虑缩尺比影响)。这一方面是因为两种C80混凝土空心盖梁较设计方案少配置了钢绞线,另一方面由于空心盖梁本身的设计承载力就低于整体实心截面盖梁。表8-2计算结果表明,按照《公路钢筋混凝土及预应力混凝土桥涵设计规范》(JTG 3362—2018)验算空心盖梁的弯曲承载力仍是可行的。而剪扭承载力的计算结果表明,所提出的几种轻量化盖梁方案中箍筋的配置也是较合理的,没有太多的浪费。同时,由于各试件(除C60 U形截面试件外)均未发生剪扭型破坏,因此在保证构造合理的基础上,按照现行桥规验算空心盖梁的剪扭承载力也是可行的。但总体而言,由于原型设计过于保守,采用上述各轻量化方案仍能很好地满足《公路钢筋混凝土及预应力混凝土桥涵设计规范》(JTG 3362—2018)对正常使用极限状态下的抗裂性要求和对承载能力极限状态下的承载力要求,并且也有较大的富余量。因此,各方案仍是可行。

8.2.4 数值分析

8.2.4.1 数值模型

(1)模型建立

利用ABAQUS软件,按实际结构尺寸建立垫石、盖梁及墩柱等构件。以C80混凝土U形截面整体预制空心盖梁方案为例,有限元模型如图 8-8 所示。

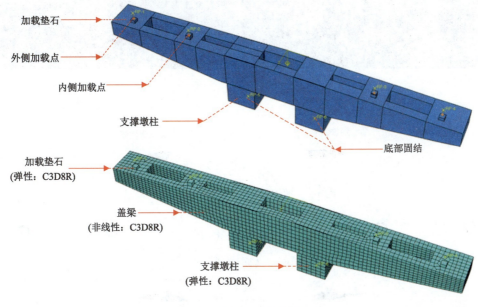

图 8-8 轻量化盖梁有限元模型

(2) 材料本构

混凝土的非线性行为采用 ABAQUS 中专门用于混凝土的损伤塑性模型来模拟。普通钢筋的本构关系采用双线性模型模拟,并采用整体 Embeded 约束类型将其自由度与相应位置的混凝土单元耦合。预应力钢绞线的应力-应变关系采用双折线模拟。

(3) 接缝模拟

在分片预制盖梁方案中,将盖梁沿着顺桥向等分成两片,在外侧两支座及墩顶处设置湿接缝连接,在其余位置断开。在数值模型中,将湿接缝连接位置处的拉应力峰值定为相应强度等级混凝土拉应力峰值的 0.8 倍,而在其余位置处两片盖梁不共节点以模拟断开。

8.2.4.2 数值分析结果与试验结果对比

为了验证轻量化盖梁数值分析方法的可靠性,以试验结果为依据。采用模型试件的几何尺寸、构造方式及材料实测应力-应变关系建立有限元分析模型,按照模型实际加载方式进行数值分析。从裂缝模态及力-位移曲线两个方面将数值分析结果与试验结果进行对比。

从裂缝模态对比试验结果和数值分析结果后(图 8-9)发现:试件达到承载力极限状态时,裂缝主要集中在盖梁试件悬臂根部附近,这一点数值分析结果与试验结果一致。但试验结果表明,盖梁试件在两支承墩柱之间的跨中位置也有分布较密的裂缝,而数值分析结果表明,跨中处混凝土塑性拉应变较小,这是因为数值模型中,各试件在墩柱底部完全固结,较好地约束了盖梁,使其无法绕着墩柱转动。此外,对于实心截面盖梁,在外侧两加载点之间塑性拉应变较小。而空心盖梁在该位置处仍有较大的拉应变,这是因为挖空截面后,试件主拉应力较实心截面大。

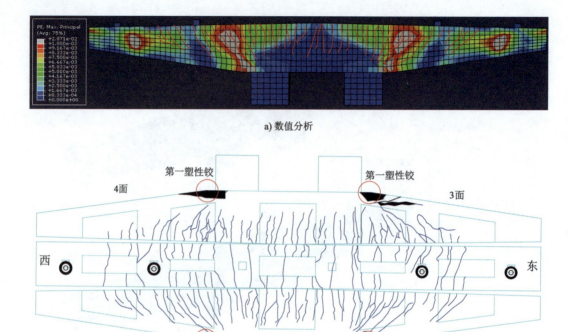

a) 数值分析

b) 试验模态

图 8-9　U 形截面空心盖梁试件（C80 混凝土）裂缝模态对比

从荷载-位移曲线对比试验结果（图 8-10）和数值分析结果（表 8-3）后发现：数值分析得到的各盖梁试件刚度与试验结果存在一定的差异，这是因为试验中盖梁与墩柱通过灌浆套筒连接，个别套筒导管堵塞，导致套筒灌浆不饱满，此外，试验中墩柱直接搁置在实验室地板上，未与地槽固定，以上边界条件与数值分析中墩底固结有所差异，从而造成二者在刚度模拟上存在一定差异。但从承载力的角度来看，数值分析结果与试验结果非常接近。

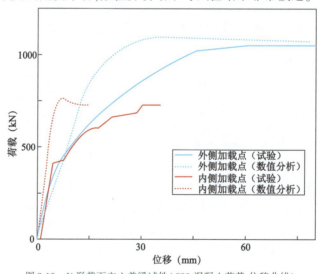

图 8-10　U 形截面空心盖梁试件（C80 混凝土荷载-位移曲线）

各盖梁试件极限荷载　　　　表 8-3

方　案	外侧加载点(kN)			内侧加载点(kN)		
	试验值	有限元	比值	试验值	有限元	比值
整体预制	1606	1636	0.98	883	1047	0.84
分片盖梁	1337	1511	0.88	873	850	1.03
C60 混凝土 U 形	1032	1205	0.86	730	1019	0.72
C80 混凝土 U 形	1107	1101	1.01	713	764	0.93
C80 混凝土倒 U 形	1133	1151	0.98	696	629	1.11

8.2.4.3　轻量化盖梁全过程受力性能分析

采用上述模拟方法建立足尺的轻量化盖梁非线性数值模型，分析其在施工阶段、正常使用极限状态和承载能力极限状态下的受力性能。

从施工阶段受力性能分析表明，盖梁上下缘拉压应力基本满足要求。各空腔之间的连接段混凝土纵向正应力较小，应力主要通过两道腹板传递。在两端及梁底面预应力锚固处盖梁应力有集中，尤其是外侧空腔处在第二批预应力张拉后压应力较大，可通过构造措施缓解。与倒 U 形截面盖梁相比，U 形截面盖梁中预应力效率较高。

荷载频遇组合下，U 形截面盖梁悬臂根部附近压应力储备最小，但仍有 -3.1 ~ -2.3MPa。倒 U 形截面盖梁同样在悬臂根部附近压应力储备最小，为 -4.8 ~ -4.0MPa。U 形截面盖梁外侧空腔处两道腹板主拉应力为 0.4 ~ 0.7MPa，内侧空腔处两道腹板主拉应力为 0.3 ~ 0.8MPa。倒 U 形截面盖梁外侧空腔处两道腹板主拉应力为 1.2 ~ 1.7MPa，内侧空腔处两道腹板主拉应力为 0.8 ~ 1.1MPa。上述应力均满足规范中 A 类预应力构件的抗裂性要求。

荷载标准组合下，U 形截面盖梁悬臂根部附近上缘出现了 0.1 ~ 0.3MPa 拉应力，下缘压应力范围为 -17.1 ~ -14.2MPa。倒 U 形截面盖梁悬臂根部附近上缘出现了 0.4 ~ 0.6MPa 拉应力，下缘压应力范围为 -22.8 ~ -17.3MPa。U 形截面盖梁外侧空腔处两道腹板主压应力为 -23.9 ~ -20.5MPa，内侧空腔处两道腹板主压应力为 -17.2 ~ -15.1MPa。倒 U 形截面盖梁外侧空腔处两道腹板主压应力为 -27.1 ~ -22.2MPa，内侧空腔处两道腹板主压应力为 -21.0 ~ -17.7MPa。上述应力均满足规范要求。

荷载基本组合下，盖梁悬臂根部处由于弯矩最大，上下缘混凝土拉压应力均进入了非线性增长阶段。U 形截面盖梁下缘压应力为 -23.8 ~ -21.0MPa，倒 U 形截面盖梁下缘压应力为 -30.2 ~ -25.3MPa。与 U 形截面盖梁相比，倒 U 形截面盖梁由于在受压区挖空了底板混凝土，其受压区高度较高，压应力也较大。

在破坏时，U 形截面空心盖梁在悬臂根部处由于弯矩最大，下缘压应力已逼近 -50MPa (C80 混凝土抗压强度标准值)。受拉区预应力钢绞线拉应力也达到了理论屈服点。上下缘普通纵筋已基本达到屈服。因此，悬臂根部的抗弯承载力已达到极限，盖梁发生弯曲破坏。悬臂段箍筋应力较小，均在 200MPa 以内，表明盖梁悬臂段抗剪承载力仍有较大的余量。上述数值分析结果与缩尺模型试件的试验结果相近，承载力峰值也基本吻合。

8.2.5 方案分析与设计建议

通过试验和数值分析,已经验证了各种类型轻型盖梁的可行性。为了进一步说明各种方案的优缺点,针对各种盖梁的材料用量进行了分析,如表 8-4 所示。

各种预制盖梁方案材料用量统计表　　表 8-4

盖梁方案	盖梁宽(m)	材料类型	用量	用量单位	桥面尺寸(m)	指标	指标单位
整体盖梁	23.9	混凝土(C60)	119	m³	25.5×35	0.133	m³/m²
		普通钢筋	18195	kg		20.39	kg/m²
		预应力筋	5477	kg		6.14	kg/m²
分片预制盖梁	23.9	混凝土(C60)	119	m³	25.5×35	0.133	m³/m²
		普通钢筋	18195	kg		20.39	kg/m²
		预应力筋	5477	kg		6.14	kg/m²
C60U形空心盖梁	23.646	混凝土(C60)	89.1	m³	25.5×35	0.100	m³/m²
		普通钢筋	15583	kg		17.46	kg/m²
		预应力筋	5970	kg		6.69	kg/m²
C80U形空心盖梁	23.646	混凝土(C80)	77.4	m³	25.5×35	0.087	m³/m²
		普通钢筋	14326	kg		16.05	kg/m²
		预应力筋	5970	kg		6.69	kg/m²
C80倒U形空心盖梁	23.646	混凝土(C80)	71.4	m³	25.5×35	0.080	m³/m²
		普通钢筋	13964	kg		15.65	kg/m²
		预应力筋	5970	kg		6.69	kg/m²

通过材料用量表可以看到,采用分片盖梁总材料用量与整体式盖梁相近,但由于分片,每次的运输吊装重量可以减少一半,控制在 160t 以内。采用空心盖梁,可以大幅度降低整体结构重量。在混凝土材料不提高时,可降低 25%;在混凝土材料提高时,可降低 35% 以上。采用倒 U 形比采用正 U 形的形式对降低结构重量更有优势。

利用现有设计方法,采用材料标准值分别计算得到各试件的抗弯、抗剪扭承载力可与试验值吻合较好。但有两点问题值得在设计中注意:

(1)分片盖梁中,由于盖梁分片处纵向开裂后,两片盖梁之间不再满足平截面假定,荷载偏心一侧分担了更多荷载,导致试验值小于设计值,后续如果要继续采用不同类型的分片盖梁,应该再进一步研究分片盖梁纵向开裂后的计算方法。

(2)空心截面相比实心截面更加容易被破坏,试验中,出现了由于齿块预留对底板截面的削弱,导致试验值小于计算值的案例,需要在工程中尽量避免。

从施工便利性考虑,采用分片盖梁架设后,需要二次浇筑铰缝混凝土,工序相对较多;采用倒 U 形盖梁,预制后从台座上脱模较困难。因此,采用 U 形盖梁施工综合便利性较好。

从运营维护的角度考虑,采用分片盖梁需要后期注意检查铰缝运营状态;采用 U 形盖梁需要注意腔室防水、防垃圾,应该在设计中设置排水孔以及相应盖板;采用倒 U 形盖梁会使桥底的景观发生改变。

8.3 预制拼装桥墩立柱轻型化技术研究

8.3.1 研究背景

采用空心的预制桥墩立柱(以下简称"墩柱")能够减轻预制构件重量,具有较好的运用前景。目前预制空心墩柱设计建造主要思路包括以下两类。

(1)采用局部空心布置,墩端部恢复为实心桥墩,按照实心桥墩的配筋模式实现与承台或者盖梁的连接。该方案的优点是端部实心段受力特点明确,有利于塑性铰区域的形成;缺点是内部模板不易制作与重复利用。

(2)采用全空心布置,内外布置两层纵筋,两层纵筋均通过连接接头与承台或盖梁连接。该方案的优点是内部模板方便取出重复利用;缺点是布置两层接头占用空间较大,影响局部混凝土浇筑。

考虑到空心墩柱内侧钢筋在桥墩受力时,并没有发挥主要的受力作用,从概念分析的角度出发,应可以考虑内侧钢筋不与承台或盖梁连接,但受制于各种规范中对空心桥墩的构造需求,在没有试验数据时,还未开展过类似设计的尝试。

现有研究成果表明:空心桥墩的力学性能主要影响因素有:剪跨比、配箍率、壁厚、配筋率、轴压比等。空心桥墩的延性随配箍率和剪跨比的增加而减小;随着桥墩轴压比的增大,空心墩的变形能力下降,相反,承载能力和刚度增大。通过增加壁厚和配箍率,可有效提高桥墩的延性及耗能性能。过高的纵筋配筋率对空心桥墩抗震性能具有不利作用;内侧混凝土如果处理不当会首先发生压碎破坏;空心桥墩抗剪性能比较薄弱。

8.3.2 试验方案

8.3.2.1 试件设计

以 $2.5m \times 2.5m$ 方形截面、10m 墩高的桥墩作为原型桥墩,总质量为 160t。考虑到预制墩柱的特点,选取剪跨比(桥墩高度与横桥向墩底截面宽度的比值)、壁厚、施工方式、实心段范围作为研究参数,设计 7 个试件,相似比 1/3,见表 8-5。其中前 2 个是整体现浇桥墩,后 5 个是预制拼装空心桥墩,空心桥墩中不管是否有实心段,均只有外圈钢筋用灌浆套筒与承台连接。

轻量化墩柱试验参数统计表　　　　　　　　　　　　　表 8-5

试件编号	墩身高度/剪跨比	壁厚(mm)	实心段范围	施工方式
PC-1	2.67m/2	133	无实心段	现浇
PC-2	2.67m/2	133	墩底实心段	现浇
PC-3	2.67m/2	133	无实心段	预制
PC-4	2.67m/2	133	墩底实心段	预制
PC-5	2.67m/2	150	无实心段	预制
PC-6	4.32m/4	133	无实心段	预制
PC-7	1.83m/1	133	无实心段	预制

8.3.2.2 加载装置和加载方案

拟静力试验装置如图8-11所示。试件的底座通过地脚螺栓锚固在反力地槽上。试件上部通过两副竖向反力架以及支撑在两副反力架上的大尺寸钢横梁构建竖向加载平台,以施加竖向荷载。竖向荷载由一台工作吨位为200t的千斤顶施加,千斤顶的加载截面中心对准柱顶截面的形心位置。

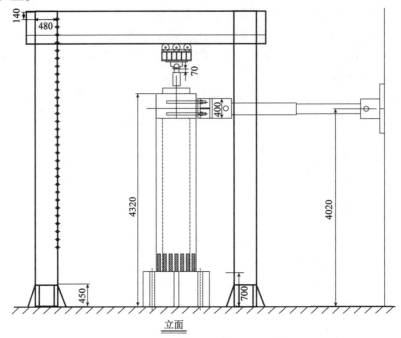

图8-11 空心墩柱拟静力试验装置(尺寸单位:mm)

水平加载分为力加载和位移加载两个阶段,可以按照下面的方式执行:

第一阶段:力控制加载。加载时,每级荷载增量为25kN,分级加载至墩身开裂。该阶段重点研究运营期间正常使用状态的特征。

第二阶段:位移控制。试件在同时承受轴压和单轴弯曲循环加载方式下直至破坏。

8.3.3 试验结果分析

试验结果表明,矩形空心墩的破坏过程与实心墩的破坏过程类似,主要为:墩底混凝土开裂→塑性铰区域纵筋屈服→侧面斜裂缝发展明显→塑性铰区域裂缝宽度增大→保护层脱落→极限状态。各试件在极限破坏状态下,其墩底在一定高度范围内发生严重破坏,具有明显的塑性铰区域。

墩底实心段的构造会缓解两侧腹板混凝土剥落范围。壁厚增加12.5%的情况下,两侧腹板混凝土剥落范围缓解不明显。大剪跨比的弯曲破坏形桥墩的腹板两侧混凝土剥落也比较严重。

从荷载-位移骨架曲线进行分析,如图8-12所示,各个试件的骨架曲线的形状大体类似,大致呈三线性,具有明显的非线性拐点和强度下降点。PC-1的骨架曲线下降得最慢,PC-2和PC-4都带有实心段,比较接近,骨架曲线下降速度次之,PC-3和PC-5比较接近,但是PC-5是壁厚加厚的试件,荷载保持能力略强。

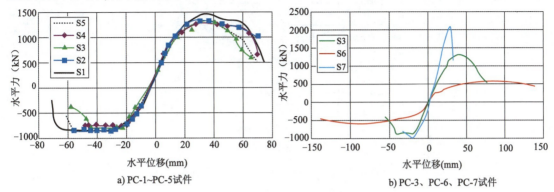

a) PC-1~PC-5试件　　　　b) PC-3、PC-6、PC-7试件

图 8-12　各空心墩柱试件荷载-位移骨架曲线

从荷载-位移滞回曲线进行分析,根据试验记录的反力和对应的墩顶位移,绘制出各试件的荷载-位移曲线,如图 8-13 所示。

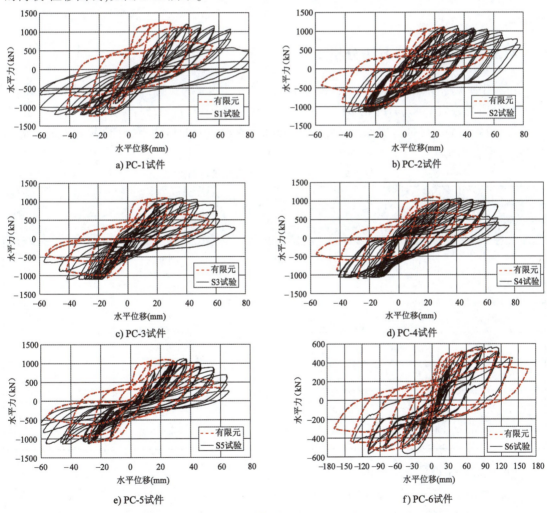

a) PC-1试件　　　　b) PC-2试件

c) PC-3试件　　　　d) PC-4试件

e) PC-5试件　　　　f) PC-6试件

图 8-13

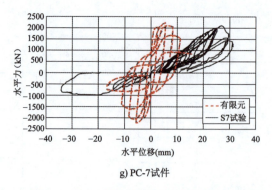

g) PC-7试件

图 8-13 各空心墩柱试件荷载-位移滞回曲线

总体而言,剪跨比为 2 的前 5 个空心墩试件的滞回环形状呈弓形,捏缩现象比较明显,且从弓形逐步发展为类似反 S 形。剪跨比为 4 空心墩试件 S6 滞回环呈反 S 形。实心桥墩的梭形的滞回环面积很大,且始终保持饱满的形状,空心墩的滞回环面积比实心桥墩要小。

8.3.4 设计计算方法分析

试验中重点计算了开裂荷载和极限荷载的数值。其中,试验材料富裕系数为 1.24、混凝土材料分项系数为 1.45、力的相似比为 1:9、弯矩的相似比为 1:27,将以上因素纳入考虑,进行换算,得到试验试件换算成原型桥墩在 10456kN 的轴向力的作用下,开裂荷载和破坏荷载的数值,见表 8-6。

换算成原型桥墩的开裂荷载和破坏荷载　　　表 8-6

编号	原型墩水平力(kN)		原型墩弯矩(kN·m)	
	开裂荷载	极限荷载	开裂荷载	极限荷载
S1	2503	6007	12013	28832
S2	2503	5691	12013	27318
S3	2503	5466	12013	26237
S4	3128	5321	15017	25540
S5	3003	5626	14416	27006
S6	1502	2853	14056	26706
S7	4004	7714	7568	14579

(1) 破坏弯矩设计方法分析

分析原型墩,在原型轴向力 10456kN 作用下,参考《公路钢筋混凝土及预应力混凝土桥涵设计规范》(JTG 3362—2018)第 5.3.4 条、5.3.5 条计算得到的破坏弯矩数值见表 8-7。

原型墩破坏弯矩规范计算值　　　　　表 8-7

序　号	原　型　墩	承载能力弯矩（kN·m）	计算长度（m）
1	S1	24500	9.60
2	S2	24500	9.60
3	S3	24500	9.60
4	S4	24500	9.60
5	S5	22500	9.60
6	S6	23500	18.72
7	S7	24500	3.78

对比试验结果与规范公式计算值，结果表明，在给定轴向力作用下，由规范公式分析获得的承载能力弯矩计算值，比试验结果 S1~S6 小（4%~16%），按规范公式验算是安全的。

（2）裂缝宽度设计方法分析

参考《公路钢筋混凝土及预应力混凝土桥涵设计规范》（JTG 3362—2018）第 6.4.3 条，裂缝宽度影响系数包括钢筋应力、最外排钢筋保护层厚度 c、纵向受拉钢筋直径以及纵向受拉钢筋的有效配筋率。分析试验模型中影响裂缝宽度的几项关键参数与原型桥墩比值见表 8-8。

试验模型与原型桥墩关键参数比值　　　　　表 8-8

参　　数	试验模型/原型桥墩
应力比值	1:1
配筋率	1:1
保护层厚度	1:2
钢筋直径	1:2

按照规范计算，同样应力作用下，原型桥墩裂缝宽度为试验模型裂缝宽度的 2 倍。试验结果中，肉眼可观察到的裂缝范围在 0.02~0.06mm。取最大值 0.06mm，对应于原型桥墩应为 0.12mm，考虑长期影响系数 1.5，则为 0.18mm；接近Ⅰ、Ⅱ和Ⅶ类环境钢筋混凝土构件裂缝宽度控制阈值 0.20mm。

根据规范计算，当弯矩为约 14000kN·m 时，按照《公路钢筋混凝土及预应力混凝土桥涵设计规范》（JTG 3362—2018）第 6.4.3 条，满足矩形、T 形和 I 形截面偏心受压构件偏心距与截面高度比值 $e_0/h \leqslant 0.55$ 的条件，尚不需要验算裂缝，超过该数值时，利用裂缝公式计算裂缝宽度接近 0.50mm，大于观察到的裂缝宽度和规范要求的裂缝宽度控制阈值。即便减少弯矩值，按照式（6.4.4-4）平衡关系求解钢筋应力 σ_{ss}，并依照规范 6.4.3 条求解裂缝宽度，也求解不到接近 0.18mm 的裂缝宽度对应的弯矩值。

以需要计算裂缝的临界数值 14000kN·m 与 S1~S6 试验模型中的开裂弯矩数值（表 8-6 第三列）进行比较，比值为 0.93~1.17。针对这些模型对应的原型结构，如按照偏心距与截面高度比值 $e_0/h \leqslant 0.55$ 的条件控制裂缝宽度基本可行。而在小剪跨比模型中，开裂弯矩只有大剪跨比的一半左右，且试件为剪切破坏，不能够按照同样的方式计算结构裂缝。

(3) 抗剪计算设计方法分析

S7 试件以剪切破坏形态为主;规范中计算剪切破坏的公式包括《城市桥梁抗震设计规范》(CJJ 166—2011)第 7.4.2 条以及《公路钢筋混凝土及预应力混凝土桥涵设计规范》(JTG 3362—2018)第 5.2.9 条。针对这两条规范进行计算,得到允许抗剪承载力与试验剪力对比,见表 8-9。

试验模型抗剪与规范计算值的比值 表 8-9

引用规范	抗剪承载力计算数值(kN)	计算值与试验值(7714kN)的比值
《城市桥梁抗震设计规范》(CJJ 166—2011)	9073	1.18
《公路钢筋混凝土及预应力混凝土桥涵设计规范》(JTG 3362—2018)	7443	0.96

结果表明,《公路钢筋混凝土及预应力混凝土桥涵设计规范》(JTG 3362—2018)抗剪承载能力计算数值与试验结果对比数据较吻合,《城市桥梁抗震设计规范》(CJJ 166—2011)中抗剪承载能力计算数值与试验结果对比大出较多,偏不安全。

(4) 静力计算方法总结

根据试验结果以及空心桥墩设计方法的分析结果,可按照以下原则开展验算:

① 抗弯承载能力验算参见《公路钢筋混凝土及预应力混凝土桥涵设计规范》(JTG 3362—2018)第 5.3.4 条、5.3.5 条。

② 抗剪承载能力验算参见《公路钢筋混凝土及预应力混凝土桥涵设计规范》(JTG 3362—2018)第 5.2.9 条。

③ 裂缝宽度控制参照矩形、T 形和 I 形截面偏心受压构件满足 $e_0/h \leqslant 0.55$ 的条件,可认为不需要验算裂缝。

(5) 地震作用下桥墩延性计算方法分析

按照《预制拼装桥墩技术规程》(DG/TJ 08-2160—2015)中的规定,同样的材料下,灌浆套筒试件的极限位移比整体现浇试件要求小。

表 8-10 是桥墩的荷载位移计算结果,表 8-11 是试验测试结果,可以看出,剪切型的试件,位移计算结果误差较大,剪切变形的影响是比较大的。

桥墩荷载位移计算结果 表 8-10

试件名称	荷载(kN)			位移(mm)		延性系数
	屈服	峰值	极限	屈服	极限	
S1	857	1307	1045	8.9	27.2	3.1
S2	734	1087	870	8.9	32.6	3.7
S3	763	1037	830	9	25.6	2.8
S4	734	1087	870	8.9	30.4	3.4
S5	855	1172	938	8.9	27.8	3.1
S6	369	547	438	26.9	73	2.7
S7	1477	2188	1750	3.2	12.5	3.9

桥墩荷载位移试验结果　　　　　　　　　　表 8-11

试件名称	荷载(kN)			位移(mm)			延性系数
	屈服	峰值	极限	屈服	峰值	极限	
S1	977	1464	1171	16.7	36.2	67.1	4
S2	932	1340	1072	16.2	33.8	69.6	4.3
S3	1066	1312	1050	18.9	38.4	58.2	3.1
S4	1021	1287	1029	19.7	35.8	71.5	3.6
S5	981	1327	1062	18.6	38.7	59.7	3.2
S6	571	570	456	33.6	62.3	135	4
S7	1350	2107	1686	15.8	27	29.3	1.9

表 8-12 是公式计算与试验结果的比值。公式计算的荷载与试验结果相比,弯曲型试件的极限荷载两者计算结果接近且偏小,弯剪型试件的极限荷载公式计算结果比试验结果也都要偏于安全。剪切型试件的极限荷载公式计算结果比试验结果大,表面上偏于不安全,实际上是截面分析和集中塑性铰方法不适合剪切型破坏造成的,只能作为剪切破坏荷载计算的一种近似估算方法。对于位移计算结果,公式计算的极限位移接近试验结果的 50%,主要原因是公式计算结果中有一个安全系数 2,假如不考虑安全系数,两者的极限位移还是比较接近的。由表 8-10 可以看出,公式计算的延性系数都比试验延性系数小,说明公式计算结果都是偏于安全的。提出的空心桥墩方案也可以继续采用规范中延性系数以及位移的计算公式。

公式计算与试验结果的比值　　　　　　　　表 8-12

试件名称	荷载(公式/试验)			位移(公式/试验)		延性系数（公式/试验）
	屈服	峰值	极限	屈服	极限	
S1	0.88	0.89	0.89	0.53	0.41	0.77
S2	0.79	0.81	0.81	0.55	0.47	0.85
S3	0.72	0.79	0.79	0.48	0.44	0.91
S4	0.72	0.84	0.85	0.45	0.43	0.95
S5	0.87	0.88	0.88	0.48	0.47	0.98
S6	0.65	0.96	0.96	0.8	0.54	0.68
S7	1.09	1.04	1.04	0.2	0.43	—*

注：* 剪切试件 S7,不需要计算延性。

8.3.5　设计建议

通过试验和计算分析表明,采用空心桥墩,内侧布置构造钢筋,即便是内侧钢筋不与承台、盖梁连接,墩柱也能在各种受力工况下,良好地发挥力学性能,并基本可按照目前规范中的计算方法开展结构验算。

在实际工程中,为了使应力传递更加顺畅,减少应力集中现象,可在墩柱顶底设置渐变段,由于全部空心,内部模板可以通过抽拔取出,重复利用。对于部分易发生车船撞击的桥墩,可在墩柱架设后,浇筑一定高度的内腔混凝土。

通过采用空心化桥墩,对于 2m×2m 的桥墩,可降低混凝土用量约 36%,对于 2.5m×2.5m 的桥墩,可降低混凝土用量约 46%,能够节约大量的材料。

8.4 新型连接形式研究

8.4.1 研究背景

目前,UHPC 的优越性已在工程界得到广泛的认可,并在一定领域得到运用,取得了非常可观的效果,但无论是从工程运用的广度还是深度都是非常有限的。如果能将其进一步推广,将可能为土木工程带来革命性的影响。

预制梁现场吊装后桥面板的纵向接缝,常采用 U 形钢筋搭接形式。U 形钢筋搭接的现浇混凝土纵向接缝(宽 40~80cm)目前已广泛应用于国内外装配式预应力混凝土 T 梁、箱形梁及钢-混组合梁的桥面板连接中。尽管预制结构湿接缝已使用多年,但目前仍须解决以下几个主要问题。

(1)目前 U 形钢筋搭接长度尚无合适的计算方法,国内外的研究多直接参照末端带弯钩的钢筋搭接长度确定。文献资料显示,国内外对 U 形钢筋接缝承载能力的相关研究较少,主要计算方法可归类为经验回归方法、拉压杆模型、塑性功模型三种,但相互间计算结果的吻合程度有待验证。

(2)对于 U 形钢筋接缝正常使用性能尚无试验数据基础。由于界面材料不均匀及强度较弱,接缝界面通常控制构件的开裂特性。由于裂缝开展的影响因素较多,常规设计中相关设计缺乏理论验算和构造对比的依据。

(3)该类型接缝与高性能材料配合使用,可提高接缝抗震、抗裂、延性等受力性能,通过合理的构造优化可将桥面板横向连接推广至预制拼装墩柱、盖梁、桥台的连接。

8.4.2 试验方案

预制梁吊装后采用纵向接缝连成整体,纵向现浇湿接缝(宽 40~80cm)配筋采用 U 形钢筋搭接形式。为减少现浇混凝土用量及焊接工作量、使试验具有合理性和实用性,本试验对象为 U 形钢筋搭接形式现浇 UHPC 桥面板接缝。两侧预制桥面板外伸 U 形钢筋相互对中或紧靠对拼,在交叉核心内插入纵向钢筋并绑扎,最后现浇高性能混凝土 UHPC,构造如图 8-14 所示。

图 8-14 桥面板对拼 U 形钢筋 UHPC 接缝构造示意

以桥面板 U 形钢筋连接为原型,提出了一种用于预制拼装墩柱连接的接缝构造。如图 8-15 所示,预制墩柱底部预留一定长度 U 形主筋,预制墩柱底部预留支撑平台以提供拼装定位和现浇普通混凝土或 UHPC 空间。

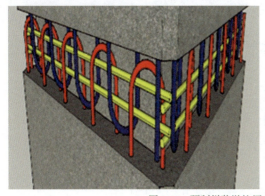 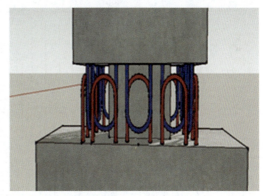

图 8-15 预制拼装墩柱用对拼 U 形钢筋接缝构造示意

8.4.2.1 试件设计

试验共分为 8 个系列:系列一为现浇 C60 墩柱 U 形钢筋斜拼接缝(共 8 只),系列二为现浇 UHPC 墩柱 U 形钢筋斜拼接缝(共 8 只),系列三为现浇 UHPC 墩柱 U 形钢筋正拼接缝(共 5 只),系列四为现浇 C60 墩头钢筋接缝(共 7 只),系列五为现浇 UHPC 墩头钢筋接缝(共 5 只),系列六为现浇 C60 桥面板 U 形钢筋接缝(共 9 只),系列七现浇 UHPC 桥面板 U 形钢筋接缝(共 8 只),系列八为现浇 UHPC 直钢筋接缝(共 4 只),共计 54 只试件。

8.4.2.2 加载装置和加载方案

试验采用千斤顶分级顶升加载,加载系统如图 8-16 所示。试件下侧牛腿通过钢横梁及精轧螺纹钢锚固于地槽中。试件上侧通过两只 1000kN 液压千斤顶同步分级加载,接缝界面开裂或接缝界面钢筋屈服前以两侧千斤顶同时加载 30kN 一级,屈服后以 50kN 一级,试件预计达到破坏前以 30kN 一级。试验的主要目的是得到 U 形钢筋对拼现浇接缝的破坏形态和相关受力性能,根据试件可能发生的现浇混凝土碎裂、U 形筋拉断等破坏设计了以下测试内容:①接缝区域受拉荷载;②接缝两侧相对位移;③接缝区域钢筋及混凝土应变;④接缝区域裂缝分布、长度及宽度。

8.4.3 试验结果分析

8.4.3.1 现浇 C60 墩柱 U 形钢筋斜拼接缝

(1)抗拉承载力随 U 形钢筋搭接长度增大而线性增大,但长度 45cm 的接缝仍不能实现主筋屈服。

(2)插销钢筋对接缝抗拉承载力及抗裂性提升明显,但理论上应存在提升上限。

(3)湿接缝内核心混凝土为主要传力区域,混凝土破坏面沿两侧 U 形钢筋间隙呈连续交错的锯齿状,因此 U 形钢筋横向布置间距决定混凝土剪切破坏面形状,进而影响极限承载力。

(4)干湿混凝土界面处 U 形钢筋应力集中,正常使用极限状态下接缝开裂荷载及裂缝宽度由此界面控制。

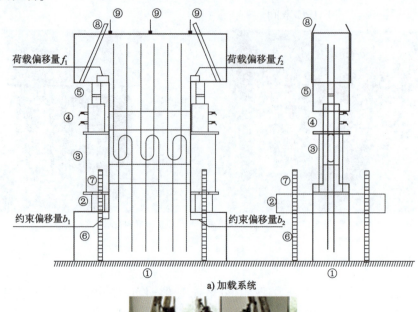

a) 加载系统

b) 现场

图 8-16 加载系统和现场

①-地面;②-限位钢梁;③-圆柱体钢管混凝土垫块;④-千斤顶;⑤-荷载传感器;⑥-精轧螺纹钢;⑦-地锚螺栓;⑧-防护吊带;⑨-拉线式位移计

8.4.3.2 现浇 UHPC 墩柱 U 形钢筋斜拼接缝

(1)本系列试验最小接缝长度 26cm(主筋外露 23cm)仍能实现主筋锚固,同时达到延性设计要求。因此插销钢筋与接缝钢筋横向布置参数对接缝承载力影响不明显。

(2)干湿混凝土界面处 U 形钢筋应力集中,正常使用极限状态下接缝开裂荷载及裂缝宽度由此界面控制。试件破坏时 C40 表皮砂浆黏结于 UHPC 表面,接缝处 UHPC 与 C40 黏结性能良好。

8.4.3.3　现浇 UHPC 墩柱 U 形钢筋正拼接缝

(1)本系列试验插销钢筋对比试件接缝长度 30cm(主筋外露 27cm)仍能实现主筋锚固,同时达到延性设计要求。因此插销钢筋与接缝钢筋横向布置参数对接缝承载力影响不明显。

(2)对于此种构造,13.5 倍钢筋直径及以上的锚固长度能够保证钢筋达到极限强度。8.5 倍钢筋直径及以下不能满足锚固要求,UHPC 将在钢筋全屈服前先一步开裂。

(3)UHPC 接缝的延性较好,即使是 UHPC 破坏,但其破坏速度较慢,展现出一定延性。

8.4.3.4　现浇 C60 墩头钢筋接缝

(1)此种构造 C60 墩头直钢筋接缝长度 41cm(主筋外露 38cm)时仍不能实现主筋屈服,且破坏时延性较差。

(2)同种横向布置工况下,主筋搭接长度越短,试件受拉承载力逐渐降低。

(3)钢筋横向布置正位布置(8+8)比偏位布置(6+10)的承载力更大

(4)插销钢筋能够提升试件承载力。这可能是由于两侧分别布置两根插销钢筋能够有效地遏制混凝土厚度方向的劈裂,从而达到提高承载力的目的。

8.4.3.5　现浇 UHPC 墩头钢筋接缝

(1)墩头直钢筋接缝长度 17cm[主筋外露 14cm]能实现主筋屈服。

(2)在此类构造下,钢筋横向布置正位(8+8)比偏位(6+10)的承载力大。

(3)若钢筋外露长度能够保证钢筋屈服,UHPC 试件延性较好,反之,若 UHPC 直接撕裂破坏,试件延性较差,但相比 C60 接缝试件破坏时有更高的可预见性。

8.4.3.6　现浇 C60 桥面板 U 形钢筋接缝

(1)抗拉承载力随 U 形钢筋搭接长度增大而线性增大,主筋正位布置的有四根插销钢筋的 26cm 与 36cm 接缝长度试件接缝钢筋能够屈服。

(2)插销钢筋对接缝抗拉承载力及抗裂性提升明显,但理论上应存在提升上限。

(3)试件的破坏荷载与 U 形钢筋横向布置位置有关,正位布置的接缝承载力要大于偏位布置的承载力。

(4)桥面板 C60 U 形钢筋接缝整体表现为脆性破坏,但有插销钢筋的试件荷载下降速度更慢。

8.4.3.7　现浇 UHPC 桥面板 U 形钢筋接缝

(1)桥面板 U 形钢筋接缝长度 25cm(主筋外露 22cm)时仍能实现主筋锚固,同时达到延性设计要求,此时接缝钢筋横向布置参数对接缝承载力影响不明显。

(2)U 形钢筋在新老混凝土界面处应力集中,正常使用极限状态下接缝开裂荷载和裂缝宽度由此界面控制。

8.4.3.8 现浇 UHPC 直钢筋接缝

（1）桥面板直钢筋接缝长度 25cm（主筋外露 22cm）时虽能实现主筋屈服，但强度储备仅 5%，接缝延性发挥不明显。

（2）U 形钢筋在新老混凝土界面处应力集中，正常使用极限状态下接缝开裂荷载及裂缝宽度由此界面控制。

8.4.4 设计建议

总体来看，除了现浇 UHPC 直钢筋接缝由于延性发挥不明显，其他的构造均能够满足设计要求。

设计时，应该注意各种预埋接头的锚固长度，桥墩接缝试验中数据表明，采用斜拼接缝效果好于直拼接缝，在现场条件可行时，应优先采用斜拼接缝。

第 9 章
CHAPTER 9

工程实例

9.1 上海市嘉闵高架路北段工程

9.1.1 工程概况

上海市嘉闵高架路北段工程是虹桥综合交通枢纽外围快速路系统"一纵三横"中的"一纵"。嘉闵高架(G2~S6)及地面道路新建工程总长约6.4km,采用主线高架+地面道路敷设形式。工程南起曹安路以南,跨越南翔编组站,沿现状沪宜公路向北,跨蕰藻浜至S6立交与S6公路衔接。工程范围主要包括全线主线高架、三对平行匝道、二座跨线桥、6座地面道路桥梁、一座立交。工程线位走向如图9-1所示。

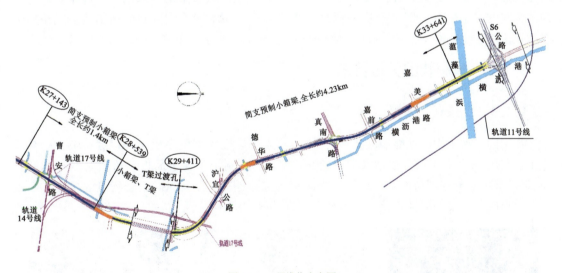

图 9-1 工程线位走向图

主线高架为城市快速路,设计速度80km/h,双向6~8车道的建设规模;地面道路为城市主干路,设计速度60km/h,采用双向6快2慢-双向4快2慢的建设规模。

该项目为上海市乃至国内首个大规模采用全预制拼装技术,下部结构采用干接法预制装配的工程项目。

9.1.2 预制桥梁结构方案

本工程标准桥梁桥面总宽为 24.5m 和 25m 两种,桥梁上部结构主要采用跨径 30～35m 结构简支、桥面连续预制小箱梁,3～4 跨一联。标准桥宽范围布置 6 片小箱梁。下部结构采用双立柱大挑臂预应力混凝土倒 T 盖梁桥墩,立柱中心间距 5.2m,标准立柱采用矩形截面,尺寸为 2.0m×1.5m。桩基分区段采用钻孔灌注桩、预应力高强度混凝土管桩(PHC 管桩),并对免共振钢管桩进行了试验性应用。标准桥梁横断面总体布置如图 9-2 所示。

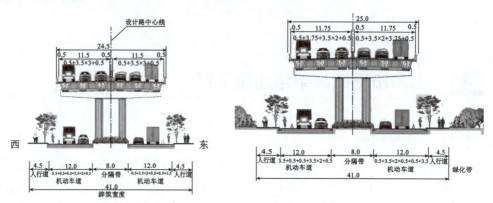

图 9-2 标准桥梁横断面总体布置图(尺寸单位:m)

工程中约 3.5km 主线高架位于交通繁忙的现状道路上,且沿线居民区较多,对于"快速、绿色、低影响"的桥梁设计建造技术需求显著。为此,该区域桥梁结构采用了以灌浆套筒连接模式为主的自下(立柱、倒 T 预应力混凝土盖梁)而上(预制小箱梁)的全预制装配式桥梁方案。该段工程中预制立柱约 330 个,预制盖梁约 160 个,预制小箱梁 1500 多榀。

9.1.3 预制装配关键技术

9.1.3.1 预制小箱梁

在国内首次采用高性能混凝土,对预制小箱梁免焊接新型桥面板小湿接缝构造进行规模化工程应用,桥面板湿接缝宽度缩减为 30cm 左右。预制小箱梁桥面板预留横向 U 形封闭钢筋,架设就位后与相邻桥面板预留钢筋纵向交错、横向搭接,穿设纵向钢筋浇筑湿接缝 C80 混凝土后形成小箱梁的刚性连接。新型桥面板湿接缝如图 9-3 所示。

图 9-3 新型桥面板湿接缝

采用该新型桥面板湿接缝构造后,现场焊接工作和现场作业大幅减少,对地面交通的行车安全影响和干扰也大幅降低,从而有效提高施工工效和现场施工安全。

9.1.3.2 预制桥墩

由于倒 T 预应力混凝土盖梁体量较大,为便于运输和吊装,盖梁采用下层预制、上层现浇的方案,预制构件最大吨位控制不超过 240t。预制桥墩立柱高度不超过 14m,桥墩立柱采用整根预制方案。

该工程为上海乃至全国第一个率先大规模采用灌浆套筒连接模式为主的全预制装配式桥梁技术的工程,并对承插式预制装配技术进行试用,为上海市第一个装配式技术应用试点项目,如图 9-4、图 9-5 所示。

a) 立柱预制过程

b) 预制立柱装配

c) 盖梁分层预制

d) 预制盖梁装配

图 9-4

e) 预制立柱架设完毕后现场照片　　　　f) 预制盖梁架设完成现场照片

图 9-4　灌浆套筒连接模式的桥墩预制装配过程

图 9-5　承插式预制立柱架设过程实景

9.1.3.3　免共振钢管桩

首次对绿色、高效、无污染的免共振液压振动锤压入方式施工的钢管桩施工技术进行了初步研究和试验性成功应用。该项技术具有的沉桩快速高效、无挤土效应、无泥浆污染等特点，为软土地区大规模采用免共振液压振动锤压入钢管桩工艺奠定了坚实的基础，扩大了整套技术在工程实际中的应用，通过在项目中的应用取得了显著的社会效益。如图9-6所示为钢管桩施工过程实景。

图 9-6　钢管桩施工过程实景

9.1.3.4 附属设施

本工程中首次将防撞护栏与预制小箱梁边梁在预制场内预制,现场整体吊装进行了技术攻关和规模化工程实践,确保了上部结构架设完毕后防撞护栏线形符合道路平、纵线形要求,也首次实现中央分隔带的预制和安装。

桥梁工程全部采用新型桥面连续构造新技术,解决了传统连续构造存在的问题,强度增强,受力可靠,可适应复杂的受载条件,提高了结构的强度及耐久性;施工方便,质量更可控。

以上举措使得桥梁预制拼装率达到90%以上,进一步实现桥梁的快速施工、绿色施工(低交通干扰、低环境干扰),有效地确保了附属工程的整体品质(图9-7)。

a) 与边梁整体预制防撞护栏

b) 预制中央分隔带

c) 新型桥面连续构造

图9-7 预制附属设施

9.1.3.5 预制装配建造样板

基于工程需要,建造了适合全预制装配技术应用的现代化预制构件加工场,同时形成一整套预制装配全过程的完整有序的建造技术,实现了预制构件预制加工、出场验收、路上运输、现场安装等全过程"快速、低扰、优质"的施工效果。为后续工程预制装配技术的推广和应用奠定了重要的基础。如图9-8所示为嘉闵高架路预制构件生产基地。

图9-8 嘉闵高架路预制构件生产基地

该工程已于2016年9月建成通车。

工程创立的"快速、低影响"全预制装配绿色建造模式,提高了安全文明施工水平,提升了工程品质,取得工期缩短50%、交通环境影响缩小50%、现场工人减少60%的综合效益。

该工程全预制装配技术的成功应用,创立了城市基础设施的绿色建造模式,带动了全链的产业发展,极大推进了城市桥梁的工业化、产业化进程,对行业发展形成引擎推动作用。

9.2 绍兴市智慧快速路工程

9.2.1 工程概况

绍兴市为充分融入大湾区,助力长三角一体化,规划有"六横八纵"快速路网438km。其中先行实施的越东路及南延伸、二环北路、329国道及二环西路,道路总长度72.4km,桥梁总长度64km,包含越东路-二环北路与二环北路-二环西路两座大型立交。绍兴四条智慧快速路桥梁总长度约64km(图9-9)。主线高架为城市快速路兼顾一级公路或城市快速路,设计速度80km/h;地面辅路为城市主干路,设计速度50km/h。桥梁结构设计基准期100年。

图9-9 绍兴四条快速路路网规划图示意图

绍兴快速路是国内最先进的智慧快速路,是国内首个面向网联自动驾驶的城市快速路系统,依托BIM+实现全寿命周期管理与决策,构建智慧云控平台,有效提升快速路智慧性、出行速度及系统安全性,同时带动相关产业发展,能级提升,通过ICV(监控系统)、ITS(交换系统)、IMS(多媒体系统)、ILS(自动驾驶系统)、BIM(建筑信息模型)等智慧元素的资源共享,实现资源集约化。包括1个监控中心、1个BIM平台、4个系统。

绍兴智慧快速路高架桥梁采用全预制拼装技术,是浙江省首次采用"标准化设计、工厂化制造、装配化施工及信息化管理"方式建设的"四化快速路",同时也是国内桥梁全预制拼装技术的最大规模体现。

9.2.2 预制拼装桥梁结构方案

绍兴智慧快速路如图9-10、图9-11所示。主线标准段桥梁宽度也根据道路等级的不同分别采用27.0m和25.5m两种宽度。设计首先以安全、适用、经济、美观、环保、耐久及快速施工为核心原则。高架标准段桥梁结构采用预制小箱梁，标准跨径推荐为30m，局部节点调整区域使用25～35m跨径。高架标准段桥梁结构采用先简支后连续小箱梁；在桥面宽度变化幅度较大，连续小箱梁无法适应时，采用结构简支桥面连续小箱梁，并采取措施优化桥面连续构造，加强桥面连续承载力、耐久性及防水性能设计，提高耐久性（图9-12）。

图9-10 绍兴智慧快速路——越东路二环北路立交

图9-11 绍兴智慧快速路——二环北路二环西路立交

图 9-12　绍兴智慧快速路标准结构

主线高架标准段采用连续小箱梁+明盖梁的体系。该方案小箱梁架设较为方便,结构整体受力及耐久性能好,是经典的小箱梁结构体系。其盖梁体量较大,可以通过适当加大高架桥梁桥下净空、优化盖梁造型及分节预制拼装等手段来改善。对于立柱来讲,双柱墩桥墩方案是稳定、可靠而且简单、直观的结构形式。各构件比例协调,体量适宜,给人以"稳定而不厚重,安全而又通透"的感觉,同时双柱墩造价也较为经济。

对于绍兴快速路的节点桥梁,单跨跨径不大于 55m 的采用简支叠合梁,单跨跨径大于 55m 的采用钢连续梁,依然采用承台以上的全预制拼装工艺(图 9-13)。

图 9-13　绍兴智慧快速路节点钢梁

9.2.3　预制装配关键技术

9.2.3.1　预制拼装小箱梁

主线标准段上部结构采用先简直后连续的小箱梁结构(图 9-14),标准跨径 30m,四跨一联,下部结构采用明盖梁+双柱墩的结构形式。小箱梁湿接缝的宽度缩减为 30cm 左右,取消了常规小箱梁翼缘湿接缝钢筋的焊接工作,大幅度降低现场的工作量,加快施工速度,同时避免了焊接接头引起的潜在疲劳问题。小箱梁湿接缝采用C80混凝土。

图9-14 小箱梁履带式起重机施工

9.2.3.2 预制拼装盖梁

预制盖梁采用分段吊装,中间设置湿接缝,湿接缝钢筋采用机械套筒连接,现浇施工。单段盖梁吊装质量为180t,采用履带式起重机吊装。绍兴快速路分段盖梁吊装有支架法与反拉法两种吊装模式(图9-15)。

a) 支架法安装预制盖梁图　　　　　　b) 反拉法安装预制盖梁

图9-15 盖梁吊装施工

支架模式是较为常见的施工方法,其优点为操作简易、可靠度高,缺点为施工期间对地面保通道路影响较大。

反拉法是采用临时预应力反锚的方法使悬臂盖梁达到自平衡。单榀盖梁采用3根直径50mm精轧螺纹钢进行临时锚固,每根精轧螺纹钢施加1150kN临时预应力。临时预应力分三级加载,同步吊车根据加压荷载进行三级卸载,另外,累计施加的预应力按照1.8倍的安全系数进行计算,确保整个吊装过程安全可靠。为了验证理论分析数据和现场实际工况下各部件的受力情况,每种型号盖梁还进行全过程受力数据监测。从监测情况来看,临时预应力损失、立柱与盖梁接触面压应力以及立柱根部等重要位置受力均处于正常范围,和理论分析基本无偏差。

9.2.3.3 预制立柱

绍兴智慧快速路标准预制立柱截面尺寸为 2.0m×2.0m，主筋采用直径 40mm 钢筋。立柱与承台及盖梁连接采用灌浆套筒，内部灌注高强无收缩水泥灌浆料，连接界面涂抹环氧黏结剂。对于高度小于 14m 的立柱采用一次吊装，对于高度超出 14m 的立柱采用分节段吊装，上节段长度不小于 8m，如图 9-16、图 9-17 所示。

图 9-16　单节段预制立柱安装

图 9-17　双节段预制立柱安装

9.2.3.4 绍兴市预制构件厂

绍兴智慧快速路项目启动伊始，绍兴市城投集团就投资建设了市政预制装配构件生产基地，为快速路大面积采用预制拼装构件提供了保障。

绍兴市城投建筑工业化制造有限公司市政预制装配构件生产基地坐落于浙江省绍兴市钱塘江与曹娥江交口，占地约 250 亩（1 亩 ≈ 666.67m²）。根据生产工艺、产业布局和发展方向，基地包含混凝土预制件生产区、商品混凝土搅拌站、砂石集料生产区、办公区及附属配套建筑等设施建设，基地总面积 167154m^2，总建筑计容面积 71788.07m^2。容积率 0.43，建筑密度 18.9%，绿地率 10%（图 9-18）。

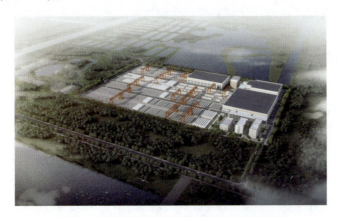

图 9-18 绍兴市城投预制装配构件生产基地鸟瞰图

基地工艺设计产能分配以满足四条智慧快速路项目的预制工程量为依据，由于基地面积有限，产能安排上优先满足三路一廊的预制立柱和盖梁的生产要求（本地市场上无类似工厂），剩余的场地用来满足小箱梁的生产要求，由于小箱梁数量较大，因此小箱梁产能不足的部分可以采取外购的方式解决。

产能：

预制立柱：年产 1800 根（6 根/d）；

预制盖梁：综合年产能 900 榀（3 榀/d）；

预制小箱梁：年产能 2400 榀（8 榀/d），梁体宽 2.6m（部分产能考虑外协）；

混凝土搅拌站：拌和能力 1200m^3/d，主要供基地内预制构件生产使用，根据情况可考虑对外销售，年预估产量为 20 万 m^3。

9.2.3.5 绍兴市预制拼装桥墩设计、生产、施工与质量验收导则编制

在绍兴市四条智慧快速路初步设计开始之前，上海市城市建设设计研究总院（集团）有限公司联合绍兴市城市建设投资集团有限公司与绍兴市市政工程学会共同编制了《绍兴市预制拼装桥墩设计导则》，联合绍兴市建设工程质量安全监督总站共同编制了《绍兴市预制拼装桥墩生产、施工与质量验收技术导则》，经由专家及有关部门、单位意见和专家论证后，由绍兴市住房和城乡建设局颁布并印发给各区、县（市）建设局，市直开发区建设行业主管部门以及各有关单位（图 9-19）。

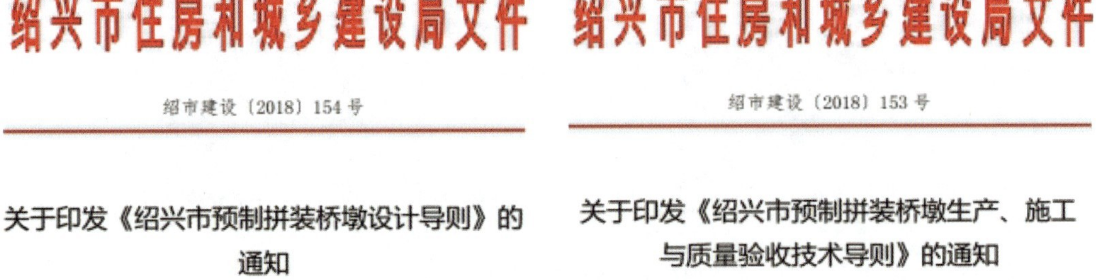

绍兴市住房和城乡建设局文件

绍市建设〔2018〕154 号

关于印发《绍兴市预制拼装桥墩设计导则》的通知

绍兴市住房和城乡建设局文件

绍市建设〔2018〕153 号

关于印发《绍兴市预制拼装桥墩生产、施工与质量验收技术导则》的通知

图 9-19 绍兴市导则印发通知

"设计"与"生产、施工、质量验收"导则的颁布,为智慧快速路的设计、生产、施工及质量验收的全过程提供了指导标准。保证了国内最大体量的装配式桥梁,从设计之初到最后的验收交付都可以做到有章可依、有法可循,真正为快速路的建设奠定了基础。

9.3 成都市羊犀立交桥工程

9.3.1 工程概况

成都市快速路系统为"环+放射"的格局,按照"3环16射"快速路网规划,三环路位于二环和一绕中间,而三环路转换功能不完善,整体通行能力亟待提升。成都市三环路全长51.1km,道路规划红线80m,两侧规划绿线各50m;主线双向8车道,为全封闭城市快速路;辅道为双向6车道,并设有非机动车及人行道。2002年10月,三环路正式建成。三环路扩能提升总体方案考虑到三环路立交间距和一些常态化堵点,拟将11座立交节点进行互通化改造,全线最终将形成28座互通立交,实现与放射状道路的快速交通转换。羊犀立交改造工程为三环路扩能提升工程中的重要立交改造节点,改造前羊犀立交为一座部分互通式立交,设计荷载为城—A级,车道宽度从单向单车道8.5m至单向四车道(加宽)20.5m不等。

羊犀线除跨越三环路部分梁高为1.4m、跨径26m外,其余均为梁高1.2m,跨径18~20m,4~5跨一联。桥墩多为圆柱式桥墩,抗扭墩为圆端型薄壁式桥墩。

本次羊犀立交改造工程,通过新增4条右转匝道、2条左转匝道及1条集散车道,将羊犀立交由部分互通式立交改造成全互通立交。新增匝道的标准宽度为9m,标准跨径为25m和30m,部分跨越地面辅道的跨径适当增加(图9-20~图9-22)。

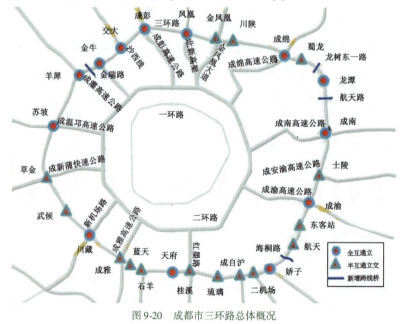

图9-20 成都市三环路总体概况

图 9-21 羊犀立交改造前实景照

图 9-22 羊犀立交改造效果图

9.3.2 预制拼装桥梁结构方案

羊犀立交改造工程桥梁上部结构采用钢箱梁,形成 2~5 跨一联的连续梁体系。下部结构采用与老桥桥墩外形风格统一的圆柱墩和圆形截面花瓶墩(图 9-23,国内是首次尝试圆形截面花瓶墩预制拼装),采用无盖梁设计,景观效果好,建设速度更快。

羊犀立交改造工程共有预制立柱 110 根,高度为 1~17.4m,立柱外形种类分为三种:ϕ2.0m 花瓶墩、ϕ1.8m 花瓶墩及 2ϕ1.5m 双直立柱墩。当立柱高度超过 13m 或现场吊装条件受限时,立柱采用分节段预制,并通过调整承台高程使预制立柱高度成为 20cm 的模数,以增强模具的通用性。本项目最大尺寸预制构件为 ϕ2.0m 花瓶墩,高度为 13m,质量为 126.5t。

9.3.3 预制桥墩装配关键技术

多节立柱拼装前需对立柱节段拼接缝进行表面处理,确保表面无油、无水、无可见灰粉,拼接面高程允许偏差为 ±2mm,水平度允许偏差 1mm/m。立柱节段拼接缝处采用环氧黏结剂,拼装时,在节段间的环氧固化过程中,采用体外临时预应力保证立柱节段间压应力不小于 0.3MPa(图 9-24)。

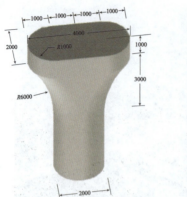

图 9-23　圆形截面花瓶墩（尺寸单位：mm）

图 9-24　分节段预制立柱

根据耐久性设计的要求，为保证接缝处正截面受拉边缘不出现拉应力，EN2、ES7、ES8 和 ES9 号桥墩采用"预应力＋灌浆套筒"混合连接（图 9-25），利用预应力加压，采用自锁式锚固体系，锚固端设置在承台内部，采用后穿自锁式锚具，张拉端设置在立柱顶端。在墩顶张拉端安装张拉工具和设备进行张拉，张拉完成后灌浆封锚。

图 9-25　"预应力＋灌浆套筒"混合连接预制立柱

羊犀立交改造工程前期，由于受管线迁改等因素的影响，施工进度一直严重落后，但后期依靠全预制拼装技术施工进度实现反超，2018年9月初，羊犀立交改造工程所属的6标段成为三环路全线首个正式具备通车条件的标段。羊犀立交改造工程所有墩柱均在生产基地利用高精度钢筋加工设备、毫米级高精度钢筋笼绑扎胎架和高精度模具等先进工装设备进行生产预制，相比传统现浇工艺，工程质量显著提高，外观效果明显改善。而在羊犀立交现场，不见任何脚手架、混凝土罐车和渣土车，极大地降低了施工对周边交通和环境的影响。

9.4 上海市内环高架路设施提升及功能完善工程

9.4.1 工程概况

上海市内环高架路全长47.7km，其中浦西段全长31km，1994年全线建成通车，是上海最早建设的城市快速路（图9-26）。内环高架的建设促进了上海社会经济的发展，极大地缓解了中心城区的交通矛盾，开创了上海城市高架建设先河，对"申"字形快速路网的构成具有里程碑的作用。

图9-26 内环高架路浦西段(31km)

内环高架路浦西段总体技术状况评价B类等级的联跨占比59%，受限于当时工程材料和施工工艺，上部结构空心板梁存在预应力钢筋断筋、上拱过大导致的混凝土铺装层薄厚不均等问题，且大部分桥梁附属设施已超过15年设计使用寿命，防撞墙破损、开裂、路灯杆背包混凝土开裂、排水管脱落等病害还可能增加高空坠物风险。同时，噪声污染、景观效果落后等问题也日益突出(图9-27)。

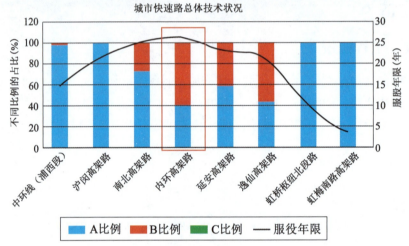

图9-27 内环线设施老化问题日益凸显

注：A、B、C为根据《城市桥梁养护技术标准》(CJJ 99—2017)中桥梁完好程度的分级。

近年来，内环高架路浦西段结构病害集中出现，养护维修资金投入呈逐年增加趋势，传统的"小修小补"已较难从根本上解决问题，因此拟实施相关专项设施提升和功能完善工程，实现内环线"安全可控、高效畅达、智慧服务、环境友好"的功能提升目标，为后续全线设施整体更新提供借鉴。

9.4.2 总体技术方案

9.4.2.1 桥梁结构功能完善提升

根据检测结果对存在病害的高架上下部主体结构进行加固和混凝土病害修复处理；对存在渗、漏水的板梁铰缝进行修复，其中边板铰缝通过边板整体更换进行重新浇筑，中板铰缝通过灌缝注胶等方式进行封闭；对出现损坏的桥面连续缝进行翻挖重建；将行车噪声问题突出的伸缩缝更换为新型环保降噪伸缩缝；采用预制装配工艺对全线防撞墙进行拆除重建，重建后防撞墙高度提高至1.1m，并兼顾预制花槽、声屏障、综合杆等功能需求，其中铰接空心板梁防撞墙带边板整体更换，其余梁型防撞墙采用低影响快速破拆工艺原位拆除，更换为预制节段防撞墙,与梁体通过 UHPC 实现快速装配。

9.4.2.2 高架附属设施功能完善提升

对全断面桥面铺装面层进行精铣刨,根据检测结果对存在病害的铺装基层采用 C50 快硬混凝土进行修补,并在维持现状沥青铺装层设计厚度不变的前提下,采用同步碎石封层和 SMA 沥青混合料加罩,防水层采用高黏高弹沥青为主的高性能防水材料;对超过使用年限的支座,在维持支座系统高度不变的前提下全面更换;龙门架、标志杆、路灯杆等结合智能设施的搭载全部更换为综合杆;对老旧声屏障、中分带防眩板等进行全面更换,形式不变;对老旧破损的排水、机电设施进行更新升级,并通过加大排水管径或加排明管(或为远期预留条件)提升泄水能力。总体技术方案如图 9-28 所示。

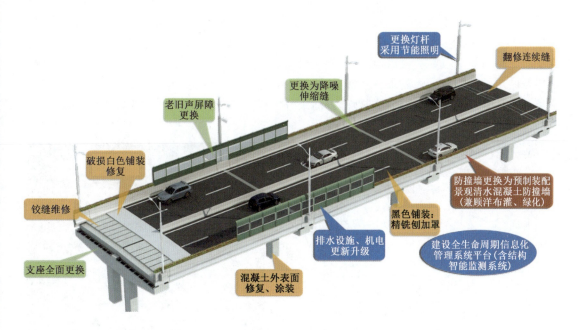

图 9-28　总体技术方案

9.4.2.3 设施智慧化升级

全面升级改造内环高架路现有监控系统,构建全面全息感知的内环高架路智慧交通监控系统,全面掌握内环高架路的交通运行态势、个体车辆和事件特征;以智能联动和精细化管控手段缓解常发性拥堵、提高事件的处置效率;以可变信息显示屏等智能联网发布设备向车辆和驾驶员提供诱导信息和安全预防服务。结合运营养护需求,构建基于内环线基础设施的全生命周期信息化管理系统,通过先行段的示范试点首先实现高架结构性能变化的精确感知和分析,跟踪长期服役下结构效应与交通荷载的关联,基于数字化模型,为结构性能整体演化趋势的分析和运营养护的精细化科学决策提供数据支撑。

9.4.2.4 环境景观提升

内环高架路景观提升重点从外表涂装、附属设施外形、景观绿化、景观照明等方面入手,兼顾内环高架路与周边环境功能、建筑风貌协调统一。尤其新更换的防撞墙,从上海城市精神、城市标志及城市活力三个角度出发,采用造型模板工艺和清水混凝土材料,打造城市高架的全新景观立面,进一步提升城市形象,焕发城市新面貌。

9.4.3 预制化装配化解决方案的应用

内环高架设施更新提升的关键在于防撞墙的更新改造。内环线于1993年开工建设,受当时设计条件和施工工艺的影响,目前防撞墙已出现钢筋锈蚀、混凝土开裂以及保护层剥落等问题,同时防撞墙构造高度、防撞能力等均不满足现行规范要求,高架部分路段因后期增设声屏障、更换绿化方案,已对防撞墙进行多次破碎植筋安装预埋件,导致其安全性能无法保障(图9-29、图9-30)。根据对内环防撞墙的耐久性分析,发现其在使用过程中退化较快,混凝土保护层开裂时间节点在建成后40年左右。此外,随着5G技术、智慧化交通等相关技术的发展以及城市精细化管理的需求,现状防撞墙难以满足越来越多的功能需求,因此,无论是从防撞墙的耐久性、安全性还是从功能性等方面来分析,都亟须对内环现状防撞墙进行更换。

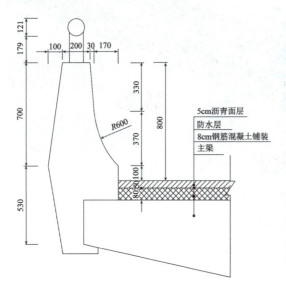

图9-29 内环现状防撞墙构造示意图(尺寸单位:mm)

图9-30 内环防撞墙内侧

考虑内环线地处城市核心区,防撞墙的快速化施工显得尤为关键。为此,针对内环线不同的结构类型,提出了两种快速化更新更换的思路:

对于铰接空心板,采用边板带防撞墙整体更换模式;

对于其他刚接空心板、T梁等结构,现场凿除防撞墙后,采用UHPC实现预制节段防撞墙与现状结构的快速连接。

9.4.3.1 防撞墙更新更换设计方案

新建防撞墙仍为钢筋混凝土结构,采用 C40 清水混凝土。宽度 55.3cm,结合内环线车流量特点以及《城市桥梁设计规范》(CJJ 11—2011)(2019 年版)第 10.0.8 条和《城市道路交通设施设计规范》(GB 50688—2011)(2019 年版),将防撞墙防撞等级提高至 SS 级,桥面以上高度变为 110cm,顶部取消圆形钢管,替代为 25cm×20cm 的花槽或声屏障,新建防撞墙构造如图 9-31、图 9-32 所示。

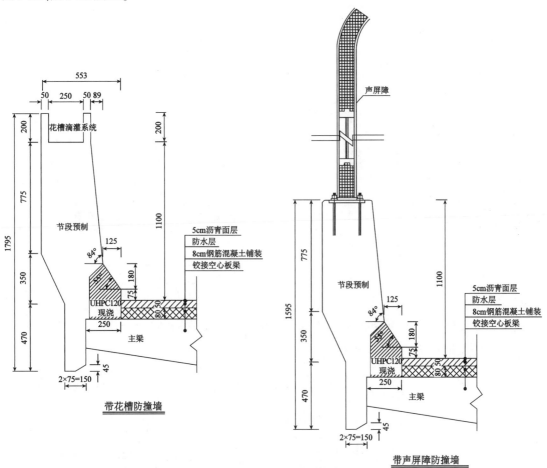

图 9-31 新建防撞墙构造示意图(第一类结构:节段预制防撞墙)(尺寸单位:mm)

新建防撞墙整合的功能包括:①景观绿化安放槽和喷淋系统,解决绿植养护自动化功能;②预留管线通道可为远期智慧化设备服务;③声屏障维持原状。

9.4.3.2 防撞墙更新更换实施方案

(1)第一类结构

对于第一类结构形式(刚接空心板、T 梁),先将现状防撞墙上部整体切割,下部采用水射流凿除混凝土,露出原主梁预埋钢筋,再将新预制的防撞墙通过 UHPC120 现浇湿接缝使其预留的钢筋与原主梁预埋钢筋进行锚固,施工工艺如下。

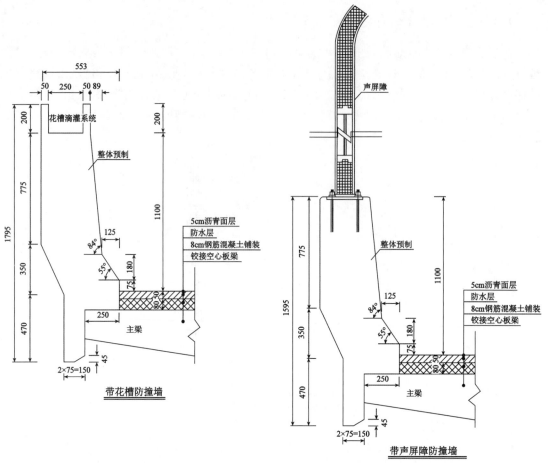

图9-32 新建防撞墙构造示意图(第二类结构:带边板预制防撞墙)(尺寸单位:mm)

①步骤一:防撞墙破除,如图9-33所示。

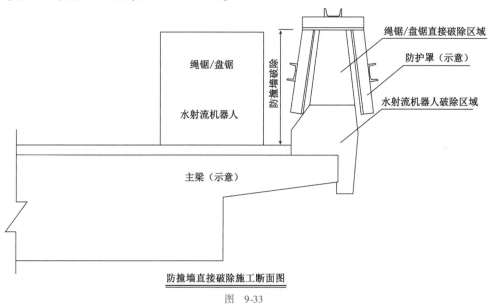

防撞墙直接破除施工断面图

图 9-33

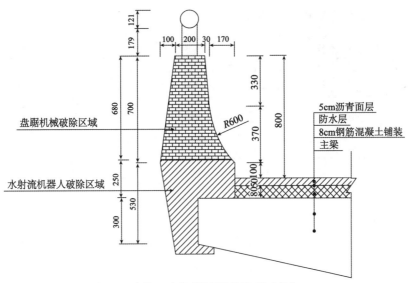

图9-33 步骤一:直接破除原防撞墙(尺寸单位:mm)

②步骤二:新旧钢筋锚固,如图9-34所示。
③步骤三:预制拼装新防撞墙,如图9-35所示。

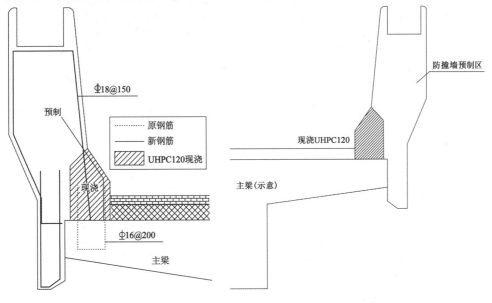

图9-34 步骤二:新旧钢筋锚固　　图9-35 步骤三:预制拼装新防撞墙

(2) 第二类结构

对于第二类铰接空心板的结构,则采用先破除边板铰缝,再将边板连带防撞墙整体更换的施工工艺,相比于第一类结构,此设计方案省去防撞墙现浇部分的养护周期,同时水射流机器人只需进行竖向切割并且切割部位较少,方便现场操作缩短工期。施工工艺如下:

①步骤一:铰缝及铺装层破除(图9-36)
a. 在盖梁挡块上方安装临时固定设施支撑边梁及防撞墙重量。

b. 采用水射流机器人对边板、次边板上方桥面铺装及铰缝同时进行破除。

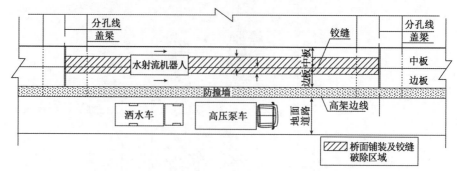

图9-36 步骤一:铰缝及铺装层破除(尺寸单位:mm)

② 步骤二:连续缝破除

采用水射流机器人及片锯对桥面连续缝进行破除(图9-37)。

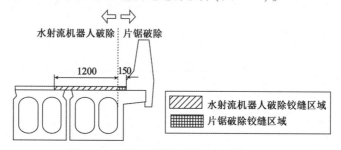

图9-37 步骤二:连续缝破除(尺寸单位:mm)

③ 步骤三:旧边板带防撞墙拆除

采用两台100t汽车式起重机进行双机抬吊,板梁通过C型吊架固定,由运梁车运走(图9-38)。

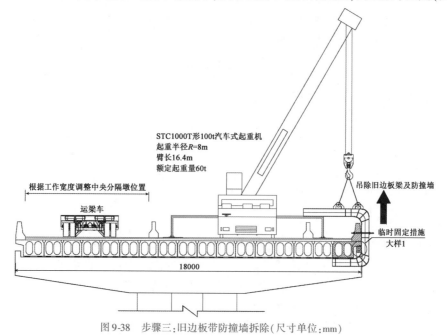

图9-38 步骤三:旧边板带防撞墙拆除(尺寸单位:mm)

④步骤四:新边板带防撞墙安装

采用两台100t汽车起重机进行双机抬吊,板梁通过C形吊架固定,将板梁原位置安放(图9-39)。

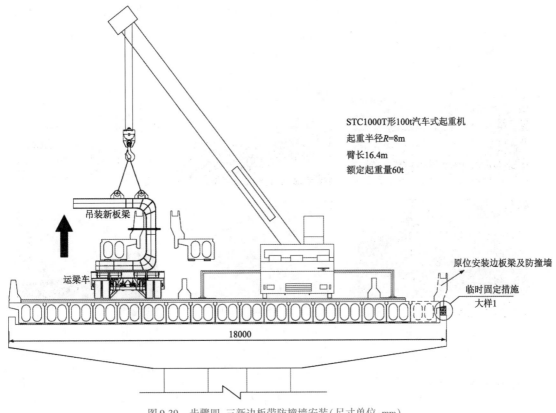

图9-39 步骤四:三新边板带防撞墙安装(尺寸单位:mm)

⑤步骤五:铰缝、铺装层浇筑(图9-40)

a. 采用C50钢纤维混凝土浇筑铰缝及白色铺装。

b. 竣工通车前拆除防撞墙临时固定措施。

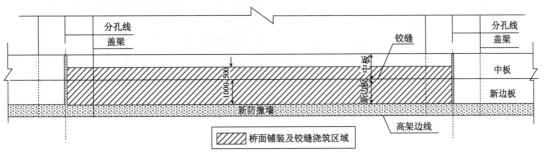

图9-40 步骤五:铰缝、铺装层浇筑(尺寸单位:mm)

9.4.3.3 防撞墙结构、装饰一体化生产预制

通过对上海标志性意象的重新演绎,更新防撞墙的外观造型,从上海城市精神、城市标志

和城市活力三个灵感方向出发,将前沿设计理念融入城市基础设施中,进一步提升城市形象,实现升级道路景观、焕发城市新面貌的目的。

从调研资料中可见,国外的一些优秀设计案例(图9-41)会以地方特色和地域文化为灵感来源对防撞墙体进行外观美化,但存在形态太复杂具象且难以加工复制的缺点;或以几何元素排布为设计风格,简洁现代又富有城市内涵,更具设计感,但应该注意考虑行车安全与城市景观和谐,避免横向形态截面过于突出。预制防撞墙的几何元素图案可以采用造型模板在防撞墙工厂化预制的时候一体化成形。

图9-41 国外设计案例

(1)方案一:《城市律动》

方案一的设计灵感来源于上海的城市天际线(图9-42、图9-43)。运用抽象化的设计手法将城市高楼林立、鳞次栉比的景象转译为平面几何图形,生动展现了积极向上的城市精神。造型设计风格简洁现代,同时又富有视觉张力,符合上海作为国际之都、设计之城的定位与形象。

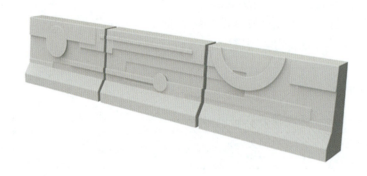

图9-42 方案一设计概念图

(2)方案二:《上海速度》

方案二通过将错落的矩形与条纹相搭配,提供丰富的造型细节,象征着道路上行进不息的车水马龙以及由道路联结着的迅猛发展的城市,展现了上海这片发展热土的蓬勃生气和令世界瞩目的城市速度(图9-44、图9-45)。

图 9-43　方案一防撞墙内外侧效果图

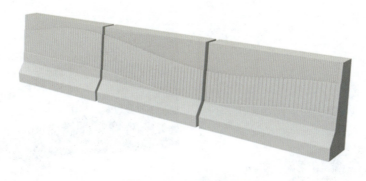

图 9-44　方案二设计概念图

图 9-45　方案二防撞墙内外侧效果图

(3) 方案三:《浦江叠浪》

方案三以上海城市地理标志和城市历史进程为灵感来源,采用象征着黄浦江的曲线元素,并融入不同程度表面处理的混凝土材质层叠这一设计手法,回顾过去,展望未来,象征了日新月异、气象万千的申城发展进程,也寄托了对城市明日续创辉煌的美好愿景(图 9-46、图 9-47)。

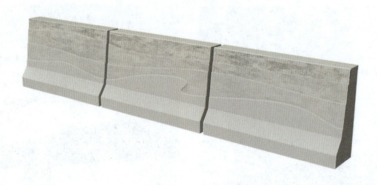

图 9-46　方案三设计概念图

图 9-47　方案三防撞墙内外侧效果图

(4)方案四:《江流入海》

方案四的设计意象来自上海城市标志黄浦江,滚滚江水从上海城区蜿蜒而过,融入东海,连接更加广阔的世界。该方案提取浦江的造型线条,结合疏密有致的条纹图案,营造出江流入海、奔腾向前的城市气概(图 9-48、图 9-49)。

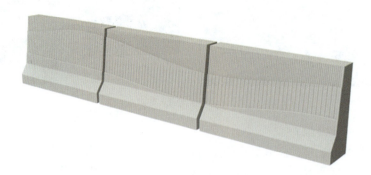

图 9-48　方案四设计概念图

图 9-49　方案四防撞墙内外侧效果图

第 10 章
CHAPTER 10

示范工程附图

示范工程附图目录见表10-1。

示范工程附图目录　　　　　表10-1

图　名	纸　型	张　数
设计说明	A3	1
第一部分:预应力混凝土简支小箱梁(跨径30m,桥宽25.5m)		
预应力混凝土简支小箱梁　桥型布置图	A3	1
预应力混凝土简支小箱梁　主梁布置图	A3	1
预应力混凝土简支小箱梁　中梁外形图	A3	1
预应力混凝土简支小箱梁　中梁预应力构造图	A3	2
预应力混凝土简支小箱梁　现浇段钢筋构造图	A3	1
预制小箱梁边梁带防撞护栏整体安装的设计和施工方法	A3	1
第二部分:钢-混凝土组合简支工字梁(跨径30m,桥宽25.5m)		
钢-混凝土组合工字梁　桥型布置图	A3	1
钢-混凝土组合工字梁　主梁布置图(标准段)	A3	1
钢-混凝土组合工字梁　钢梁构造图(标准段)	A3	3
钢-混凝土组合工字梁　桥面板钢筋图	A3	1
钢-混凝土组合工字梁　支点横梁钢筋图	A3	2
钢-混凝土组合工字梁　标准段 施工顺序图	A3	1
钢-混凝土组合工字梁　桥面连续构造图	A3	1
第三部分:钢-混凝土组合简支小箱梁(跨径40m,桥宽25.5m)		
钢-混凝土组合小箱梁　桥型布置图	A3	1
钢-混凝土组合小箱梁　主梁布置图	A3	2
钢-混凝土组合小箱梁　钢主梁构造图	A3	1
钢-混凝土组合小箱梁　剪力钉布置图	A3	2
钢-混凝土组合小箱梁　预制桥面板构造钢筋图	A3	1
钢-混凝土组合小箱梁　标准段施工顺序图	A3	1

续上表

图　名	纸　型	张　数
第四部分：钢-混凝土组合连续大箱梁（跨径 3×35m，桥宽 8.5m）		
钢-混凝土组合大箱梁　桥型布置图	A3	1
钢-混凝土组合大箱梁　钢梁一般构造图	A3	3
钢-混凝土组合大箱梁　空腹式横梁构造图	A3	1
钢-混凝土组合大箱梁　水平横撑构造图	A3	1
钢-混凝土组合大箱梁　焊钉布置图	A3	2
钢-混凝土组合大箱梁　桥面板总体布置图	A3	1
钢-混凝土组合大箱梁　施工步骤示意图	A3	2
第五部分：预制拼装混凝土桥墩（主线桥宽 25.5m，匝道桥宽 8.5m）		
预制拼装桥墩　混凝土小箱梁总体布置图	A3	1
25.5m 标准宽预制桥墩　一般构造图	A3	1
25.5m 标准宽预制桥墩　盖梁钢筋构造图	A3	2
25.5m 标准宽预制桥墩　立柱钢筋构造图	A3	2
预制拼装桥墩　施工步骤示意图	A3	1

设 计 摘 要

1 适用范围

采用预制拼装法施工的几种桥梁上部结构和下部结构,具体包括:

1) 简支预应力混凝土小箱梁,标准跨径30m,以下简称混凝土小箱梁。附:预制小箱梁边梁带混凝土防撞护栏整体安装的设计和施工方法。
2) 简支钢-混凝土组合工字梁,标准跨径30m,以下简称组合工字梁。附:适用于钢-混凝土组合梁的桥面连续加强构造图。
3) 简支钢-混凝土组合小箱梁,标准跨径40m,以下简称组合小箱梁。
4) 连续钢-混凝土组合大箱梁,标准跨径组合3×35m,桥宽8.5m,以下简称组合大箱梁。
5) 双立柱盖梁桥墩,适用于主线25.5m桥宽的简支梁上部结构。

2 主要材料

主要材料一览表

结构	构件部位	混凝土	普通钢筋	预应力	钢材	连接件
混凝土小箱梁	预制主梁	C50	HRB400 HPB300	Φ⁵15.2 钢绞线	—	—
	桥面板横向免焊接 接缝现浇窄接缝	C80 或 C60掺钢纤维	HRB400 HPB300	—	—	—
	横坡现浇湿接段	C50	HRB400 HPB300	—	—	—
组合工字梁	预制主梁	C50	HRB400 HPB300	—	Q355D	焊钉
	桥面板横向免焊接 接缝现浇窄接缝	C80 或 C60掺钢纤维	HRB400 HPB300	—	—	—
组合小箱梁	预制主梁	C50	HRB400 HPB300	—	Q355D	焊钉
	横坡现浇湿接段	C50	HRB400 HPB300	—	—	—
组合大箱梁	预制主梁	—	—	—	Q355D	焊钉
	预制桥面板	C50	HRB400 HPB300	—	—	—
	桥面板湿接缝	C50微膨胀	HRB400 HPB300	—	—	—

结构	构件部位	混凝土	普通钢筋	预应力	钢材	连接件
预制拼装桥梁墩	预应力盖梁	C60	HRB400 HPB300	Φ⁵15.2 钢绞线	—	灌浆连接套筒、 金属连接波纹管
	非预应力盖梁	C40	HRB400 HPB300	—	—	金属连接波纹管
	立柱	C40	HRB400 HPB300	—	Q235B	灌浆连接套筒
附属结构	防撞护栏	C40	HRB400 HPB300	—	Q235B	—
	桥面连接缝	C50掺钢纤维	—	—	—	—

3 设计要点

3.1 混凝土小箱梁

1) 结构体系:结构简支,桥面连续,3～4跨一联。
2) 平面布置原则:混凝土小箱梁直桥,在道路等宽段,在直线段,3～4跨一联。跨径适用桥梁边线 $R_{min} \geq 141m$(在变宽段,变接接弯段,适应平面线形(30m跨梁仅限 $R_{min} \geq 141m$))。
3) 基本构造:标准跨径30m小箱梁简支,梁高1.6m,梁面宽1.5m,腹板侧面斜度1:4,底板及腹板侧近支点突加厚。梁面板厚20cm,与腹板衔接处加强构造,梁面板接近支点处由C80等自密实无收缩混凝土或C60钢纤维混凝土浇筑。主梁端采用4.24m,直道桥梁重接,跨径4.20m,与原长约0.3m,预制梁端带环形钢筋免支撑模板。小箱梁顶盖平行。现浇湿接缝采用湿接缝T或支承水平架工字C60自密实无收缩混凝土或钢纤维混凝土。支承水平架工字支承水平架工字预制梁顶部具有采用湿接缝T或现浇湿接缝T。
4) 施工流程:工厂预制混凝土小箱梁→运输到现场架设→现场施工工作架,混凝土防撞护栏推荐采用预制拼装推荐在工厂预制或现场预制;可以整体运输架;整体运输架设。
5) 桥面护栏:工厂预制。本图集提供整体预制(即防撞护栏与上部结构成整体)的设计及施工方法。

3.2 组合工字梁

1) 结构体系:结构简支,桥面连续,3～4跨一联。
2) 平面布置原则:同混凝土小箱梁。
3) 基本构造:标准跨径30m,主梁总高1.5m,其中主中梁高1.23m,混凝土桥面板厚0.25m,调节梁高0.02m。主线桥梁标准梁距2.3m,匝道桥梁同预制梁面同0.3m,主线桥桥面同预制梁,调节梁距1.2～2.5m,现浇连接缝宽0.3～0.5m,灌浆连接处点混凝土0.7m厚支点混凝土架梁。主梁设向上预拱,无场支架上顶拼,组合工字梁顶

表3.1 混凝土小箱梁主要参数表

跨径	计算跨径	梁高	主线桥标准梁横向间距
30m	29.24m	1.60m	4.24m
支座吨位	预应力指标	混凝土指标	匝道桥标准梁横向间距
1.15MN	17.9kg/m³	0.448m²/m²	4.20m
梁长	预制架吊重		
29.94m	141t		

设计说明

底面平行设置，通过梁底楔形钢板反应桥梁纵横坡及水平的支承底面。组合工字梁的主要参数见表3.2。

5) 钢-混凝土组合梁的桥面连接构造：桥面连接设6mm厚楔形板以适应主梁走离端的倾角钢筋。

表3.2 组合工字梁主要参数表

跨径	梁长	梁高	主线桥标准梁横向间距
30m	29.94m	1.5m	2.3m
支座吨位	预制梁吊重	混凝土指标	匝道桥标准梁横向间距
1.50MN	50t	178kg/m³ 0.32m³/m²	2.1m

3.3 组合小箱梁

1) 结构体系：结构简支，桥面连续，3～4跨一联。
2) 平面布置原则：同混凝土小箱梁。
3) 基本构造：标准跨径40m，小箱悬臂2.09m，并中钢箱高1.84m，混凝土桥面板厚0.25m，距4.25m，预制桥面板反应桥梁纵横坡的墩台支承底面，跨中设一道横隔板。组合小箱梁主要参数见表3.3。
4) 施工流程：工厂预制小箱梁+现场浇筑混凝土桥面板→运输到桥位架设→钢接头钢筋横梁+浇筑混凝土桥面板连接。

表3.3 组合小箱梁主要参数表

跨径	计算跨径	梁高	主线桥标准梁横向间距
40m	39m	2.09m	4.25m
支座吨位	预制梁吊重	钢材指标	匝道桥标准梁横向间距
1.88MN	132t	278kg/m² 0.25m³/m²	4.25m

3.4 组合大箱梁

1) 结构体系：结构连续，3跨一联。
2) 平面布置原则：梁轴线与道路线形一致，适用于平等半径R≥300m。
3) 基本构造：标准跨径3×35m，主梁2.0m，钢梁高2.09m，混凝土桥面板厚1.68m，混凝土桥面板的分块预制，预制桥面板纵桥向分块长度0.25～0.32m，调节层2cm。横板内中心间距4.2m，跨中设置搜式横梁，顺桥向设2点支点桥梁，顺桥向标准段长3.5m，中横梁处现浇区段长0.5m，预制桥面在针对群支处按面宽0.5m。组合大箱梁顶边吊长3.5m。端横梁现浇段长1.71m，中横梁处预制桥面板拼接长为3.5m。组合大箱梁预制桥面采用预制桥面板。
4) 施工流程：工厂预制箱梁+现场浇筑混凝土桥面板→吊装箱梁预制桥面板接→现场浇筑混凝土桥面板。

表3.4 组合大箱梁主要参数表

跨长	计算跨径	梁高	桥面板最大吊重
3×35m	34.36m+35m+34.36m	2.0m	22t
支座规格	预制梁最大吊重	钢材指标	混凝土指标
边支点 3MN，中支点 5MN	103.72m	230kg/m²	0.27m³/m²

3.5 预制拼装桥梁

1) 总体原则

(1) 为便于预制构件模数调节，混凝土浇筑及构件整体外观效果的保障，预制盖梁端部不宜采用内倾角内造，立柱宜采用弧形倒角（半径0.15m），边支至0.5m的数值，常用截面尺寸为1.5m×1.5m×2.0m。

(2) 本图采用预制构件预制桥梁主要考虑下部盖梁独立式桥墩正T形盖梁截面用矩形截面（针对2车道）和大悬臂正T形盖梁双立柱桥梁（针对双向六车道）两种，桥墩立柱桥梁采用矩形截面不宜采用内倾角外（一般适用地面中央分离带横宽加至10m计，主线桥盖梁立柱悬臂不小于8m）。主线桥盖梁立柱悬臂长短合适。

(3) 预制构件重量最大宜不超过240t时优先考虑整体预制，结合上海地区预制运输实践，盖梁总重宜不超过240t时，可根据项目实际情况及设备等因素综合考虑。如预制能盖梁整体化等成型块分段预制，同时结合控制预制构件运输车整体长度不超过14m，单根长度最大且保证立柱节首承支的所在运输分段量不超。上层现浇或采用不钢桥体，重量不超过120t，需通过上立柱置有或其他必要其等其的整体立柱。分立有分有段后，单根立柱至少分出整分预制方案。分立有分有段后立柱最大重量75t，均采用整体预制。

(4) 实际保况结，应采用全预制盖梁方案。分段预制时，钢筋、连接横合连接金属支管，明确吊点设连接，同时盖梁吊架合其体表预制与混凝土整体接头，断面尺寸为2.0m×1.5m。

(5) 在用主要设计时，应充分结合立柱设计，但对接缝截面通设计混凝土整体可许应力，但对接缝宽度不超过规范规定的限值时可实用接缝进大或内作为柱脚支承体系作体保护力，具体应结合工程实际情况纵断面5.5m，盖梁中心处内位5.5m，盖梁中心距立柱中心同宽2.5m，顶宽2.0m，T形腹板宽1.5m，底宽1.1m。预制立柱采用矩形截面，单立柱顶面加混泥倒角，断面尺寸为2.0m×1.5m。

(6) 预制立柱实际桩长度应为钢筋桩腔长加换算桩底灌注浆层厚度足后的立柱长度。

(7) 当立柱与盖梁符合盖梁缝时采用灌浆形式连接。

(8) 图集中盖梁独支柱架构造仅为示意，具体应结合工程实际情况纵横跨构造。

2) 基本构造

主线商盖梁下部采用下部预制T形盖梁双立柱架构，立柱中心间距5.5m，盖梁中心桩立柱中心同宽2.5m，顶宽2.0m，T形腹板宽1.5m，底宽1.1m。预制立柱采用矩形直立，单立柱顶面加混凝土倒角，断面尺寸为2.0m×1.5m。

3) 连接模式

预制构件之间采用灌浆套筒连接，接头或盖梁筒采用金属波纹管注浆连接，其中：预制立柱与承台桩连接进行浆接，并对外钢筋浆检，做外伸外浆处连接接砂层处理，盖梁通过筒连接进行匹配试拼，盖梁吊装现场就位，盖梁吊装完整后，灌注外强度达到后地拼装；盖梁与立柱通过筒连接进行匹配试拼，盖梁吊装现场就位，盖梁吊装完整后，灌注外强度达到后拼装；预制构件筒连接处连接基砂层与设2cm厚砂垫层。

4) 施工流程

立柱工厂预制→立柱运输至现场→立柱中心线平行于分分孔线；立柱间距；立柱立柱的对齐中心平行分方向平行放置。
处理，设置调节段，铺设砂垫层，每注外强度达到后施工。
盖梁工厂预制→盖梁运输至现场→盖梁运至吊装位→盖梁吊装→拼装就位→灌注外→盖梁砂层→灌注外强度达到后施工。

3.6 斜交结构处理

上部结构斜交的及方向应根据工程平面图决定，下部结构的间向布置。盖梁墩斜交的轴线方向平行布置；
焊长度根据斜交孔间块，盖梁墩前两孔间块的轴线方向平行。

设计说明

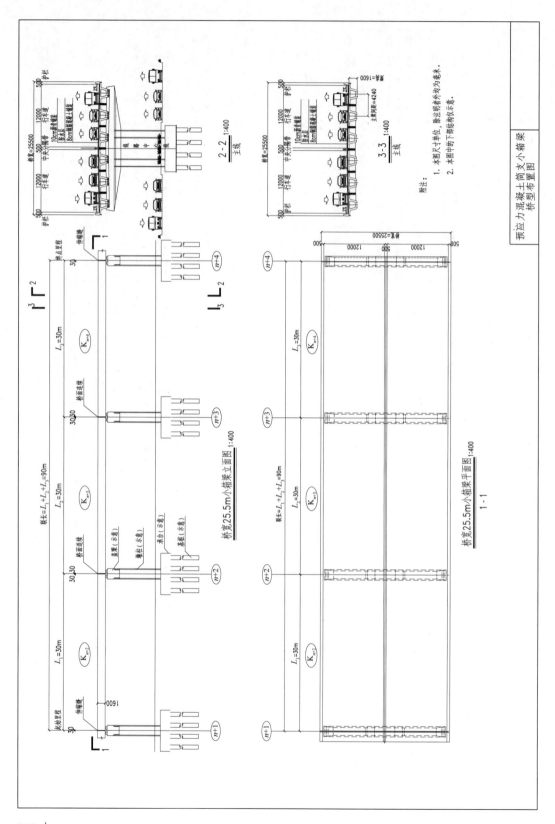

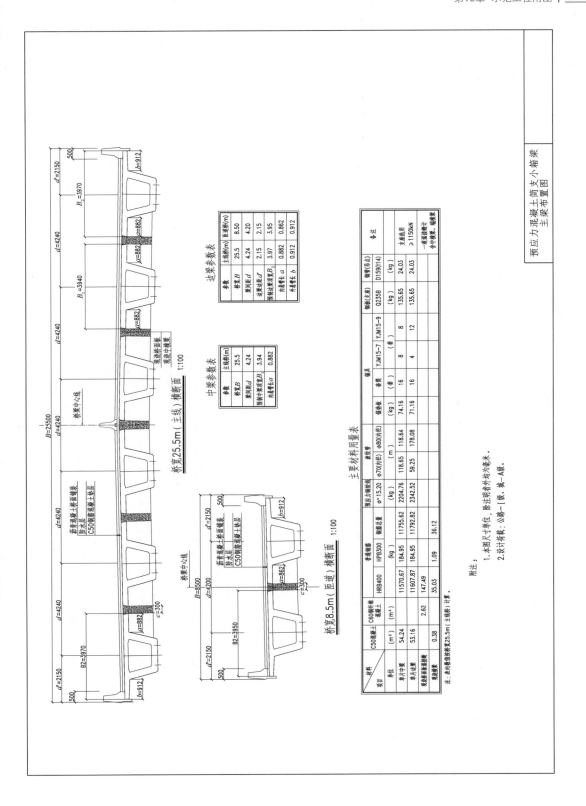

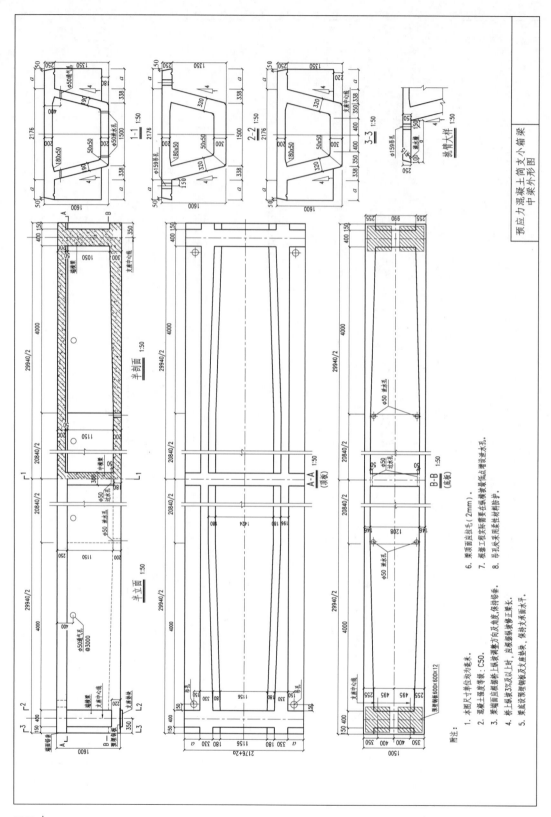

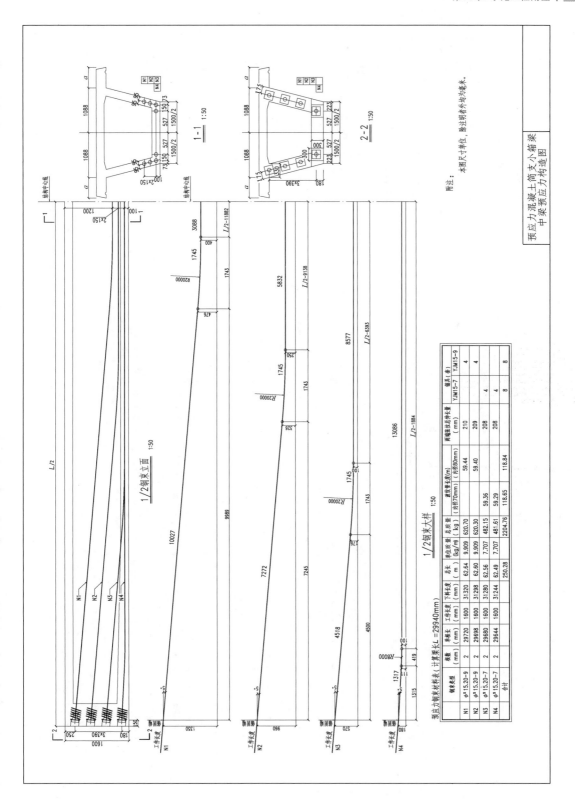

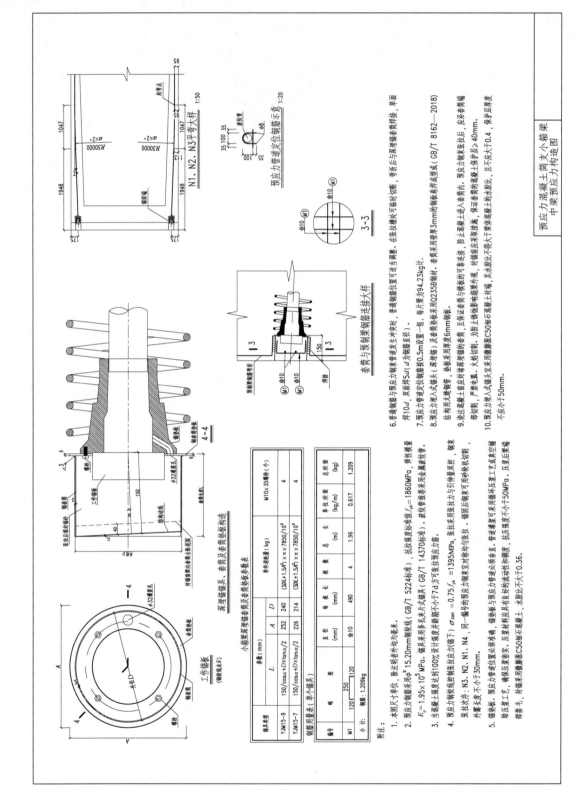

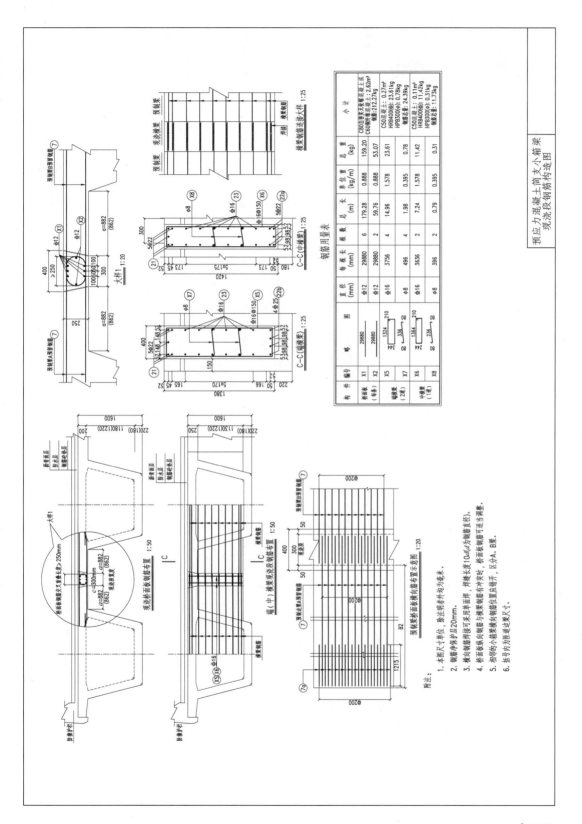

预制小箱梁边梁防撞护栏整体安装的设计及施工方法

边梁带防撞护栏整体安装是基于提升预制装配率、简化现场工序、保证工程质量、提高施工效率、推广全面快速施工技术。

相比传统的现场架梁后浇筑防撞护栏施工方法，边梁带防撞护栏预制吊装，对设计、施工都有不同的要求。

1 设计

1.1 预制阶段

1）结构验算

小箱梁预制阶段，与传统防撞护栏现场浇筑施工方式不同，防撞护栏在预制时即已与小箱梁边梁砼结构成整体，单片边梁进行箱梁状况浇筑时应计入防撞梁重力。

传统防撞护栏现场浇筑方式，防撞护栏重力作为二期荷载施加到小多片箱梁、边梁带防撞护栏预制并安装后，防撞护栏重力全部作用在在边梁上。

2）成桥阶段

经分析计算，护栏刚度对小箱梁截面刚度有影响，桥面两侧护栏施工方法的上挑值稍干一致。

3）刚度影响

1.2 构造设计

1）断缝设置

建议每隔10～15m设置一道通缝，缝宽约5mm。如采用切缝，切至桥面铺装顶面以上50mm。

2）附属设施

防撞护栏相关附属设施包括：照明，监控预留管道及接线箱；照明、监控、声屏障预埋件；伸缩缝预埋件；声屏障预埋件；位置均应同步设计，确保集水井不开口。

施工图设计阶段，护栏与小箱梁梁面刚度有影响，上述相关预埋件的尺寸，位置均应同步设计，确保施工时预留到位。

2 施工

2.1 线形控制

成桥后防撞护栏线形应与道路线形一致，顺畅美观，要求：

1）当道路平曲线、竖曲线叠加时，建议采用空间坐标系，建立防撞护栏曲线模型；

2）防撞护栏立面应铅垂大地，包括伸缩缝、连续缝，跨间通缝也应铅垂大地；

3）立模需考虑桥梁横坡影响，成桥防撞护栏断面应铅垂大地，如图2.1-1，图2.1-2所示。

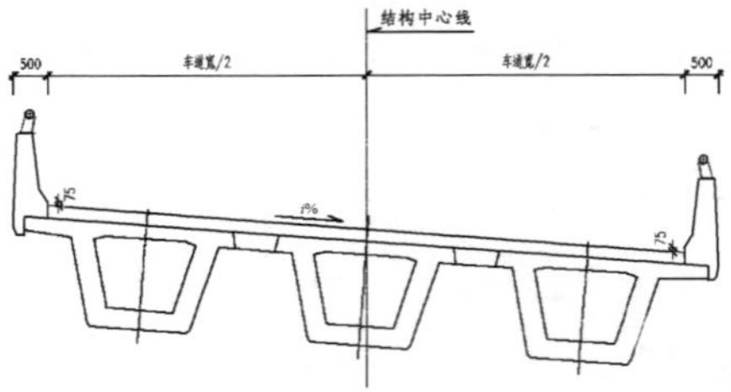

图2.1-1 桥梁横断面示意图 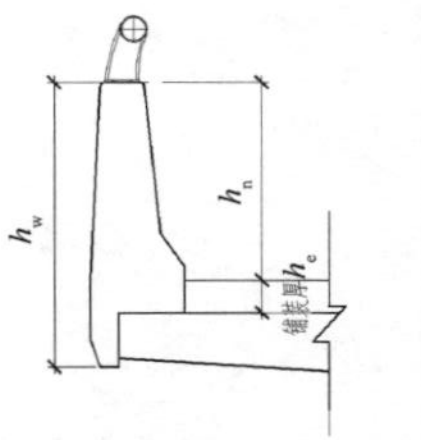 图2.1-2 防撞护栏断面尺寸示意图

1）当道路平曲线、竖曲线叠加时，建议采用空间坐标系，建立防撞护栏曲线模型；

2）防撞护栏立面应铅垂大地，包括伸缩缝、连续缝，跨间通缝也应铅垂大地；

3）立模需考虑桥梁横坡影响，成桥防撞护栏断面应铅垂大地，如图2.1-1，图2.1-2所示。

4）防撞护栏外侧高度（h_w）等高，内侧防撞护栏顶与成桥后铺装顶面之差（h_n）等高，铺装不等厚时需根据此原则对相关尺寸进行调整。

2.2 附属构造

防撞护栏预制施工时，应根据设计图纸，做好防撞护栏内腔管道、背包、接线箱、声屏障预埋件、伸缩缝预留槽口、桥面排水集水口等附属设施及预埋件的预留。

2.3 楼皮控制

按照上海市工程建设规范《公路工程装配式施工质量验收评定标准》（DG/TJ 08-2250-2017）执行。

2.4 安全控制

预制、存梁、运输、吊装各环节均要关注该小箱梁带防撞护栏后的偏心影响，合理设置抗倾覆措施。

3 验收

按照上海市工程建设规范《公路工程装配式施工质量验收评定标准》（DG/TJ 08-2250-2017）执行。

预制小箱梁边梁带防撞护栏
整体安装的设计和施工方法

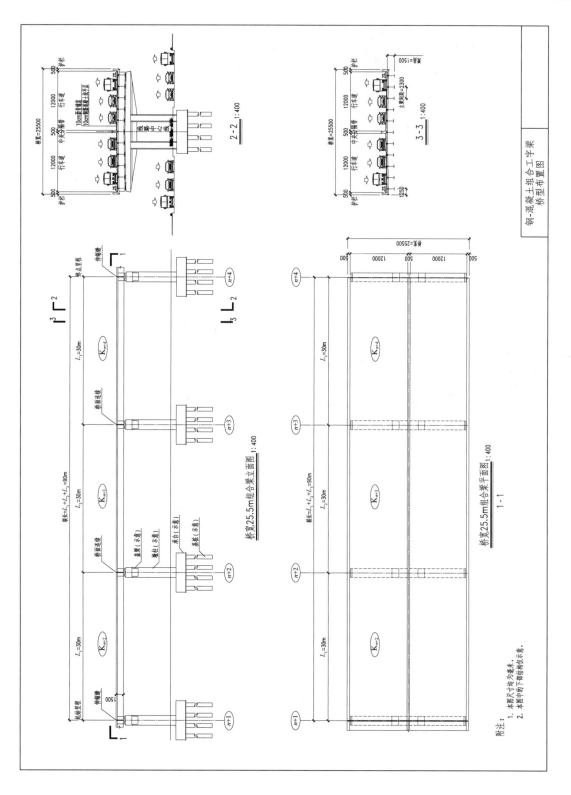

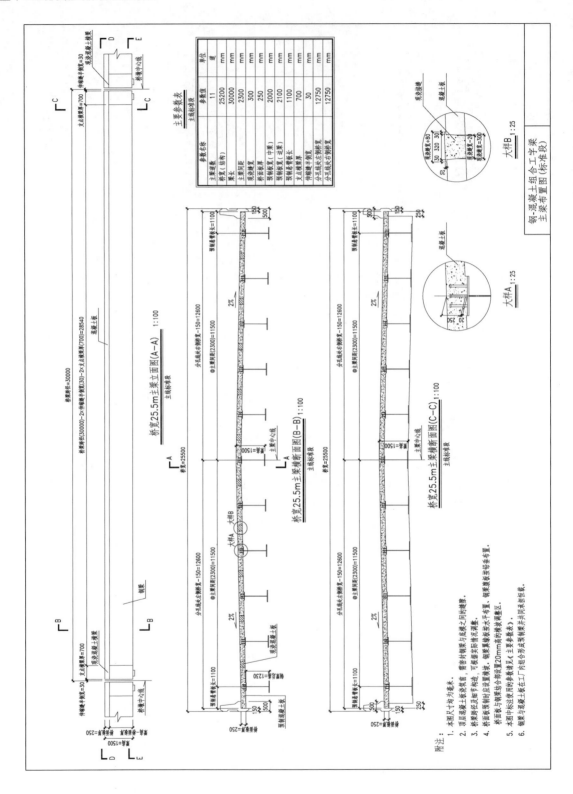

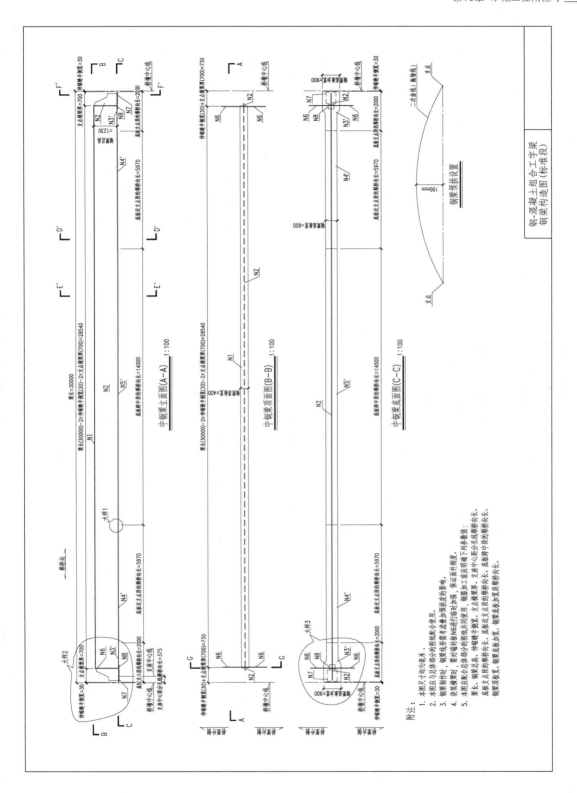

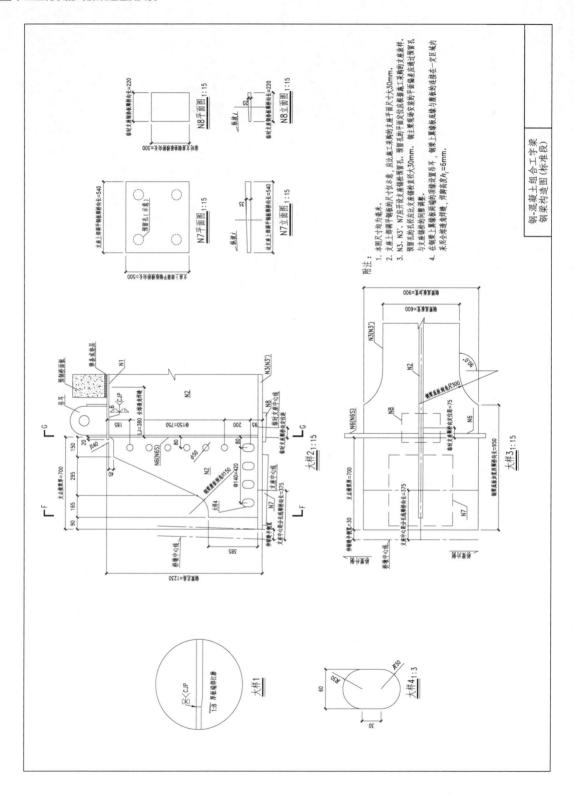

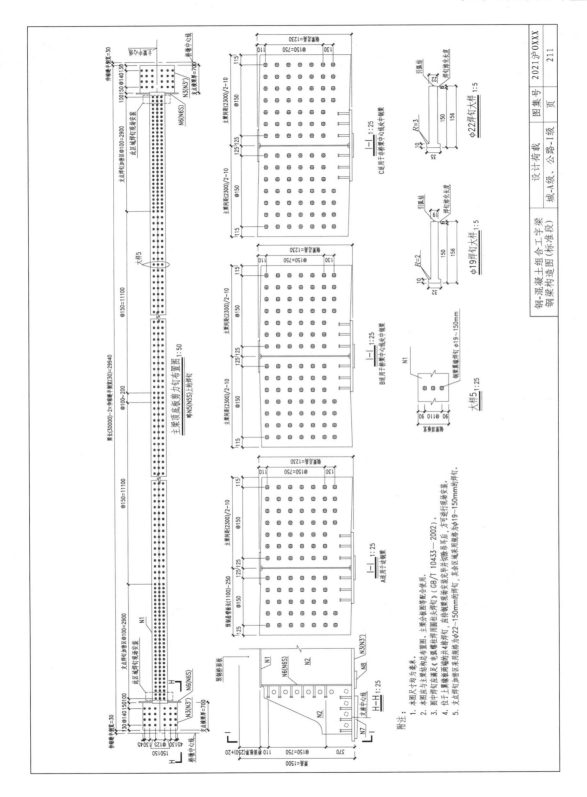

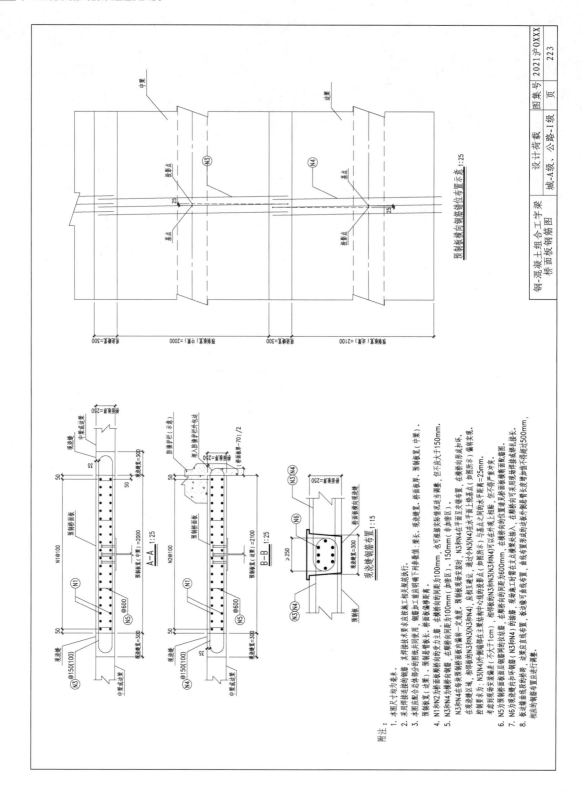

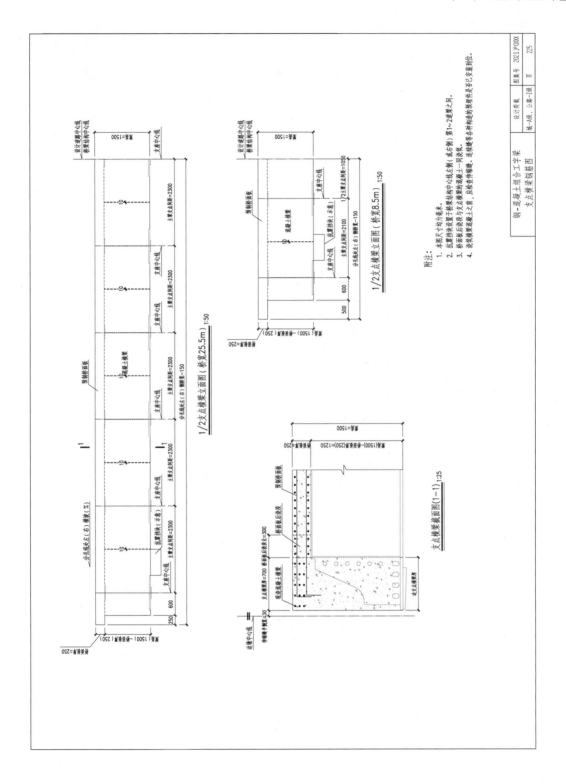

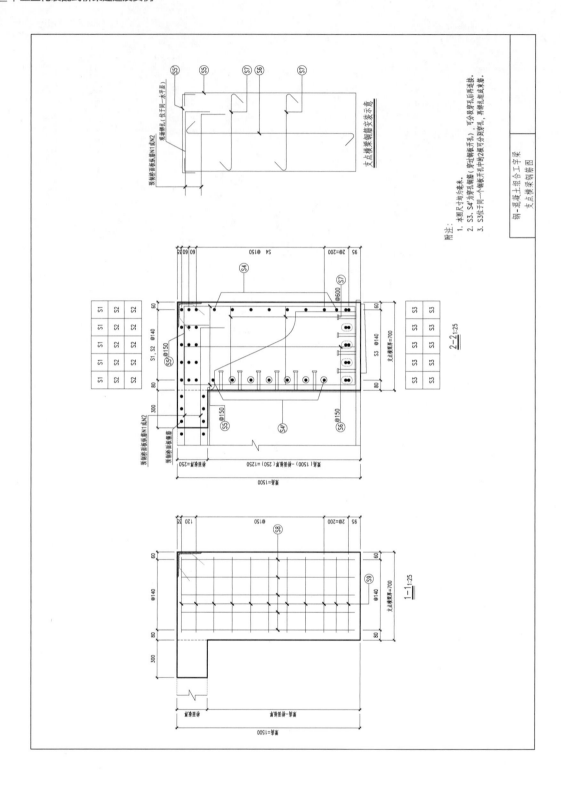

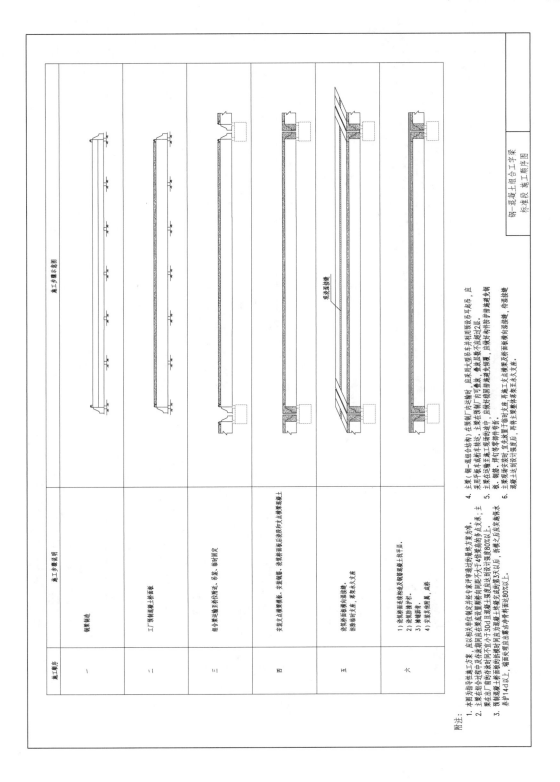

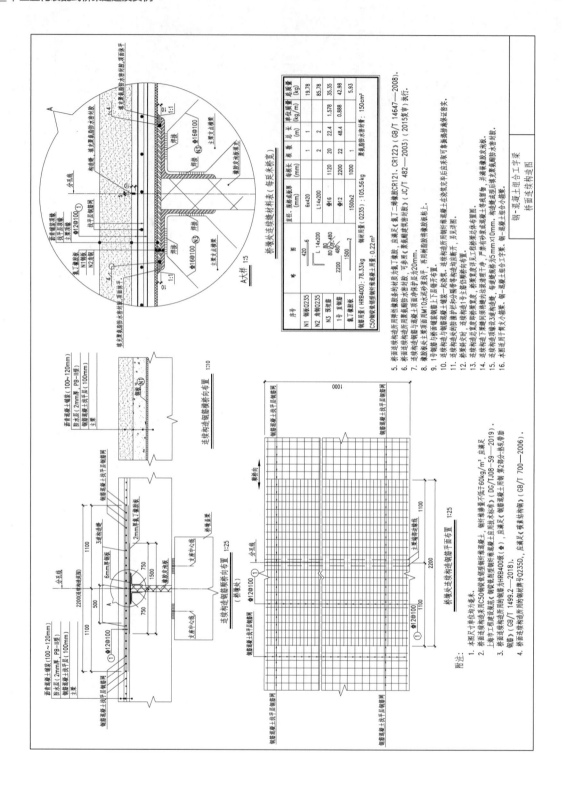

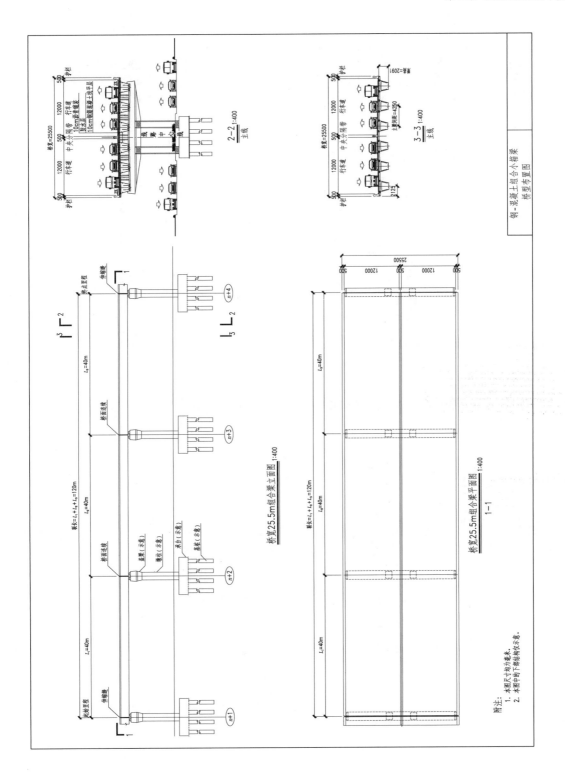

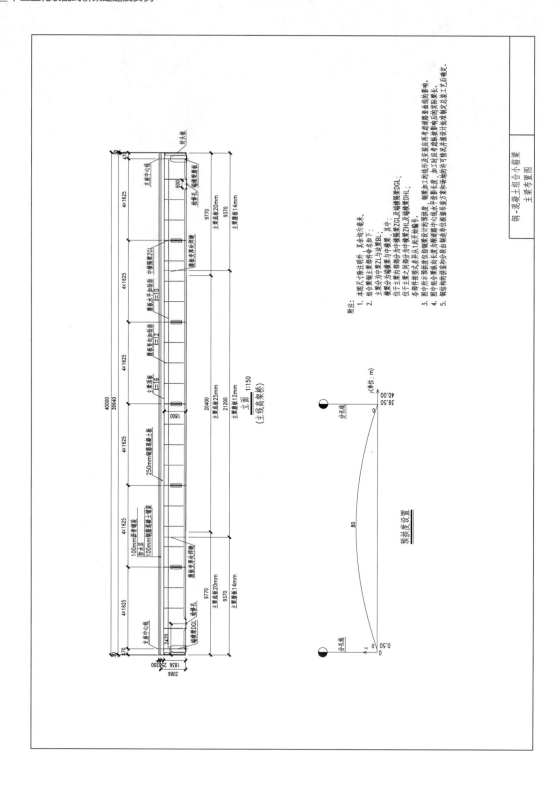

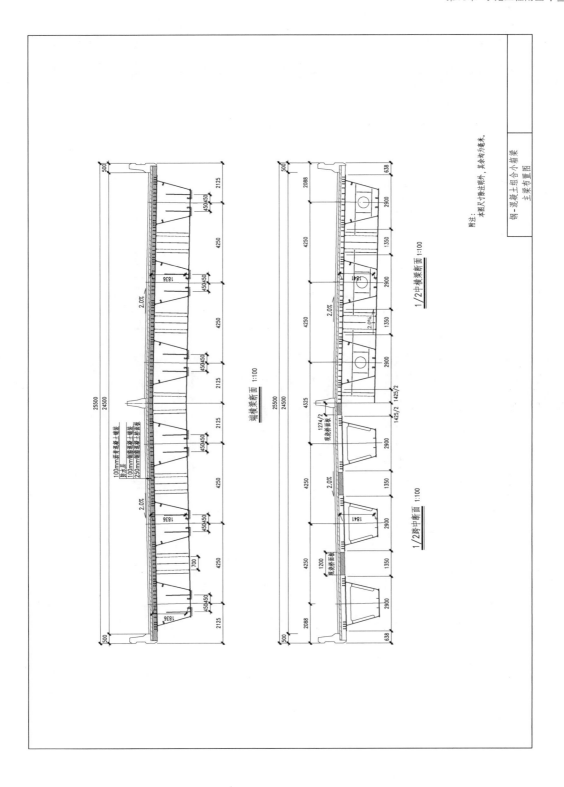

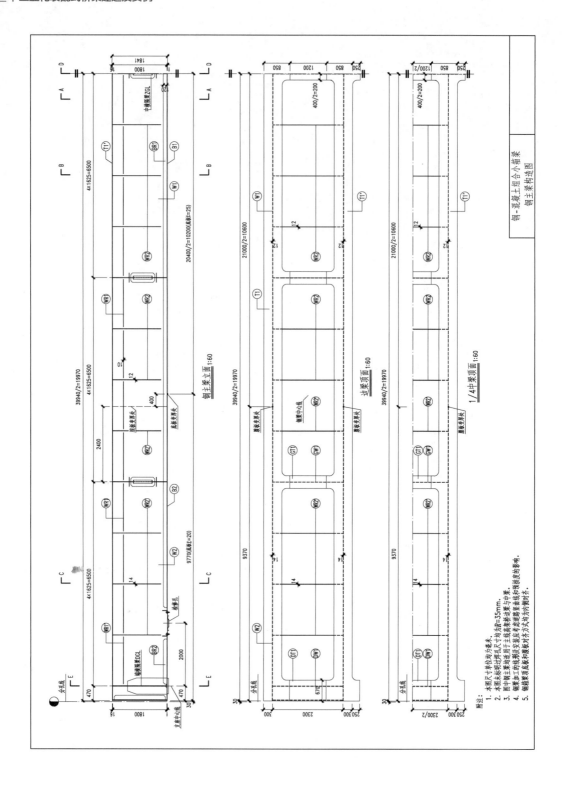

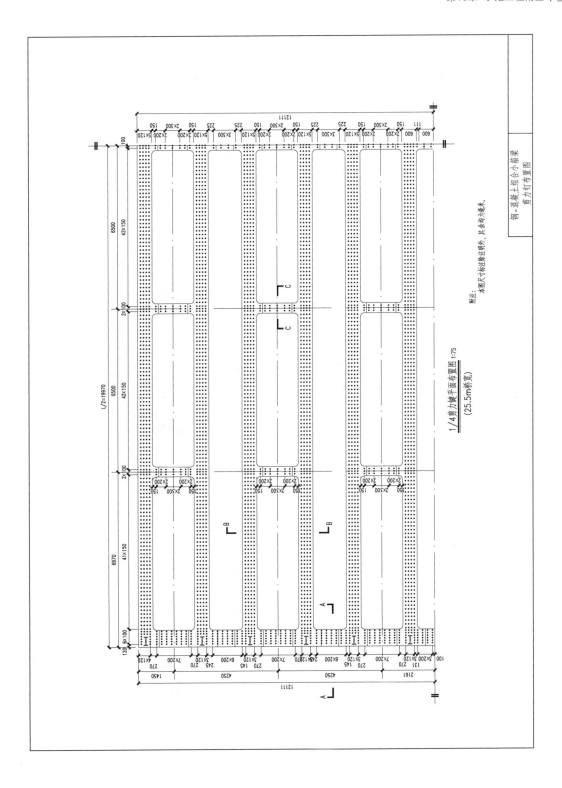

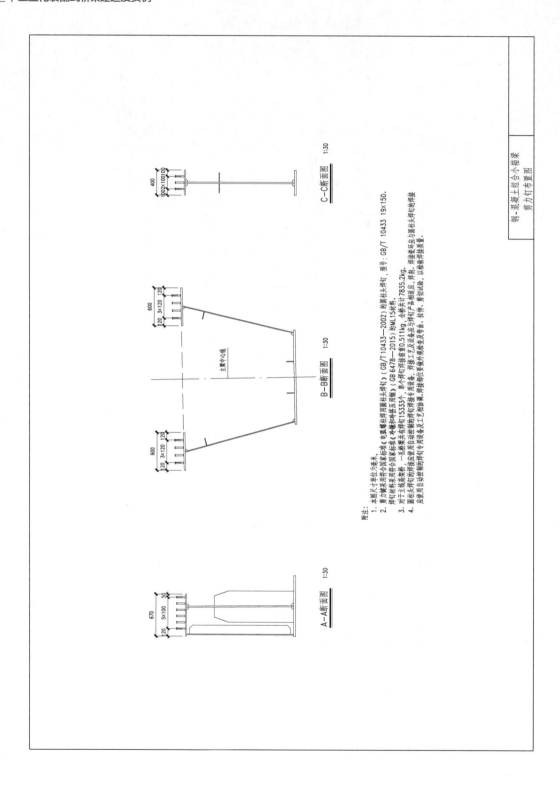

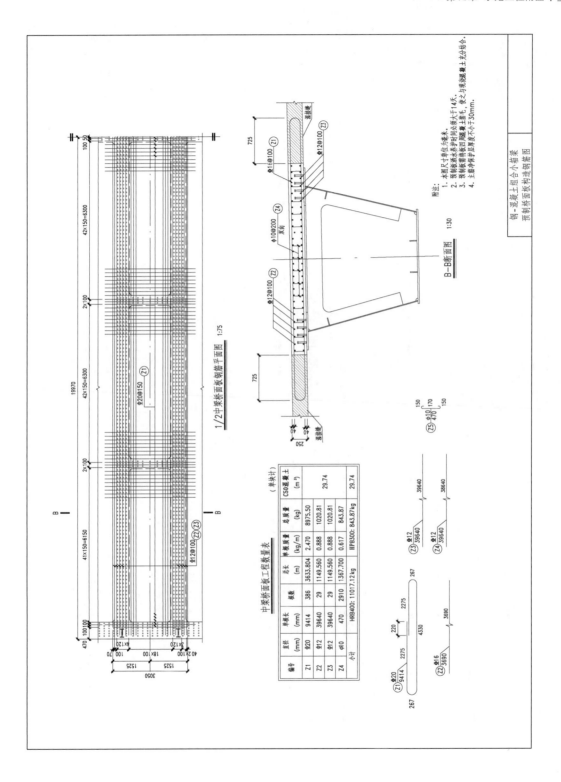

施工顺序	施工步骤说明	施工步骤示意图
一	钢梁制造	
二	工厂预制混凝土桥面板	
三	组合梁轨输至桥位处,吊装、临时固定	
四	安装钢横梁,连接各片组合小箱梁成为整体	
五	浇筑桥面板湿接缝混凝土	
六	1)浇筑桥面连续构造及桥面混凝土找平层。 2)涂装防撞护栏。 3)铺装层施工。 4)安装支座防震、成桥	

钢-混凝土组合小箱梁
标准段施工顺序图

附注:
1. 本图为彩图施工方案,应经过相关单位审查、并经专家评审通过后提交技术方案后方可实施。
2. 桥梁在组合过程中及施工期间应在桥台放置纵横向限位装置来确保桥同距不大于4倍桥高的步长关系,主梁出厂前的存放时间不超过30天且混凝土桥龄达到设计强度的80%以上。
3. 预制桥面板桥面平整时应分别超过起桥设定的标准3天以后,拆模之后应达到寒度水养护14天以上,箱梁大量出库装车时桥龄应达到80%以上。
4. 主梁(第一混合体结构)在预制厂运输时,应采用大型汽车并利用预设吊起后,应用手板下架新土装运,主梁在整体预制厂内可叠放,叠放层数不能超过2层。
5. 主梁运装轨装置车装卸时,应做好箱固排装置支撑,应做好构件的防护措施避免钢板、螺栓、焊钉等零件等丢失。

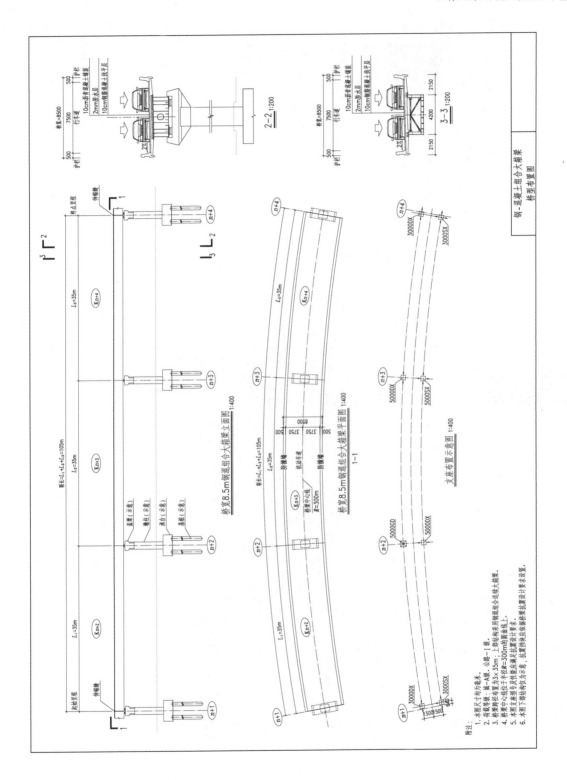

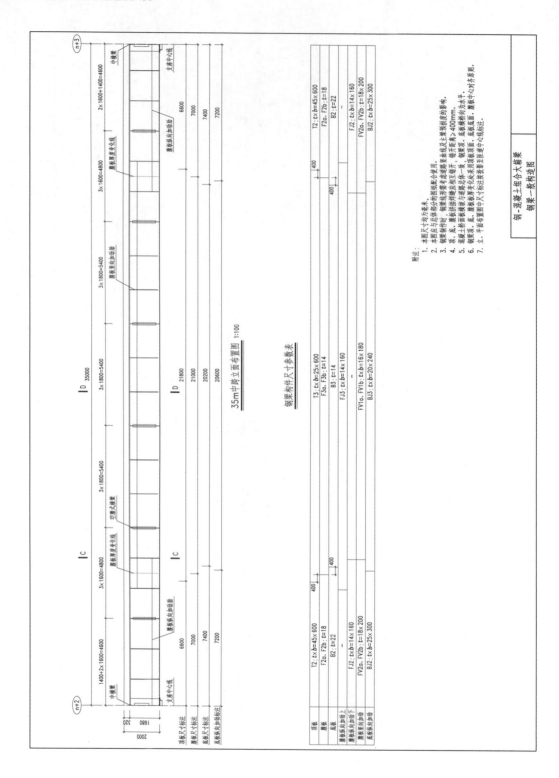

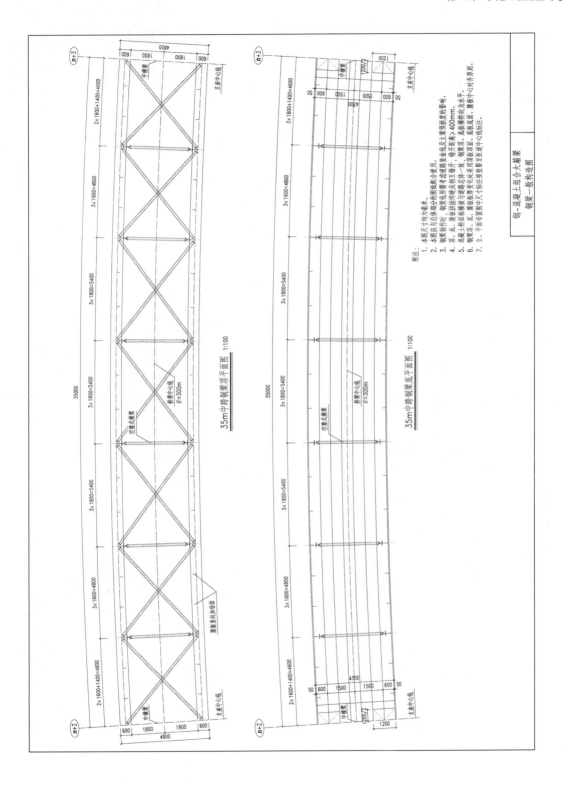

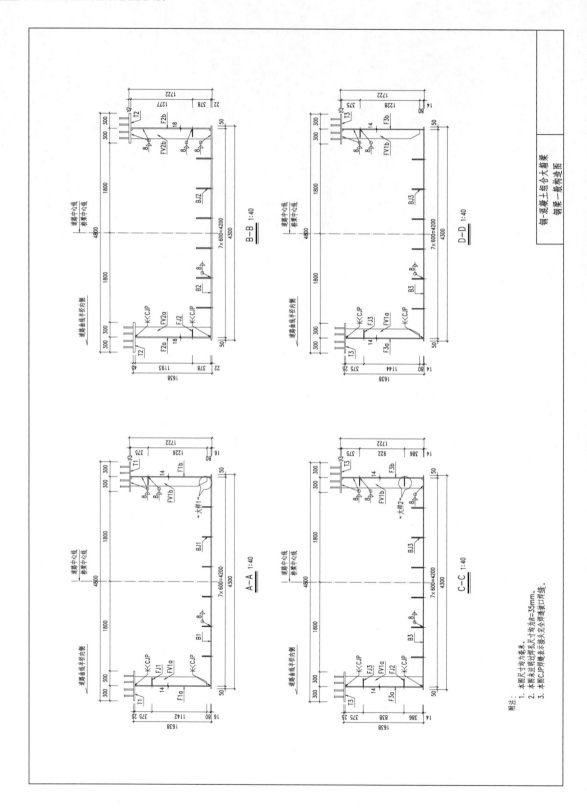

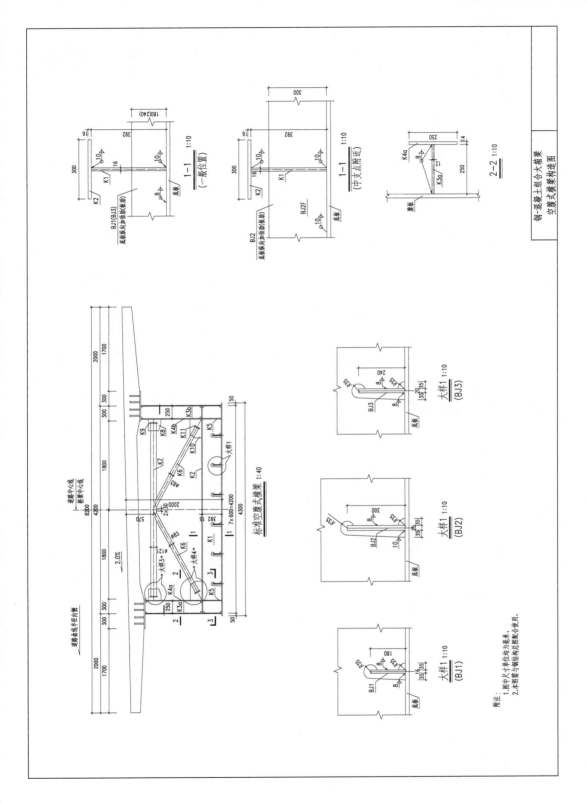

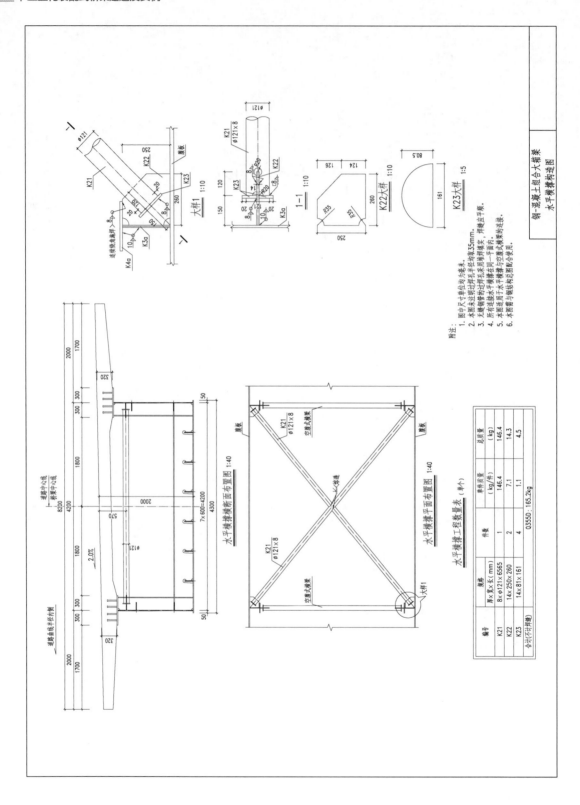

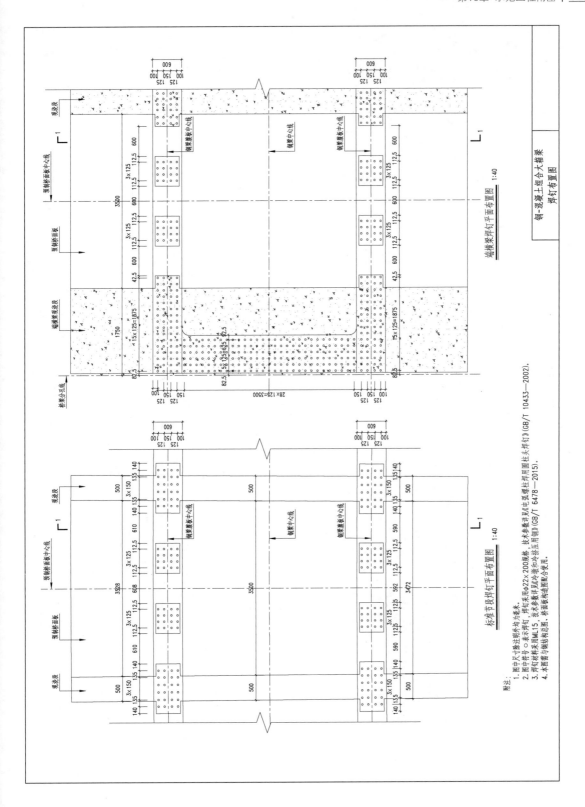

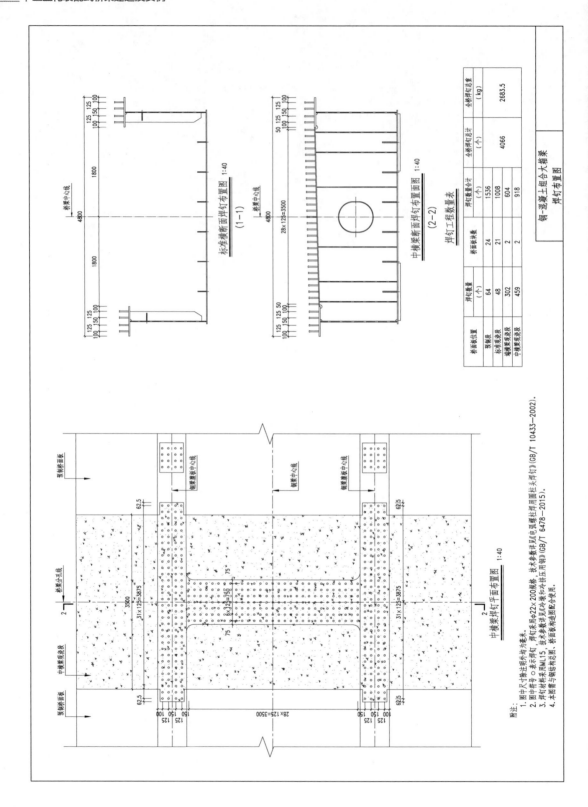

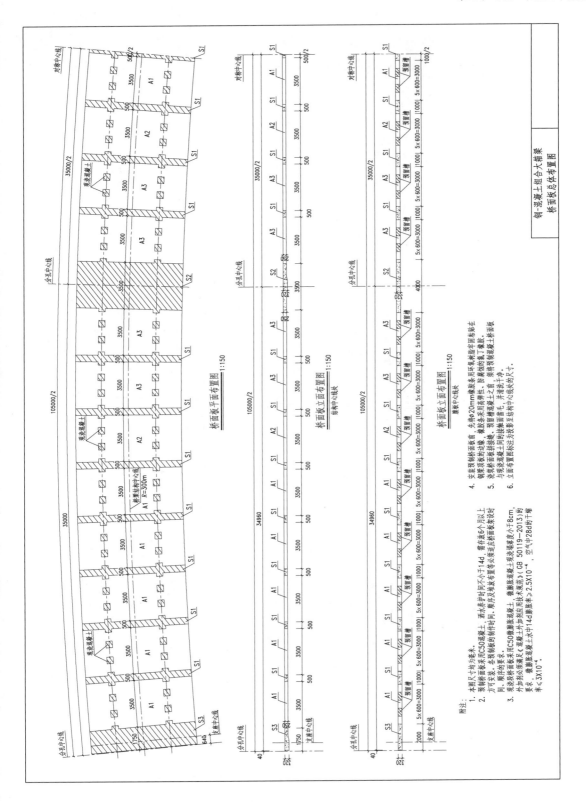

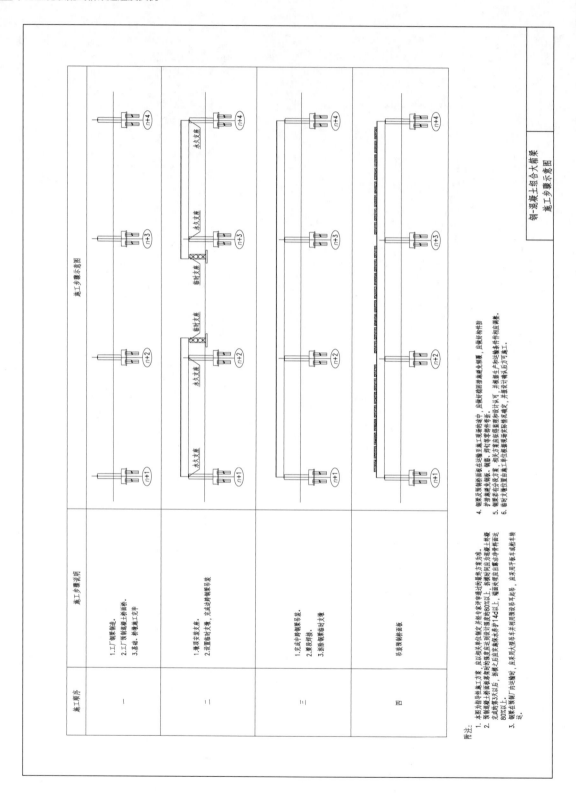

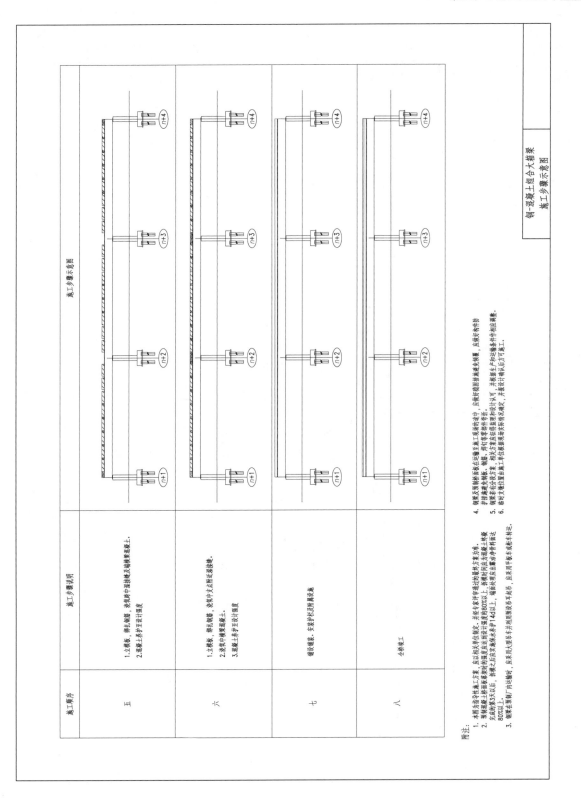

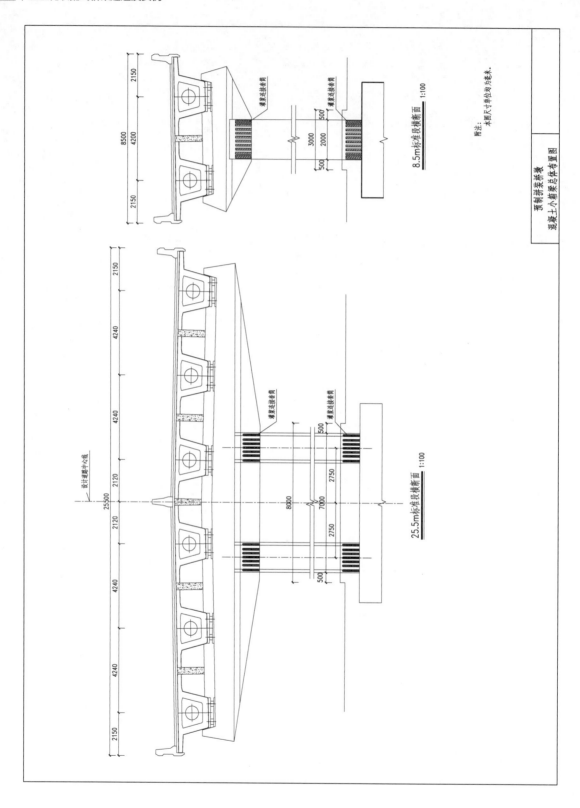

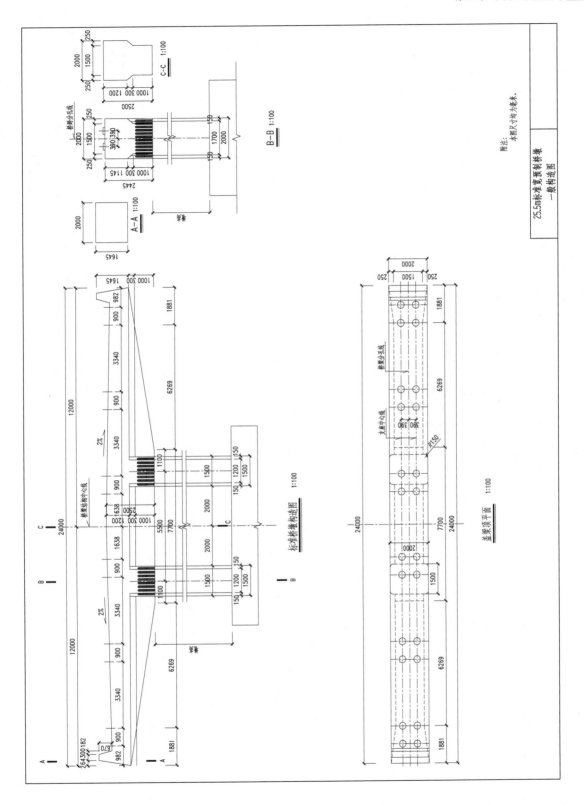

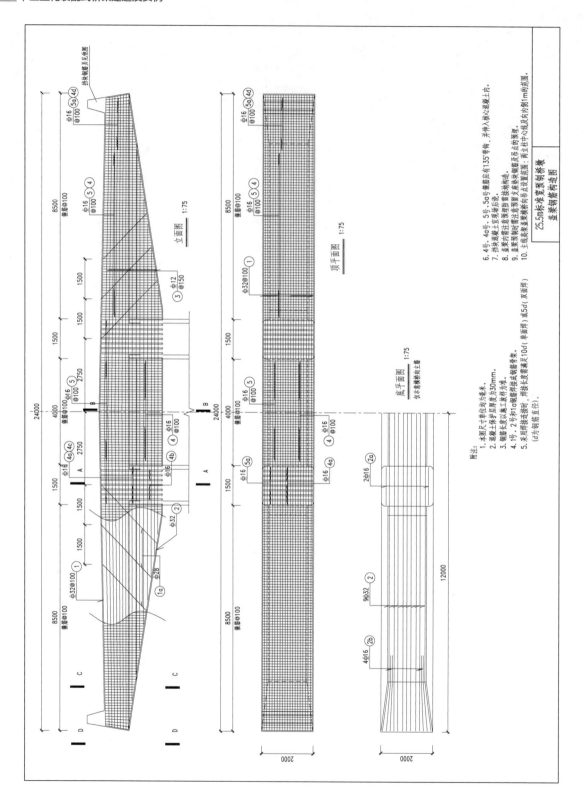

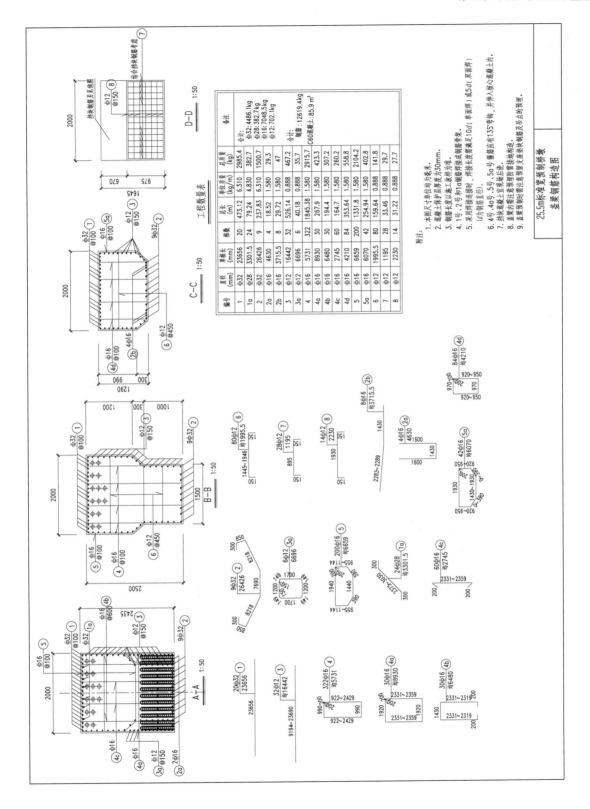

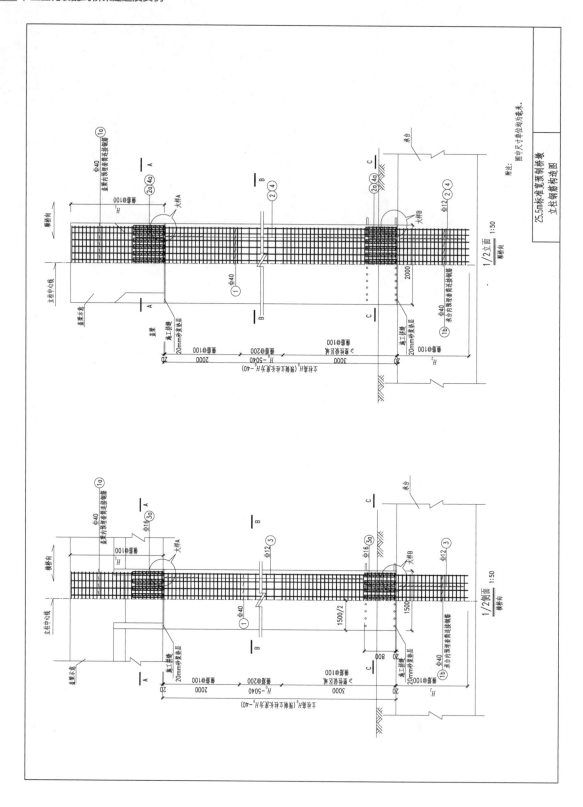

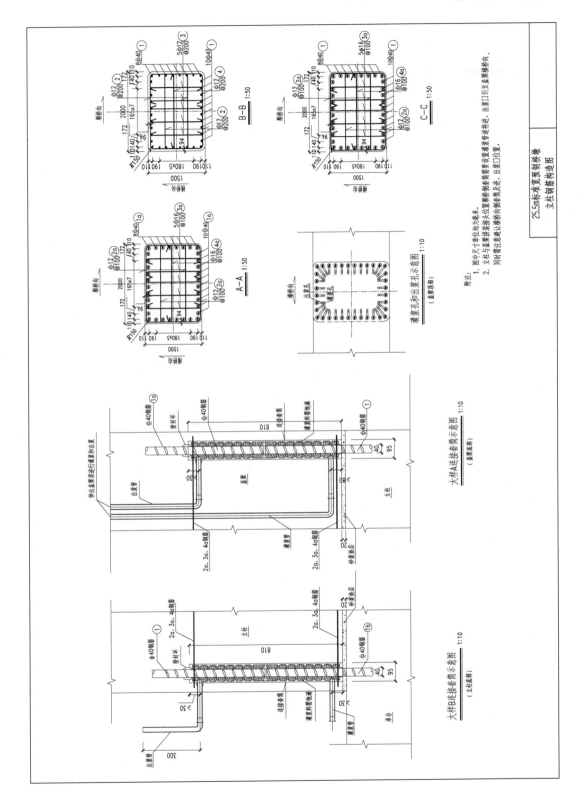

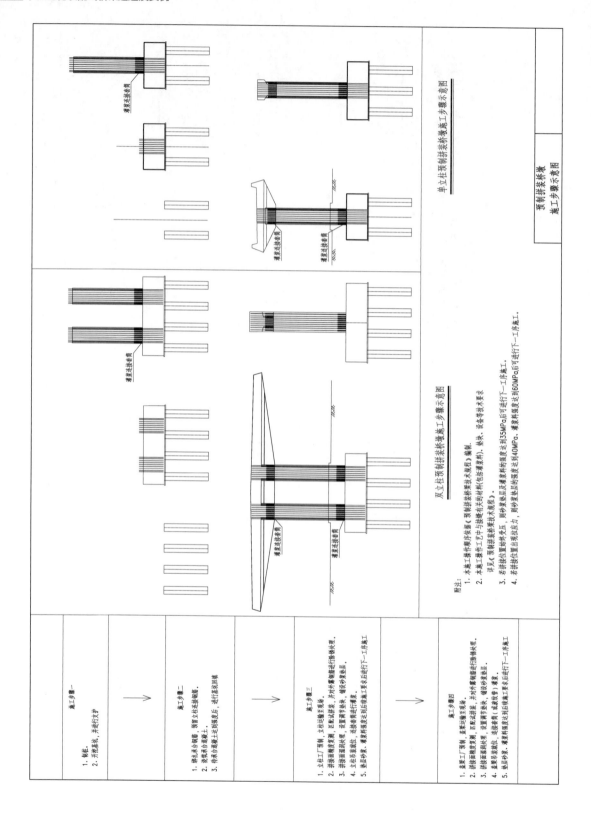

参 考 文 献

[1] 范立础.桥梁工程(上册)[M].北京:人民交通出版社,2006.

[2] Kenneth M. Wing, Mervyn J. Kowalsky. Behavior analysis and design of an instrumented link slab bridge[J]. ASCE,2005(3):331-344.

[3] 徐召.中小跨径钢筋混凝土梁桥耐久性研究[D].上海:同济大学,2006.

[4] Roger Haight, Sherry Chang, Robert kushmock. Orthotropic deck rehabilitation at the throgs neck bridge[J]. ASCE,2005(7):423-435.

[5] 邵旭东,程祥云,李立峰.桥梁设计计算[M].北京:人民交通出版社,2008.

[6] 郭泽刚.浅谈桥梁工程中后张法预应力预制梁板施工的质量控制[J].公路交通科技,2013(1):175-177.

[7] 交通部专家委员会.中华人民共和国交通行业公路桥梁通用图[M].北京:人民交通出版社,2008.

[8] 上海市城乡建设和管理委员会.先张法预应力混凝土空心板(桥梁)图集:DBJT 08-101—2015[S].2015.

[9] Zhou X M, Neil Mickleborough, Li Z J. Shear strength of joints in precast concrete segmental bridges[J]. ACI Structural,2005,102(1):3-11.

[10] Deric John Oehlers, Sung Moo Park. Shear connectors in composite beams with longitudinally cracked slabs[J]. ASCE,1991(8):2004-2022.

[11] Guenter Axel Rombach. Dry joint behavior of hollow box girder segmental bridges[C]. New Delhi: Fib Symposium, Segmental Construction in Concrete,2004(11):26-29.

[12] Standards Council of Canada. CAN/CSA-S6-00 Canadian highway bridge design code[S]. Ontario: CSA International,2000.

[13] Clark L A. Concrete bridge design to BS5400[M]. London and New York: Construction Press,1993.

[14] Yew-Chaye Loo, A R Cusens. The finite-strip method in bridge engineering[M]. A Viewpoint Publication,1978.

[15] Somerville G, Triller R M. Standard bridge beams for spans from 7m to 36m[M]. Cement and Concrete Association,1970.

[16] Takashi Yamane, Maher K Tadros, P Arumugasaamy. Short to medium span precast prestressed concrete bridge in Japan[J]. PCI Journal,1999.

[17] Kromel Hanna, George Morcous, Maher K Tadros. Adjacent box girders without internal diaphragms or post-tensioned joints[J]. PCI Journal,2011.

[18] 周小年.装配式简支矮T梁通用图研究[D].西安:长安大学,2017.

[19] 徐栋.预制构件装配式桥梁理论完善和未来发展[J].桥梁,2019(5).

[20] 陈霄瀚.基于非线性有限元的轻型T梁拼装接缝研究[D].合肥:合肥工业大学,2019.

[21] 李浩,孙峻岭.节段预制桥梁技术应用发展前景[J].铁道建筑技术,2012,(4):38-40.

[22] 波多尔尼,米勒尔,万国朝,等.预应力混凝土桥梁分段施工和设计[M].人民交通出版社,1986.

[23] Muller J. Long-span precast prestressed concrete bridges built in cantilever[J]. Concrete Bridges,1969.

[24] Muller J. Ten years of experience in precast segmental construction[J]. Journal of the Precast Concrete Institute,1975,20(1).

[25] Jean Muller,魏兰英.长礁桥的施工[J].世界桥梁,1983(3).

[26] 王英.城市桥梁预制箱梁节段拼装关键技术的研究[D].成都:西南交通大学,2011.

[27] Christian B, Horst R. Bang Na expressway, Bangkok, Thailand-world's longest bridge and largest precasting operation[J]. PCI Journal,2000.

[28] 刘安双,马振栋.预制节段拼装桥梁在城市轨道交通中的应用[J].公路交通技术,2014(5):77-80.

[29] 彭新.郧阳汉江公路大桥设计概况[J].桥梁建设,1992,(4):1-9.

[30] 陆元春,李坚.预制节段混凝土桥梁的设计与工程实践——上海新浏河大桥工程[J].预应力技术,2005(06):36-41.

[31] 周良.预制节段拼装预应力混凝土连续弧形宽箱梁设计及施工关键技术研究[D].上海:同济大学,2005.

[32] 廖明.大悬臂箱梁预制拼装技术研究[D].武汉:华中科技大学,2014.

[33] 陈国顺,王德志.平潭海峡公铁两用大桥双线64m节段拼装简支梁创新技术[J].铁道标准设计,2020(9):54-58.

[34] 魏林.沪通长江大桥48m节段梁架设关键技术[J].铁道建筑,2019,59(11):19-21.

[35] Li G, Yang D, Yu L. Combined shear and bending behavior of joints in precast concrete segmental beams with external tendons[J]. Journal of Bridge Engineering,2013,18(10):1042-1052.

[36] 雷宇.节段式体外预应力混凝土梁接缝剪切性能试验研究[D].上海:同济大学,2007.

[37] Jones L L. Shear tests on joints between precast post-tensioned units[J]. Magazine of Concrete Research,1959,11(31):25-30.

[38] Base G D. Shear tests on very thin epoxy resin joints between precast concrete units[M]. Cement & Concrete Association,1962.

[39] Koseki K, Breen JE. Exploratory study of shear strength of joints for precast segmental bridges. FHWA, Center for trans. Research,1983,[R. No. 248-1].

[40] Buyukozturk O, Bakhoum M M, Michael Beattie S. Shear behavior of joints in precast concrete segmental bridges[J]. Journal of Structural Engineering,1990,116(12):3380-3401.

[41] Turmo J, Ramos G, Aparicio A C. Shear strength of dry joints of concrete panels with and without steel fibers—application to precast segmental bridges[J]. Engineering Structures,2006,28(1):23-33.

[42] Ahmed G H, Aziz O Q. Shear behavior of dry and epoxied joints in precast concrete segmental

box girder bridges under direct shear loading[J]. Engineering Structures,2019(182):89-100.

[43] 汪双炎.悬臂拼装节段梁剪力键模型试验研究[J].铁道建筑,1997(3):23-28.

[44] 卢文良.节段预制体外预应力混凝土梁设计理论研究[D].北京:北京交通大学,2004.

[45] Yuan A M. Shear behavior of epoxy resin joints in precast concrete segmental bridges[J]. Journal of Bridge Engineering,2019,24(4):04019009.

[46] 孙雪帅.预制拼装桥梁节段间接缝抗剪性能试验研究[D].南京:东南大学,2015.

[47] 姜海波,王添龙,肖杰,等.预制节段钢纤维混凝土梁干接缝抗剪性能试验[J].中国公路学报,2018,31(12):41-53.

[48] 李均进.新型空心板结构受力分析[D].西安:长安大学.2012.

[49] 王永军.预制空心板梁桥横向接缝设计方法研究[D].哈尔滨:哈尔滨工业大学,2015.

[50] Aparicio A C, Ramos G, Casas J R. Testing of externally prestressed concrete beams[J]. Engineering Structures,2002,24(1):73-84.

[51] Turmo J, Ramos G, Aparicio A C. Shear behavior of unbonded post-tensioned segmental beams with dry joints[J]. ACI Structural Journal,2006,103(3):409-417.

[52] Yuan A M, He Y, et al. Experimental study of precast segmental bridge box girders with external unbonded and internal bonded posttensioning under monotonic vertical loading[J]. Journal of Bridge Engineering,2015,20(4):04014075.

[53] Fouré B, Hoang L H, Bouafia Y, et al. Shear strength of exyrnally prestressed brems[J]. External Prestressing in Structures,AFPC,1993:309-319.

[54] 李国平.体外预应力混凝土桥梁设计计算方法[D].上海:同济大学,2006.

[55] Yuan A, Dai H, D Sun, et al. Behaviors of segmental concrete box beams with internal tendons and external tendons under bending[J]. Engineering Structures,2013(48):623-634.

[56] Ramirez G, MacGregor R J, Kreger M E, et al. Shear strength of segmental structures[J]. External Prestressing in Structures,AFPC,1993:287-296.

[57] 李国平.体外预应力混凝土简支梁剪切性能试验研究[J].土木工程学报,2007,40(2):58-63.

[58] Jiang H B, Li Y H, et al. Shear behavior of precast concrete segmental beams with external tendons[J]. Journal of Bridge Engineering,2018,23(8):04018049.

[59] 叶翔.体内、外混合配束预应力混凝土箱梁抗剪性能研究[D].南京:南京航空航天大学,2012.

[60] MacGregor R J, Kreger M E, Breen J E. Strength and ductility of a three-span externally post-tensioned segmental box girder bridge model[J]. External Prestressing in Bridge,ACI sp-120,1990:315-338.

[61] 李国平,张国泉.体外预应力混凝土连续梁弯曲性能试验研究[J].土木工程学报,2007,40(2):53-57.

[62] 石雪飞,刘志权,胡可,等.全体外预应力节段预制拼装连续梁桥承载能力足尺模型试验[J].中国公路学报,2018,031(012):163-173.

[63] 马祖桥,陈艾荣,胡可.全体外预应力节段梁桥使用性能足尺模型试验[J].桥梁建设,2020,50(03):42-48.

[64] 袁爱民,程磊科,周元华,等.节段预制 PC 箱梁弯剪变形和开裂规律试验研究[J].中国科技论文,2013.

[65] American Association of State Highway and Transportation Officials (AASHTO). Guide specifications for the design and construction of segmental concrete bridges[S]. Second Edition, Washington, DC, 1999.

[66] 中华人民共和国交通运输部.公路装配式混凝土桥梁设计规范:JTG/T 3365-05—2022[S].北京:人民交通出版社股份有限公司,2022.

[67] 中华人民共和国交通运输部.公路钢筋混凝土及预应力混凝土桥涵设计规范:JTG D3362—2018[S].北京:人民交通出版社股份有限公司,2018.

[68] 钱建漳,周一桥.采用长线法和短线法预制预应力混凝土箱梁节段的比较[J].公路交通技术,2003(5):69-73.

[69] 刘亚东.短线法预制节段桥梁施工工艺研究[D].重庆:重庆交通大学,2013.

[70] 张启才,唐剑,龚鹏鑫.高铁胶接节段箱梁长短线结合法匹配预制施工技术[J].公路交通技术,2020,36(05):93-97+103.

[71] 张立青.节段预制拼装法建造桥梁技术综述[J].铁道标准设计,2014(12):63-66.

[72] 刘家锋.我国移动支架造桥机的发展综述[J].铁道标准设计,2002(02):11-15.

[73] 中华人民共和国住房和城乡建设部.钢-混凝土组合桥梁设计规范:GB 50917—2013[S].北京:中国建筑工业出版社,2013.

[74] 中华人民共和国交通运输部.公路钢结构桥梁设计规范:JTG D64—2015[S].北京:人民交通出版社股份有限公司,2015.

[75] 吴冲.现代钢桥(上册)[M].北京:人民交通出版社,2008.

[76] 邵长宇.梁式组合结构桥梁[M].北京:中国建筑工业出版社,2015.

[77] 湘府路(湘江大道—浏阳河西岸)快速化改造工程初步设计文本[上海市城市建设设计研究总院(集团)有限公司,2016.

[78] 何维利.城市桥梁预制节段拼装技术研究[C]//中国公路学会桥梁和结构工程分会2005年全国桥梁学术会议论文集,2005.

[79] 邵长宇.基于可持续发展工程理念的城市桥梁技术展望[J].城市道桥与防洪,2010,(9).

[80] John, J, Sun, Gernot Komar. 长大桥梁工程的先进节段预制技术及其应用[J].公路,2009,5(5):

[81] 蒋海里.桥梁预制节段拼装技术在城市建设中的应用[J].城市道桥与防洪,2010(09):

[82] Muller Jean M, Barker James M. Design and construction of Linn cove viaduct[J]. PCI J., 1985, 30(5):38-53.

[83] Sarah L Billington, Robert W Barnes, John E Breen. A precast segmental substructure system for standard bridges[J]. PCI J., 1999, 44(4):56-73.

[84] Linda Figg W. Denney Pate. Precast concrete segmental bridge — America's beautiful and affordable icons[J]. PCI J., 2004, 49(5):26-38.

[85] 王润台,莊博文,陈威翰.预制节块桥墩之施工技术[J].中华技术,2010(87):84-93.

[86] 王志强,葛继平,魏红一,等.节段拼装桥墩抗震性能研究进展[J].地震工程与工程振动,2009,29(4):147-154.

[87] Culmo M P. Connection details for prefabricated bridge elements and systems[R]. Federal Highway Administration,2009.

[88] Restrepo Jose I,Tobolski Matthew J,Matsumoto Eric E. Development of a precast bent cap system for seismic regions[M]. Transportation Research Board,2011.

[89] M. Lee Marsh,Markus Wernli,Brian E Garrett, et al. Application of accelerated bridge construction connections in moderate-to-high seismic regions [M]. Transportation Research Board,2011.

[90] Ou Y C,Tsai M S,Chang,K C,et al. Cyclic behavior of precast segmental concrete bridge columns with high performance or conventional steel reinforcing bars as energy dissipation bars[J]. Earthquake Engineering & Structural Dynamics,2010(39):1181-1198.

[91] Pang,J B K,Eberhard M O,Stanton J F. Large-bar connection for precast bridge bents in seismic regions[J]. Journal of Bridge Engineering,2010,15(3):231-239.

[92] Billington S L,Yoon J K. Cyclic response of unbonded posttensioned precast columns with ductile fiber-reinforced concrete[J]. Journal of Bridge Engineering,2004,9(4):353-363.

[93] Matsumoto E. Emulative precast bent cap connections for seismic regions: component test report—grouted duct specimen (Unit 2)[R]. Sacramento:California State University,2009.

[94] Jagannath Mallela,Paul Littleton, Gary Hoffman,et al. I-85 interchange design-build project using prefabricated bridge elements in west point[R]. GA ,Federal Highway Administration (FHWA),2009.

[95] Alvin C Ericson. Emulative detailing in precast concrete systems[J]. Proceedings of the 2010 Structures Congress,2010:12-15.

[96] 曾增,王志刚,余坚,等.预制桥墩不同承插式连接构造试验研究[J].结构工程师,2020,36(05):89-94.

[97] 左光恒,黄遵义,曾玉昆,等.承插式连接离心预制管墩抗震性能试验研究[J].结构工程师,2020,36(05):95-100.

[98] 丁世聪,韩艳,王江江,等.承插式预制桥墩抗震性能研究综述[J].安徽建筑,2020,27(10):59-61.

[99] 韩艳,董嘉雯,王龙龙,等.承插式装配桥墩抗震性能拟静力试验与数值模拟[J].工程抗震与加固改造,2020,42(05):63-70.

[100] 肖翔,马晶,吴睿麒,等.预制墩柱承插式杯口连接在城市桥梁中的应用[J].特种结构,2020,37(04):111-115.

[101] 齐新,卢永成,周海峰,等.桥墩预制装配连接技术特点与应用[J].城市道桥与防洪,2020,(08):89-93+12-13.

[102] 孙贵清,王志刚,曾增,等.公路桥装配式桥墩承插式连接的桩基承台研究[J].桥梁建设,2020,50(03):81-85.

[103] 闫兴非,段洪亮,王志强.预应力筋类型对节段拼装桥墩抗震性能的影响[J].中国市政工程,2019,10(5).

[104] 闫兴非,葛继平,王志强.装配式大悬臂分段预应力混凝土盖梁抗弯性能研究[J].中国市政工程,2019,8(4):72-76,118-119.

[105] 袁宏博.一种新型承插式自复位桥墩的抗震性能研究[D].邯郸:河北工程大学,2020.

[106] Wang Z Q, Li T T, et al. Seismic performance of precast bridge columns with socket and pocket connections based on quasi-static cyclic tests: experimental and numerical study[J]. Journal of Bridge Engineering,2019,24(11).

[107] Wang Z Q, Qu H Y, Li T T, et al. Quasi-static cyclic tests of precast bridge columns with different connection details for high seismic zones[J]. Engineering Structures,2018,3(1):13-27.

[108] 卢永成,等.桥梁预制拼装技术[M].北京:人民交通出版社股份有限公司,2021.

[109] 张涛.内侧钢筋不连接的预制空心桥墩设计[J].中国市政工程,2021(2):16-18.

[110] 张涛,王云龙.城市高架分节预制拼装盖梁设计与施工方案[J].城市道桥与防洪,2021(3),88-90.

[111] 上海市城市建设设计研究总院(集团)有限公司.预制防撞墙关键技术研究[R].上海:2016.

[112] 成都市交通运输委员会.成都市公路工程预制拼装桥墩及防撞墙施工与质量验收技术导则(试行)[S].2018.

[113] 成都市交通运输委员会.成都市公路工程预制拼装桥墩及防撞墙设计导则(试行)[S].2018.

[114] 广东省住房和城乡建设厅.装配式市政桥梁工程技术规范:DBJ/T 15-169—2019[S].2019.

[115] 中华人民共和国交通运输部.公路桥涵设计通用规范:JTG D60—2015[S].北京:人民交通出版社股份有限公司,2015.

[116] 中华人民共和国交通运输部.公路钢筋混凝土及预应力混凝土桥涵设计规范:JTG 3362—2018[S].北京:人民交通出版社股份有限公司,2018.

[117] 中华人民共和国交通运输部.公路交通安全设施设计规范:JTG D81—2017[S].北京:人民交通出版社股份有限公司,2017.

[118] 中华人民共和国交通运输部.公路交通安全设施设计细则:JTG/T D81—2017[S].北京:人民交通出版社股份有限公司,2017.

[119] 王大伟.预制拼装式绿色挡墙大型模型试验研究[D].成都:西南交通大学,2016.

[120] 上海市城市建设设计研究总院(集团)有限公司.道路挡土墙预制拼装技术研究[R].上海:2021.

[121] 四川省住房和城乡建设厅.四川省城市预制拼装挡土墙技术标准(征求意见稿)[S].2021.

[122] 中华人民共和国交通运输部.公路工程抗震规范:JTG B02—2013[S].北京:人民交通出版社,2013.

[123] 中华人民共和国交通运输部.公路路基设计规范:JTG D30—2015[S].北京:人民交通出版社股份有限公司,2015.

[124] 中华人民共和国住房和城乡建设部.混凝土结构设计规范:GB 50010—2010[S].北京:中国建筑工业出版社,2015.